성경강해시리즈

욥기

Job

유동근

IMC

BIBLE EXPOSITION SERIES

STUDY ON JOB

Yu Dong Keun (Th. M., D. D)

Korean Edition

420-031 | 617-5, Sang Dong, Wonmi Gu, Bucheon City, Gyeonggi Do, Korea

욥기 강해

JOB

차례 · contents

서문

욥기 강해서를 쓰면서 참 어려웠다. 내용도 이해하기 어렵고 강해하는 동안 나에게 닥친 연이은 고통도 힘들었다. 물론 욥의 고통에 비할 바는 아니겠지만 이런 일 저런 일 어려움을 겪으며 욥기 강해를 진행했다. 욥기 사경회를 꾸준히 참석해온 한 성도가 "목사님, 욥기가 빨리 끝났으면 좋겠습니다."라고 했다. 그러나 욥기를 끝내며 한 마디로 감상을 말하라고 한다면 참으로 유익을 많이 얻었다는 것이다.

욥기의 내용은 전체적으로 이해하기 쉽지 않은 부분이 많은 것이 사실이다. 저자는 할 수 있는 대로 독자들이 본문의 내용을 쉽게 이해할 수 있도록 힘을 다했고, 또한 그 영적인 의미를 전달하기 위하여 최선을 다했다. 먼저 한장의 대요(preview)를 쓰고, 한장 한장 강해(exposition)에 들어갔다. 혹 부족한 부분이 있더라도 독자 제위께서 너그러운 마음으로 양해하며 읽어주기를 부탁드린다.

마지막 42장 강해의 한 부분을 소개하겠다.

"욥은 새로운 차원에서 진리를 깨달았다. 욥은 세 친구 앞에서 장황하게 말했으나 이제 와서 깨닫는 것은 자신은 너무나 미천하고 작은 피조물에 지나지 않는다는 것이다. 그는 스스로 잘 알지도 못하는 것을 아는 척 말하였다. 과거에는 하나님에 관하여(about God) 들었지만 이제는 하나님 자신(God Himself)을 본다. 욥은 이전에 티끌과 재에 앉아 슬퍼하였으나 이제는 티끌과 재 가운데서 회개하였다. 욥은 굴복했다. 굴복이 옳은 것이다. 굴복한 자는 말이 없다. 하나님은 사람(욥)을 하마나 악어같이 만들지 않으셨다. 약한 피조물로 만드셨다. 왜 그렇게 만드셨는가? 하나님은 사람이 하나님을 알고 자신을 알 수 있는 존재로 만드신 것이다. 약하지 않다면 사람은 하나님을 알지 못할 것이다. 약하고 약한 피조물이지만 사람의 문제는 스스로를 잘 모른다는 데 있다. 즉 교만이 그 문제인 것이다. 사람이 그 자신을 지어진 그대로 안다면 문제될 것이 없다. 그러나 욥은 그 극심한 시련을 겪은 후에야 자신이 어떤 사람인지를 알게 되었다. 우리는 욥기를 읽으면서 느끼는 것이 있다. 사람은 그렇게 혹독한 시련을 겪어야만 자신의 무지와 교만을 깨닫게 된단 말인가! 어쨌든 그렇게 철저히 낮아지고 무너지며 할 말도 다 해본 연후에야 욥은 하나님을 계신 그대로 알 수 있었다."

아무쪼록 하나님께서 독자들에게 하나님의 귀한 말씀에 대한 참 빛과 계시를 주시기를 기도한다.

2011년 11월

저자 유동근

욥기
Job

서론

욥기라는 책은 욥기, 시편, 잠언, 전도서, 아가서 다섯 권의 시가서 중에 첫 번째 책이다. 욥이 살았던 시대가 언제인가? 많은 성경학자들이 족장시대인 아브라함, 이삭, 야곱이 살았던 시대라고 본다. 왜냐하면 욥기를 보면 출애굽기의 기적이라든지 율법이 전혀 나와있지 않기 때문이다. 그렇게 많은 이야기가 있어도 율법에 대한 이야기는 전혀 나와 있지 않다. 죄에 대한 이야기가 많고 많은 변론이 있는데 율법을 가지고 논하는 것이 없다. 그리고 1장 5절을 보면 자녀들을 위해서 아버지가 제사장으로서 제물을 드렸다. 또 한 가지, 그의 나이가 이백 살이 넘었을 것이고 고난을 받고 시험을 당한 후에도 백사십 살 정도를 더 살았을것인데, 그런 고령의 나이는 열조시대에나 가능했을 것이다. 그리고 소나 양, 약대, 암나귀 등 재산을 죽 나열했는데, 이것도 족장시대에 있었던 재산을 계수하는 방법이다. 그리고 31장 26-27절에는 해와 달, 별들을 경배하는 것이 나오는데, 그것은 가장 원시적인 우상숭배의 형태였다.

'욥'의 이름은 원래 '미움을 받다', '핍박을 받다' 또는 '슬픔과 번민하는 자'라는 뜻이다. 불신자들 중에는 욥에게 그러한 일이 있었을 것이라는 사실을 믿지 않는다. 어떻게 그런 우환과 환난이 연속해서 일어날 수 있냐고 하는 것이다.

에스겔 선지자는 에스겔서에서 두 번이나 구약의 신실한 사람을 이야기할 때 노아와 다니엘과 욥을 이야기 한 바 있다. 신약의 야고보도 욥을 이야기 했다. "너희가 욥의 인내를 들었고"(약 5:11).

이 전체를 통해서 볼 때 우리는 의인에게 고난이 많다는 것을 알 수 있다. 디모데 후서 3:12, "무릇 그리스도 예수 안에서 경건하게 살고자 하는 자는 핍박을 받으리라". 그러나 또 주님은 그러한 자를 시험에서 건지신다. 베드로 후서 2:9, "주께서 경건한 자는 시험에서 건지시고 불의한 자는 형벌 아래 두어 심판날까시 지기시며".

욥기의 저자는 욥이거나 혹은 마지막 부분에 나오는 엘리후일 수가 있다. 32장 15절을 보면 엘리후가 자기를 '나'라고 칭했다. 우스라고 하는 욥이 살았던 땅은 예레미야 애가 4장 21절에 보면 에돔 땅이다. 즉, 욥이라는 사람은 아브라함 자손이나 이스라엘 족속이 아닌 이방인이라고 볼 수 있다. 욥과 같은 훌륭한 신앙인이 이방인이라는 것이 놀랍고 편협한 유대인들에게는 마음을 넓혀주게 한다.

욥기 1 장

preview

욥기에는 현대과학에 와서나 발견할 수 있었던 사실들이 들어 있다. ① 땅을 공간에 다심(26:7). ② 바람의 경중을 정하심(28:25). ③ 바닷물이 사방으로 넘쳐 흐르게 되어 있으나 지구의 중심의 흡입력(만유인력)이 그것을 막음(38:8). ④ 땅이 변화하여 진흙에 인친 것 같고-땅이 자전함이 진흙에 인친 것 같고(의역, 38:14). 이 말씀은 고대의 앗수르나 갈대아 사람들의 인(印)은 하나의 원형의 로울러(등사기의 로울러와 흡사)인데 윗면에 사람의 무늬가 새겨져 있고 중심축에 따라 진흙에 굴리면 로울러 상의 무늬가 찍혀 나온다. 이것이 바로 '땅이 자전함이 진흙에 인친 것 같고' 라는 뜻이다. 이는 지구가 지축에 의해 자전하고 있음을 증명한다.

1. '욥' 의 이름은 '미움을 받다', '핍박을 받다', '번민하는 자' 라는 뜻이다. 하나님은 에스겔 14장에서 두 번이나 노아, 다니엘, 욥을 언급하셨다. 신약의 사도도 욥의 실존을 언급했다. 야고보서 5:11, "보라

인내하는 자를 우리가 복되다 하나니 너희가 욥의 인내를 들었고 주께서 주신 결말을 보았거니와 주는 가장 자비하시고 긍휼히 여기는 자시니라".

전체의 사건을 통해 의로운 자는 고난이 많다는 사실을 알 수 있다. 디모데 후서 3:12, "무릇 그리스도 예수 안에서 경건하게 살고자 하는 자는 핍박을 받으리라". 그러나 또 주님은 그러한 자를 시험에서 건지신다. 베드로 후서 2:9, "주께서 경건한 자는 시험에서 건지시고 불의한 자는 형벌 아래 두어 심판날까지 지키시며".

2. 저자는 욥이거나 엘리후일 가능성이 크다. 32장 15-22절에서 엘리후가 자신을 '나'라고 칭했다. 우스는 에돔 땅이다(애 4:21). 욥과 같은 훌륭한 신앙인이 이방인이라는 것이 놀랍고 편협한 유대인들에게는 마음을 넓혀주게 한다.

3. 하나님께 순전하고 악에서 떠나며 정직하고 하나님을 경외하는 자가 있다면 그는 그분의 영광이 된다. 그러한 자에 대하여 사탄은 주야로 참소한다. 사탄이 신자에게 시련을 주는 목적은 환난을 통하여 약하여져서 하나님을 거절하게 하려는 것이다. 사실 성도들에게 환난은 필요한 것이다. 그것을 통하여 성도들은 벗어야 할 많은 것들을 벗게 된다. 시련을 당할 때 성도들은 그 배후에 있는 사탄을 주의해야 하고 그로부터 합력함과 선을 찾아내야 한다.

4. 욥은 시련을 통과하면서 실패한 면이 없지 않았다. 친구들이 와서 울자 자신을 불쌍히 여기기 시작했고 고통받음을 억울하게 느끼게 되었다. 그러므로 세상을 싫어하고 자신을 저주하게 되었다. 친구들이 자신을 위선자로 보고 그가 고통받는 것은 죄 때문이라고 할 때 그는 자신이 죄가 없고 정당하다고 주장하기도 했다.

5. 친구들의 말은 동기가 좋은 것이라고 볼 수 있고 타당한 말들로 볼 수 있지만 욥의 일에 딱 맞는 말들은 아니었다. 욥기에 등장한 중심 인물들이 몇이 있다. 하나님이 계시며 욥이 있고 사탄이 있으며 친구들이 있다. 최종적으로 사람들의 말이 끝났을 때 하나님이 말씀하셨다. 그리고 상황은 모두 정리가 되었다.

6. 욥의 경건성

'순전하고 정직하여(blameless, upright)' 라고 했다. 흠정역은 'blameless' 가 아니고 'perfect' 로 되어 있다.

순전이라 함은 무죄를 말함이 아니라 외식과 반대되는 진실을 가리킨다. 이것이 참 신자의 바탕이 된다(시 51:6, 중심에 진실함을 주께서 원하시오니). 또한 순전함은 솔직함과 신실함과 성실함을 의미한다. 욥은 하나님과 사람에게 이중적인 마음이나 위선적인 태도가 없었다. 그는 그의 고백에 있어서 성실하고 행위에 있어서 정직하였다. 정직함에 있어서 온전하다는 것은 완전하게 무죄하다는 것을 말하는 것은 아니다. 그 이유는 살아있는 자로서 죄 없는 자는 없기 때문이다. 욥은 결코 흠 없는 순결을 주장하지 않았다. "사람을 감찰하시는 주여 내가 범죄하였은들 주께 무슨 해가 되오리까?"(7:20) "가령 내가 의로울지라도 내 입이 나를 정죄하리니 가령 내가 순전할지라도 나의 패괴함을 증거하리라"(9:20).

그런데 어떻게 욥은 죄가 있는 사람인데 흠없고 완전하다고 말했는가? 요한 일서에 의하면 "만일 우리가 죄 없다 하면 스스로 속이고 또 진리가 우리 속에 있지 아니할 것이요 만일 우리가 우리 죄를 자백하면 저는 미쁘시고 의로우사 우리 죄를 사하시며 모든 불의에서 우리를 깨끗케 하실 것이요"라고 한다(8-9절). 성도들은 누구든지 "나는 죄가 없다"고 말할 수 없다. 그러나 3장에는 "하나님께로서 난 자마다 죄를 짓지 아니하나니"라고 말한다(9절). 10절은 "무릇 의를 행치 아니하는 자나 그 형제를 사랑치 아니하는 자는 하나님께 속하지 아니하니라"고 한다. 죄를 짓고 자백이 없는 자나 습관적으로 죄를 짓는 자는 흠이 없거나 순전한 자가 아니다. 욥의 완전함은 어떤 의무는 준수하고 다른 것들은 무시하거나 제한적인 것이 아니었다. 특별한 것은 지키고 다른 것은 무시하는 것도 아니었다. 박하와 향료에 대하여는 십일조를 분명하게 지키지만 의와 인과 신은 저버리는 그런 것이 아니었다(마 23:23).

그의 온전함과 정직함의 근원은 그가 하나님을 경외한 것이다(fearing God). 그는 자신의 뜻보다는 하나님의 뜻을 앞세웠다. 하나님의 영광을 자신의 목표로 삼고 하나님의 칭찬을 가장 귀한 것으로 여겼다. "하나님이 나를 보시나이다"라고 하는 코람데오(하나님 앞에서)를 가장 큰 삶의 안전장치로 여겼다. 그러므로 그는 변함없이 정직하였고 온전함과 완전함을 이룰 수 있었던 것이다.

그의 경건성에 대한 마지막은 악에서 떠난 자(turning away from evil)였다. 그는 조심스럽게 모든 죄를 피하려 했고 말과 행동에 있어서 잘못된 모든 것을 멀리하였다. 많은 그리스도인들이 종교적이고 긍정적인 부분에 있어서는 열심을 보이지만 부정적인 면은 무시하는 경향이 있다. 의를 행하기 위해서는 노력하고 교회의 발전과 하나님의 뜻을 이루기 위해서는 힘을 다하지만, 잘못되거나 지나칠 수 있는 부분에 대하여는 잊고 있다. 중요한 것을 하니 덜 중요한 것들은 간과해도 된다는 생각이다. 그러다보니 악에서 떠나기가 어렵게 되는 것이다. 교회의 방향에 목숨을 걸다보니 가족이나 친족에 대한 돌봄과 최소한의 의무를 결여하기도 하는 것이다. 이런 것은 악을 멀리 하는 것과 거리가 멀다.

그의 경건성은 또한 자녀들의 영적복지를 위해 사려깊은 관심을 나타내는 데서 나타났다(1:4-5). 그는 가족들만이 아니라 궁핍한 자들이나 상한 자들을 돌보았다(29:11-17). 그는 비록 부자였으나 재물의 침해를 입지 않고 좋은 신앙을 갖고 있었다 "내가 언제 금으로 내 소망을 삼고 정금더러 너는 내 의뢰하는 바라 하였던가 언제 재물의 풍부함과 손으로 얻은 것이 많음으로 기뻐하였던가”(욥 31:24-25)라고 하였다.

7. “유의하여 보았느냐”

하나님은 하늘 보좌에서 사람을 관심하신다는 것이 드러났다. 하늘의 회의의 광경에서 하나님은 이 땅을 살피시며 누가 과연 경건하며 죄를 멀리하며 경외하며 하나님을 기쁘시게 하는가를 주의하신다. 이것은 매우 우리가 관심을 갖고 보아야 할 일이다. 하나님은 사람을 관심하신다. 특별히 죄에서 떠나며 하나님을 진정으로 경외하는 자 말이다.

“유의하여 보았느냐”는 “마음으로 생각하였느냐”이다. 사람은 누구든지 마음을 기울여 관찰하면 귀한 것이 있는 법이다. 그러나 사탄은 참소하는 편견으로 보기 때문에 장점이 가려지는 것이다. 성도들도 때로는 사람이나 일을 보는 데 있어서 편견에 사로잡히는 수가 있으니 조심해야 한다. 디모데 전서 5:21, “하나님과 그리스도 예수와 택하심을 받은 천사들 앞에서 내가 엄히 명하노니 너는 편견이 없이 이것들을 지켜 아무 일도 편벽되이 하지 말며”.

8. 성도에게 왜 환난이 임하는가?

욥기 말씀을 통해 볼 수 있는 것은 사탄은 하나님의 허락 없이는 성도들을 괴롭히거나 시험할 수 없다는 것이다. 또 시험은 한꺼번에 몰려오는 특징이 있다(영국 격언). 그런데 왜 하나님은 성도가 시험당함을 허락하실까? 시험이 성도들에게 결국 유익하고 필요하기 때문이다. 성도들이 환난의 시험을 겪어보지 않고서는 겸손해지지 않고 하나님을 전적으로 바라보지도 않는다. 욥도 극심한 환난을 받고서 최후에야 “내가 스스로 한하고 티끌과 재 가운데서 회개하나이다”라고 하였다(42:6).

9. “나만 홀로 피한 고로 주인께 고하러 왔나이다”

매번 한 사람씩 살아남게 한 것도 뜻이 있다. 보고할 사람이 필요했기 때문이다. 하나님의 허락하신 시험인 것이 분명하다. 우리에게 닥치는 모든 시험이 그러하다. 그러므로 우리는 그분의 택함받은 자들이라는 확신을 가질 수 있다. 손양원 목사의 순교 증인 김창수씨가 있다. 그는 "당시 내가 살아 남은 것은 당시의 일을 증언해줄 사람으로 하나님으로부터 미리 택함을 받았기 때문"이라고 했다. 1950년 9월 28일 손양원 목사는 순교했다. 그 즈음 이 부족한 종은 내 어머니의 모태에서 출생했다. 내가 가장 존경하는 분이 가셨을 때를 즈음하여 하나님은 이 부족한 종을 이 땅에 태어나게 하신 것이다. 나 또한 그분처럼 한국을 위해 작은 씨가 되고 싶다.

10. "땅에 엎드려 경배하며"

슬플 때에 슬픔에만 빠져있는 것이 아니라 하나님이 하신 모든 것을 인정하고 순종한다는 의미에서 경배하는 것이 참 그리스도인의 모습이다. 경배하는 태도는 사람의 힘으로는 어쩔 수 없는 하나님의 경륜과 주권에 순종한다는 것이다.

11 . "적신이 나왔사온즉 또한 적신이 그리로 돌아가올지라"

욥은 사실 자기의 소유란 전혀 없다는 것을 인정하는 말을 하였다. 그는 그가 당한 환난에서 손해본 일이 전혀 없음을 인정하였다. 원래 아무것도 없던 사람이 아무 것도 없게 되었다는 뜻이다. 그는 모든 재산을 하나님이 주셨고 파산을 당한 뒤에도 하나님이 취하셨다고 생각했다. "주신 자도 여호와시요 취하신 자도 여호와시니"(1:21), "주신 자도 여호와시요 취하신 자도 여호와시니 여호와의 이름이 찬송을 받으실지니이다"라고 하였다(21절 하반). 이는 하나님의 주권을 믿는 마음이다. 욥은 겸손하게 시험을 받아들이면서 원망하지 않았다. 성도들이 시험당할 때 원망의 마음이 드는 것은 시험을 이기지 못하는 마음의 시작이다.

exposition

1절, 우스 땅에 욥이라 이름하는 사람이 있었는데 그 사람은 순전하고 정직하여 하나님을 경외하며 악에서 떠난 자더라

욥은 "순전하고 정직하여 악에서 떠난 자"라고 했다. 하나님이 이런 사람 하나를 얻으시면 하나님 자신에게 영광이 되고 그분의 자랑이 되는 법이다. 그러한 사람에 대해서 사단은 주야로 참소를 하게 되어 있다. 왜냐하면 하나님께는 그러한 성도 하나가 그분의 영광이 되고 기쁨이 되고 자랑이 되기 때문이다. 온전하고 귀한 성도 하나가 일어나면, 사단에게는 자연히 그가 사단을 부끄럽게 하는 존재이기 때문이다. 사단은 그런 사람을 넘어뜨리기 위해서 혈안이 된다.

또 다른 면에서 우리는 왜 경건한 사람에게 환난이 많은지를 잠시 생각해볼 필요가 있다. 물론 모든 성도에게 임하는 환난은 하나님의 허락을 거친 것이다. 그러므로 성도들에게 환난은 필수적인 것이다. 환난이 없으면 겸손해지지 않고 또 자신의 육체와 자신의 죄악을 깨닫지 못하기 때문이다. 환난을 통하지 않고서는 욥과 같이 정직하고 경건한 사람일지라도 자기 자신을 알지 못한다. 그렇기 때문에 환난이 임하는 것을 허락하시는 것이다. 시련을 당할 때 성도들은 그 배후에 있는 사단을 주의해야 하고 환난의 합력함을 통해 오는 선을 얻어내야 한다.

"순전하고 정직하여". 순전하다는 것은 죄가 없다는 말이 아니다. 영어로는 'blameless, 흠이 없다' 라는 뜻이고 흠정역에서는 'perfect, 완전하다' 라는 뜻으로 번역했다. 이것은 죄가 없어서 완전하고 순전하다는 것이 아니라 외식과 반대되는 진실을 가리키는 것이다. 시편 51편 6절에서는 주님이 원하시는 것이 '중심에 진실함' 이라고 했다. 이 진실함이 참 신자의 바탕이 되어야 한다. 솔직함과 신실함은 성실함을 의미한다. 즉, 성도에게는 이중적인 마음, 위선적인 태도가 있어서는 안 되는 것이다. 때에 따라서는 잘못도 할 수도 있고 실수도 할 수 있다. 그렇지만 그것을 포장하고 위선적이 되어서는 안 된다는 것이다. 하나님이 인간에게 있어서 가장 원하시는 것은 순전함이다. 순전하다는 것은 내가 잘못한 것을 있는 그대로 인정하는 것이다. 속에 진실함으로 주님과 대화하는 것이다.

욥은 그의 고백에 있어서 성실하고 행위에 있어서 정직하였다. 정직함에 있어서 온전하다는 것은 완전하게 무죄하다는 것을 말하는 것은 아니다. 그 이유는 살아있는 자로서 죄 없는 자는 없기 때문이다. 욥은 결코 흠없는 순결을 주장하지 않았다. "사람을 감찰하시는 주여 내가 범죄하였은들 주께 무슨 해가 되오리까?"(7:20). "가령 내가 의로울지라도 내 입이 나를 정죄하리니 가령 내가 순전할지라도 나의 패괴함을 증거하리라"(9:20).

가령 어떤 사람이 하나님이 잘 믿어지지 않는다고 하자. 그럴 때 믿어지지 않지만 억지로 자신이 믿고 있다고 하지 않고 "하나님, 저는 잘 믿어지지 않습니다. 저의 믿음 없는 것을 도와주세요."라고 말할 수 있다면 그는 순전한 사람이다. 요한 일서 1장 8절, 10절을 보면 "만일 우리가 죄 없다 하면 스스로 속이고 또 진리가 우리 속에 있지 아니할 것이요", "만일 우리가 범죄하지 아니하였다 하면 하나님을 거짓말 하는 자로 만드는 것이니 또한 그의 말씀이 우리 속에 있지 아니하니라"고 했다.

요한 일서 3장 9절에서는 "하나님께로서 난 자마다 죄를 짓지 아니하나니…"라고 했다. 습관적인 죄 속에 빠져 사는 사람은 거듭난 사람이 아니다. 그렇지만 거듭난 사람도 실수할 수 있다. 실수를 인정하는 것은 아주 중요하다. '하나님, 저는 죄인입니다.' 또는 '제 상태가 이러이러합니다.' 라고 있는 그대로 고백해야 한다. 10절은 "무릇 의를 행치 아니하는 자나 그 형제를 사랑치 아니하는 자는 하나님께 속하지 아니하니라"고 한다. 죄를 짓고 자백이 없는 자나 습관적으로 죄를 짓는 자는 흠이 없거나 순전한 자가 아니다. 욥의 완전함은 어떤 의무는 순수하고 다른 것들은 무시하거나 제한적인 그런 것이 아니었다. 특별한 것은 지키고 다른 것은 무시하는 것도 아니었다. 박하와 향료의 십일조는 분명하게 드리지만 의와 인과 신은 저버리는 그런 것이 아니었다.

그 다음은 정직이다. 온전함과 정직함의 근본은 하나님을 경외함에 있다. "그 사람은 순전하고 정직하여 하나님을 경외하며 악에서 떠난 자더라". 여기 하나님을 경외했다는 말이 있다. 하나님을 경외한다는 것은 하나님의 영광을 자신의 목표로 삼고 하나님의 칭찬을 가장 귀함으로 여기고 하나님이 나를 항상 바라보신다는 자세로 사는 것이다. 존 칼빈은 '코람데오(하나님 앞에서)' 를 자기 일생의 목표로 삼았었다. 하나님 앞에서 행하고 말했다는 것이다.

그리고 마지막에는 '악에서 떠난 자(turning away from evil)' 라고 했다. 모든 삶에서 악을 조심한 것이다.

많은 그리스도인들이 종교적이고 긍정적인 부분에 있어서는 열심을 보이지만 부정적인 면은 무시하는 경향이 있다. 의를 행하기 위해서는 노력하고 교회의 발전과 하나님의 뜻을 이루기 위해서는 힘을 다하지만 잘못되거나 지나칠 수 있는 부분에 대하여는 잊고 있다. 중요한 것을 하니 덜 중요한 것들은 간과해도 된다는 생각이다. 그러다보니 악에서 떠나기가 어렵게 되는 것이다. 교회의 발전 방향에 목숨을 걸다보니 가족이나 친족에 대한 돌봄과 최소한의 의무를 결여하기도 하는 것이다. 이런 것은 악을 멀리하는 것과 거리가 멀다.

그의 경건성은 또한 자녀들의 영적복지를 위해 사려깊은 관심을 나타내는 데서 나타났다(1:4-5). 그는 가족들만이 아니라 궁핍한 자들이나 상한 자들을 돌보았다(29:11-17). 그는 비록 부자였으나 재물의 침해를 입지 않고 좋은 신앙을 갖고 있었다. "내가 언제 금으로 내 소망을 삼고 정금더러 너는 내 의뢰하는 바라 하였던가 언제 재물의 풍부함과 손으로 얻은 것이 많음으로 기뻐하였던가" (욥 31:24-25)라고 하였다.

이렇게 하나님으로부터 순전하고, 정직하고, 하나님을 경외하고, 악에서 떠난 자라는 칭호를 받은 욥이 우스 땅에 살고 있었다.

2-3절, 그 소생은 남자가 일곱이요 여자가 셋이며 3 그 소유물은 양이 칠천이요 약대가 삼천이요 소가 오백 겨리요 암나귀가 오백이며 종도 많이 있었으니 이 사람은 동방 사람 중에 가장 큰 자라

당시에 우스 땅, 여기 3절에서는 '동방'이라고 표현했는데 거기서 가장 큰 자가 욥이었다.

4-5절, 그 아들들이 자기 생일이면 각각 자기의 집에서 잔치를 베풀고 그 누이 셋도 청하여 함께 먹고 마시므로 5 그 잔치 날이 지나면 욥이 그들을 불러다가 성결케 하되 아침에 일어나서 그들의 명수대로 번제를 드렸으니 이는 욥이 말하기를 혹시 내 아들들이 죄를 범하여 마음으로 하나님을 배반하였을까 함이라 욥의 행사가 항상 이러하였더라

욥은 자신이 그렇게 순전하고 정직할 뿐 아니라 하나님을 경외하고 자기 가족도 하나님을 떠날까봐 항상 그들을 위해서도 번제를 드렸다. 오늘날로 말하면 항상 가정 예배를 드리고 기도하는 경건한 가족이었던 것이다.

6절, 하루는 하나님의 아들들이 와서 여호와 앞에 섰고 사단도 그들 가운데 왔는지라

하나님의 아들들은 선한 천사들을 가리키는 반면, 사단은 악한 천사이다. 선한 천사들은 하나님께 절대적으로 순종하며 수종드는 존재이다. 예수 그리스도의 하나님의 아들 되심은 독생자로서 특별한 것이다. 사람들도 때로 어떤 제자들을 부를 때 '내 아들아' 하는 경우가 있다. 이는 자신이 낳은 친 아들과는 비교되는 것이다. 우리 성도들이 예수 그리스도를 믿음으로 하나님의 아들들이 된 것은 천사들이 아들들이라고 불리우는 것과 다르다. 우리 그리스도인은 하나님의 유일하신 아들 예수 그리스도의 생명을 얻어 하나님 아버지의 아들들이 된 것이다.

사탄은 참소자를 뜻하며, 원래 천사장이었으나(사 14장, 겔 28장 참조) 타락하여 마귀들의 수장이 되었고, 계시록 12장에 보면 하늘에서 쫓겨난 자이다. 그의 하는 일은 성도들을 속이고 미혹하며 참소하는 것이다. 그가 어떻게 해서 하나님 앞에 나올 수 있었는지는 알 수 없다. 특별한 경우로 보아야 할 것이다.

7절, 여호와께서 사단에게 이르시되 네가 어디서 왔느냐 사단이 여호와께 대답하여 가로되 땅에 두루 돌아 여기 저기 다녀왔나이다

마귀는 하나님의 명령에 제한받지 않고 이곳저곳 마음대로 다닌다. 그의 행동은 하나님과 관계없이 이기적이고 독단적이다. 사단이 어떻게 하나님의 보좌 앞에 와 있는지 모르지만 이것은 성경에 기록되어 있으므로 사실이라고 보아야 한다.

8절, 여호와께서 사단에게 이르시되 네가 내 종 욥을 유의하여 보았느냐 그와 같이 순전하고 정직하여 하나님을 경외하며 악에서 떠난 자가 세상에 없느니라

이 말씀에서 우리는 하나님께서 이 땅에서 완전하고 순전하며 하나님을 경외하는 성도 하나를 얻으시면 너무 기뻐하신다는 것을 알 수 있다. 그래서 하나님은 사단 앞에서 자랑하시는 것이고 사단은 그러한 자가 있을 때 부끄러움을 당한다. 왜냐하면 마귀는 하나님을 거역한 자이고 배반한 자이기 때문이다. 하나님이 이 땅에 사람을 창조하신 목적이 무엇인가? 바로 사단을 부끄럽게 하려는 것이다. 사람은 사단을 부끄럽게 하고 하나님께는 영광이 되는 또 다른 피조물이다. 그런 한 사람이 이 땅에 있을 때 하나님은 그를 통해서 영광을 받으신다. 자랑하시는 것이다. 이것이 사람을 창조하신 목적이다.

하나님은 마귀에게 "너 그런 욥이라는 사람을 유의해서 보았느냐?"

고 하셨다. '마음으로 생각하였느냐' 이다. 사람에게는 누구나 마음을 기울여 관찰해보면 귀한 것이 있는 법이다. 그러나 사단은 참소하려고 편견을 가지고 보기 때문에 그 사람의 장점이 가려지는 것이다. 성도들도 때로는 사람이나 일을 보는 데 있어서 편견에 사로잡히는 수가 있으니 조심해야 한다. 디모데 전서 5:21, "하나님과 그리스도 예수와 택하심을 받은 천사들 앞에서 내가 엄히 명하노니 너는 편견이 없이 이것들을 지켜 아무 일도 편벽되이 하지 말며".

마귀는 이 세상에 세력을 뻗치고 또 많은 인간들을 타락시켰다. 사람으로 하여금 죄 속에서 살게 한 것이다. 그런 상황에서 하나님은 욥을 들어서 욥은 그렇지 않다고 하셨다. '네가 많은 사람을 죄의 종으로 만들었지만 내 종 욥은 내 앞에 충성된 종이다.' 라고 하시는 것이다. 그럴 때에 사단은 그러한 성도를 가만두지 않는다. 주님 앞에 올바르게 서 있는 한 사람이 있을 때 마귀는 그를 쓰러뜨리려고 한다. '왜 우리는 주님을 사랑하고 의롭고 경건하게 살고자 하는데 이렇게 힘들고 고난이 많은가?' 하며 혼란스러워하고 의심하는 사람들이 있다. 욥기를 볼 때 그 이유는 자명해진다. 이미 죄악에 엎어져 있고 어둠에 빠져 있는 사람은 마귀가 건드리지도 않는다. 이미 그의 종이 됐기 때문이다. 그러나 하나님 앞에 서서 하나님께 기쁨이 되고 사단에게 수치를 돌리는 자는 마귀가 힘을 다해서 공격하고 쓰러뜨리려 한다. 그러므로 경건한 그리스도인에게는 고난이 많은 것이다.

그런데 욥에게 그러한 고난이 있기 전에 사단이 하나님께 나아와 말했다.

9절, 사단이 여호와께 대답하여 가로되 욥이 어찌 까닭 없이 하나님을 경외하리이까

욥이 하나님을 경외하고 있다는 것을 사단도 알고 있다. 그 점에 대하여는 사단도 부인하지 않는다. 그러나 욥이 하나님을 경외하는 데에는 이유가 있지 않겠느냐며 욥을 깎아내리는 말을 하는 것이다. 사탄적인 말은 이와 같이 존귀한 성도들을 비하하는 것이 특징이다.

10절, 그와 그 집과 그 모든 소유물을 산울로 두르심이 아니니이까 주께서 그 손으로 하는 바를 복되게 하사 그 소유물로 땅에 널리게 하셨음이니이다

욥이 하나님을 경외하는 것은 하나님이 너무나 많은 복을 주셨기 때문이 아니냐는 것이다. 즉, 사단은 욥이 매사에 형통하고 재물이 많으니까 하나님을 경외하는 것이지 그 모든 것들을 빼앗아 버리면 경외하지 않을 것이라고 하는 것이다.

11-12절, 이제 주의 손을 펴서 그의 모든 소유물을 치소서 그리하시면 정녕 대면하여 주를 욕하리이다 12 여호와께서 사단에게 이르시되 내가 그의 소유물을 다 네 손에 붙이노라 오직 그의 몸에는 네 손을 대지 말지니라 사단이 곧 여호와 앞에서 물러가니라

사단은 하나님께 욥의 소유물을 치시면 그의 어조가 변할 것이라고 했다. 즉, 욥이 궁핍하게 되면 믿음을 저버릴 것이고 신앙 고백도 없어질 것이라고 하는 것이다.

13-16절, 하루는 욥의 자녀들이 그 맏형의 집에서 식물을 먹으며 포도주를 마실 때에 14 사자가 욥에게 와서 고하되 소는 밭을 갈고 나귀는 그 곁에서 풀을 먹는데 15 스바 사람이 갑자기 이르러 그것들을 빼앗고 칼로 종을 죽였나이다 나만 홀로 피한 고로 주인께 고하러 왔나이다 16 그가 아직 말할 때에 또 한 사람이 와서 고하되 하나님의 불이 하늘에서 내려와서 양과 종을 살라 버렸나이다 나만 홀로 피한 고로 주인께 고하러 왔나이다

이것이 다 마귀가 일으키는 일이다. 평안한 상황에서 갑자기 일어난 일이다.

17절, 그가 아직 말할 때에 또 한 사람이 와서 고하되 갈대아 사람이 세 떼를 지어 갑자기 약대에게 달려들어 그것을 빼앗으며 칼로 종을 죽였나이다 나만 홀로 피한 고로 주인께 고하러 왔나이다

엄청 황당한 일들이 연속해서 일어나는 것이다. 갈대아 사람이란 앗수르와 바벨론 백성으로서 호전적이고 약탈을 잘하는 족속이었다. 이들의 탈취 목표는 약대였다.

18-19절, 그가 아직 말할 때에 또 한 사람이 와서 고하되 주인의 자녀들이 그 맏형의 집에서 식물을 먹으며 포도주를 마시더니 19 거친 들에서 대풍이 와서 집 네 모퉁이를 치매 그 소년들 위에 무너지므로 그들이 죽었나이다 나만 홀로 피한 고로 주인께 고하러 왔나이다 한지라

네 번째 보고였다. 이는 대풍 때문에 한 번에 열 자녀가 압사하여 죽었다는 소식이다. 영국 속담에 시험은 하나씩 오는 것이 아니라 한꺼번에 온다는 말이 있다. 이렇게 힘든 상황이 한 번 있은 후에 일 년 쯤 지나서 있고 또 오 년 쯤 있다가 오면 숨을 돌려가면서 시험을 당하겠는데 욥에게는 숨 돌릴 새 없이 연이어 몰아닥쳤다.

20절, 욥이 일어나 겉옷을 찢고 머리털을 밀고 땅에 엎드려 경배하며

시험은 한꺼번에 몰아닥치는 특징이 있다. 한번 오고 또 오고 겹쳐서 오고 덮쳐서 오는 것이다. 우리는 욥기를 읽으면서 이것은 꾸민 이야기이지 어떻게 이런 일이 실제로 있을 수 있나 할 것이다. 1장만 보아도 그런 의구심이 생길 수 있다. 자로 재듯이 한 사람이 와서 말하고 또 한 사람이 와서 말하기 때문에 이것이 만들어 놓은 이야기같이 느껴지는 것이다.

사무엘서를 읽어보면 다윗의 이야기도 실지로 그런 일이 일어났을 것 같지 않은 부분이 있다. 말씀을 사랑하는 사람들도 믿기 어려운 이야기가 있다. 욥기도 마찬가지이다. '어떻게 이런 일이 가능하단 말인가' 하는 생각이 든다. 여태까지 아무 일도 없었는데 갑자기 시련과 재앙이 쓰나미같이 몰려오는 것이다. 그래서 각본에나 있을 법한 일이 일어나기 때문에 불신자들은 과연 이 이야기를 믿을 수 있는 것인지 의아해한다. 욥에게 밀어닥친 재난을 보자!

첫째는 "어느 날 욥의 자녀들이 그 맏형의 집에서 식물을 먹으며 포도주를 마실 때에 사자가 욥에게 와서 고하되 소는 밭을 갈고 나귀는 그 곁에서 풀을 먹는데 스바 사람이 갑자기 이르러 그것들을 빼앗고 칼로 종을 죽였나이다 나만 홀로 피한 고로 주인께 고하러 왔나이다". 욥의 자녀들이 식물을 먹고 포도주를 마실 때에 스바 사람들이 와서 다 빼앗아가고 칼로 종을 죽였다는 것이다. 둘째는 "그가 아직 말할 때에 또 한 사람이 와서 고하되 하나님의 불이 하늘에서 내려와서 양과 종을 살라버렸나이다 나만 홀로 피한고로 주인께 고하러 왔나이다". 하늘의 불이 양과 종을 불살라버린 일이다. 셋째는 "그가 아직 말할 때에 또 한 사람이 와서 고하되 갈대아 사람이 세 떼를 지어 갑자기 약대에게 달려들어 그것을 빼앗으며 칼로 종을 죽였나이다 나만 홀로 피한 고로 주인께 고하러 왔나이다". 갈대아 사람들이 나타나서 약대와 종을 죽인 사건이다. 넷째는 "그가 아직 말할 때에 또 한 사람이 와서 고하되 주인의 자녀들이 그 맏형의 집에서 식물을 먹으며 포도주를 마시더니 거친 들에서 대풍이 와서 집 네 모퉁이를 치매 그 소년들 위에 무너지므로 그들이 죽었나이다 나만 홀로 피한 고로 주인께 고하러 왔나이다 한지라". 욥의 자녀들이 맏형의 집에서 식물을 먹으며 포도주를 마시다가 대풍이 불어 집이 무너져 다 죽은 것이다. 그러나 한 사람씩은 꼭 남아서 욥에게 달려와 보고를 했다.

내가 성도 여러분들과 나누고 싶은 이야기는, 그래서 하나님도 계시고 마귀도 있다는 것이다. 마귀가 시험을 일으키기 때문에 이런 일이 있는 것이지 우연히 발생하는 일이라면 이렇게 연달아서 사건이 발생하겠는가? 여러분들이 앞으로 이런 일을 안 당하면 감사한 일이고 나도 이런 시험을 안 당했으면 좋겠는데, 여러분들이 혹 시험을 당하게 되더라도 이러한 일이 얼마든지 일어날 수 있는 일이라는 것을 알게 될 것이다. 주님은 우리에게 시험에 들지 말게 해달라고 기도하라고 가르치셨다.

우리는 한 사건 때문에 고생을 하며 안간힘을 쓰고 있는데 다른 사건이 이어서 터지고 그 다음에 또 다른 사건이 터지는 것이다. 그러한 비극들이 연속해서 일어나는데 그 사건들 속에서 꼭 한 사람씩은 살아 남아서 그 일을 보고한다. 하나님이 왜 한 사람을 살려 두시는가? 보고를 해야 하기 때문이다. 사건이 일어나는 것이 한 가지 일이고 그것을 알려주는 것이 또 한 가지 일이다.

내가 손양원 목사님의 전기를 읽었는데, 손양원 목사님은 1950년 9월 28일 공산당의 총에 맞아 순교를 했다. 당시 감옥에 갇혔던 그리스도인들이 많았는데, 그 때(1950년 9월 28일) 공산당들이 그들을 다 밖으로 나오게 해서 총으로 쏴 죽였다. 그 중에 오직 한 사람, 김창수라는 사람이 살아서 그 때 일을 세상에 알렸다. 그는 당시 18세였고 아들 친구였다. 어두운 밤중에 처형당하기 위해 과수원 가운데로 다 묶여서 가고 있는데 그를 묶고 있던 끈이 스르르 풀어지더라는 것이다. 그래서 그는 그 총살 현장에서 간신히 도망칠 수가 있었고 손 목사님의 순교의 모습을 사모님한테 생생하게 알려줄 수 있었다.

나는 그 책을 읽으면서 참 신기하다고 생각했는데, 김창수라는 사람은 "내가 그 상황에서 살아남은 것은 당시 일을 증언해줄 사람으로 하나님이 나를 미리 택하셨기 때문이다."라고 말했다. 아주 인상 깊은 말이었다.

그 책 내용을 좀 더 자세하게 말하면, "과수원 길을 접어들자 바람결에 화약 냄새와 피비린내가 코를 찔렀다. 그리고 숲속에는 흰 옷을 입은 사람들이 서로 엉기고 포개진 채로 고꾸라져 있고 아직 숨이 끊어지지 않은 사람이 있는 듯 가느다란 비명과 신음소리가 새어나오기도 했다.

그래서 저 앞을 봤을 때 주위에는 셀 수 없이 많은 빨찌산들이 나무 숲속에 기립해 있었다. 그들은 하나같이 이쪽을 보고 총을 겨누고 있었다. '아! 이것이 죽음이구나!' 하면서 나의 손놀림이 더 바빠졌다.

그때 나는 맨 앞의 왼쪽에 서 있었다. '저 총알이 날아오면 나부터 맞고 지나가겠지.' 하면서 '고개를 숙이면 피할 수 있을까' 라는 생각을 하기도 했는데, 바로 총알이 날아오기 직전이었기 때문이다. 나는 젖먹던 힘까지 다 해서 죽어라고 손목에 힘을 주니 묶였던 줄이 탁하고 풀렸다. 기적이었다. 그들이 방아쇠를 당기기 직전이었다. 나는 이것저것 생각할 필요 없이 있는 힘을 다해 밭두렁을 따라 어둠을 향해 달렸다.

뒤에서 '한 놈이 튀었다' 라는 소리가 들려왔다. 어느 틈에 내 귓전을 스쳐서 총알이 날아왔다. 나는 따발총 소리와 함께 밭두렁에 고꾸라졌다. '이렇게 죽는구나' 하면서 허망함이 가슴을 뒤흔들었다. 그러나 아니었다. 온 몸을 만져보았지만 총에 맞은 것이 아니었다. 총알이 귓볼을 스쳐서인지 귀에 피가 약간 만져진 것이다. 총에 맞은 것이 아니라 총소리에 놀라 다리에 힘이 죽 빠져 쓰러진 것이다. 여전히 총소리는 들렸고 나는 어찌하든지 손 목사님 사모님한테 가서 이 소식을 알려야 겠다는 생각뿐이었다. 철벅철벅 개울을 지나고 뻘 밭을 지나 논밭을 지나고 밤길을 지나 새벽에야 목사님 집 문을 두드릴 수 있었다."

이렇게 한 사람을 살아남게 하는 데는 뜻이 있다. 보고할 사람 하나를 남겨두는 것을 보면 하나님은 우리에게 시험을 허락하실 때 자로 재듯이 하신다는 것이다. 다 죽으면 그 순교의 현장을 알려줄 사람이 없으니 한 사람을 남겨 두신 것이다.

그런데 이렇게 참담한 상황에서 욥은 어떻게 했는가? 겉옷을 찢고 머리털을 밀고 땅에 엎드려 경배했다. 여기서 욥은 원망하지 않았다. 다음 22절에서 "이 모든 일에 욥이 범죄하지 아니하고 하나님을 향하여 어리석게 원망하지 아니하니라"고 했다. 이런 모든 상황에서 욥은 원망하지 않았다.

21절, 가로되 내가 모태에서 적신이 나왔사온즉 또한 적신이 그리로 돌아가올지라 주신 자도 여호와시요 취하신 자도 여호와시오니 여호와의 이름이 찬송을 받으실지니이다 하고

욥은 적신으로 나와서 적신으로 돌아간다고 했다. 자기가 일군 것이 없고 자기 것이 없다고 한 것이다. 마귀가 하나님께 말한 것 하고 욥이 말한 것은 틀리다. 사단은 욥이 하나님을 경외하고 사랑하는 것은 하나님이 재물의 복을 주셨기 때문이라고 말했었다. 재물을 치면 하나님을 사랑하지 않을 것이라고 했다. 그러니까 욥과 마귀는 보는 눈이 달랐다. 마귀는 참소자이니까 '아무리 경건한 사람이라도 인간이기 때문에 그렇게 하면 원망할 것이다.' 라고 참소하는 것이다. 그런데 그 결과는 시험을 거쳤을 때 드러나게 되는데 이렇게 모든 것을 빼앗겼을 때 욥은 원망이 없었다. 그는 "나는 잃어버린 것이 없다."고 했다. 다 하나님이 주셨고 이제 그것을 가져가신 분도 하나님이시기 때문이라고 했다.

어떤 것에 원망이 있다는 것은 자기 것이 있다고 생각하기 때문이다. 경배한다는 것은 하나님이 하신 일이 다 옳다고 인정하여 경배하는 것이다. 이럴 때 하나님은 합당한 경배자를 얻으시게 된다. 모든 시험과 환난을 이긴 결과는 무엇인가? 그것은 모든 환경을 하나님 앞에서 그대로 받는 것이다. 그런 사람은 입술의 원망이 있을 필요가 없다.

22절, 이 모든 일에 욥이 범죄하지 아니하고 하나님을 향하여 어리석게 원망하지 아니하니라

우리는 욥을 통해서 성도에게 닥치는 환난이 어떤 종류의 것인지, 왜 하나님이 환난을 허락하시는지 볼 수 있다. 환난은 어떻게 해서 오는가? 하나님이 우리의 유익을 위해서 허락하시는 것이다. 하나님의 허락 없이 성도에게 임하는 환난은 없다. 이 말씀을 보면 이 일을 마귀가 하는 것이지만 하나님의 허락이 있기 때문에, 보좌에서 허락이 떨어졌기 때문에 마귀가 할 수 있는 것이고 환난이 있는 것이다. 거기에는 '여기까지는 안 돼.' 라고 하는 하나님의 제한도 있는 것이다. 우리는 어떤 일을 만나든지 하나님의 손을 거쳐서 우리에게 오는 것이므로 불안해하지 말고 모든 상황에서 하나님께 배우기 바란다.

욥은 자기의 소유가 전혀 없다는 사실을 인정하는 말을 하였다. 그는 그의 당한 환난에서 손해본 것이 전혀 없음을 인정하였다. 원래 아무 것도 없는 사람이 아무 것도 없게 되었다는 뜻이다. 그는 모든 재산을 하나님이 주셨고 파산을 당한 뒤에도 하나님이 취하셨다고 생각했다. "주신 자도 여호와시요 취하신 자도 여호와시니 여호와의 이름이 찬송을 받으실지니이다"라고 하였다(1:21 하반절). 이는 하나님의 주권을 믿는 마음이다. 욥은 겸손하게 시험을 받아들이면서 원망하지 않았다. 성도들이 시험당할 때 원망의 마음이 드는 것은 시험을 이기지 못하는 마음의 시작이다.

욥기 2장

preview

1. 하나님은 성도들이 시련을 당할 때 자세히 보시고 그들의 순전함을 칭찬하신다. 하나님은 자녀들이 시험당할 때 주시해서 보시는데 이는 그 때 유익을 얻기를 바라시기 때문이다. 따라서 성도가 시험을 당할 때 잘 참아 이기면 상급을 받는 것은 분명하다. 히브리서 12:10, "저희는 잠시 자기의 뜻대로 우리를 징계하였거니와 오직 하나님은 우리의 유익을 위하여 그의 거룩하심에 참예케 하시느니라". 야고보서 1:12, "시험을 참는 자는 복이 있도다 이것에 옳다 인정하심을 받은 후에 주께서 자기를 사랑하는 자들에게 약속하신 생명의 면류관을 얻을 것임이니라".

2. 욥의 환난과 시험 가운데서 "그가 오히려 자기의 순선을 굳게 지켰느니라"고 하신 것은 하나님이시다. 신자들이 시련 가운데 약해지지 않고 도리어 강해지는 이유는 그 때가 바로 하나님의 특별한 능력을 공급받을 수 있는 기회가 되기 때문이다. "너희가 주 안에서와 그 힘의 능력

으로 강건하여지고”(엡 6:10). “사람이 감당할 시험밖에는 너희에게 당한 것이 없나니 오직 하나님은 미쁘사 너희가 감당치 못할 시험당함을 허락지 아니하시고 시험당할 즈음에 또한 피할 길을 내사 너희로 능히 감당하게 하시느니라”고 한다.

3. 사탄에 대하여

사탄은 천사장의 능력과 교활함으로 사람을 파괴하려 하고 그 뜻을 성취하기 위해서는 어떤 일도 망설이지 않는다. 그 자는 잠도 자지 않고 졸지도 않고 악한 계획을 추진해 나간다. 그가 두루 다니는 목적은 우는 사자같이 삼킬 자를 찾기 위해서이다. 그자는 하나님의 일을 방해하려고 약한 사람을 넘어뜨리려 한다. 사탄은 주 예수님도 시험한 자이다. 그 자는 할 수 있는 것은 다 해본다. 그는 1장에서 이미 “이제 주의 손을 펴서 그의 모든 소유물을 치소서 그리하시면 정녕 대면하여 주를 욕하리이다”(11절)고 했다. 그런데 욥은 순전을 지켰다. 그러면 사탄은 자기의 틀린 것을 인정했어야 한다. 그러나 그는 그렇게 하지 않았다. 그 자는 다시 욥을 시험하고자 했다. 몸을 치도록 한 것이다.

하나님은 “그와 같이 순전하고 정직하여 하나님을 경외하며 악에서 떠난 자가 없느니라”고 하셨다. 그러나 마귀는 “가죽으로 가죽을 바꾸오니 사람이 모든 소유물로 자기의 생명을 바꾸올지라 이제 주의 손을 펴서 그의 뼈와 살을 치소서 그리하시면 정녕 주를 욕하리이다”라고 하였다. ‘가죽으로 가죽을 바꾸오니’란 당시 상거래에서 물물교환의 격언인 듯하다. 물건을 같은 가치의 다른 물건과 바꾼다는 말인 듯하다. 즉 욥이 자기 생명이 안전하기 때문에 그렇지 그 생명이 위험하게 되고 끝나게 되면 그 때는 모든 가치가 없어지니 하나님을 욕하게 될 것이라는 말이다. 사람의 건강은 자기 자신이니 건강을 치면 사람 속에 쉽게 원망이 생겨나는 법이다.

4. 그가 순전하고 정직하고 하나님을 경외하는 자이나 그의 성품 속에는 타락의 씨앗과 아직 하나님 아버지를 닮지 않은 구석이 있었다. 그는 이전에 자기 자신에 대하여 알았지만 아직 충분히 알지 못하는 것이 있었다. 그러기에 "내가 스스로 한하고 티끌과 재 가운데서 회개하나이다"라고 하였다(42:6). 이렇게 혹독한 체험을 통해 욥은 이전에 알았던 것보다 더 처절하게 자신에 대하여 알게 되었고 그로 인하여 겸손하게 되었다. 이러한 시련이 아니면 알 수 없었던 잠복해 있던 자아와 죄성이 혹독한 시련을 통해서 드러난 것이다. 그리고 이런 시련의 끝에 그런 죄성과 자아의 악을 옛 사람을 벗듯이 벗어버리게 된다. 그러니 하나님은 시험을 통해 그분의 자녀들에 대한 그분의 뜻을 이루시는 것이다. 따라서 마귀는 큰 의미에서 볼 때 하나님의 일면에서의 쓰임을 받을 뿐이다. 즉 사탄은 그저 하나님의 큰 뜻을 이루는 데 이바지하는 도구일 따름이다.

5. 시험을 당할 때 혹독한 폭풍우 속에서도 잘 참아내며 잠잠히 "오직 주의 뜻이 이루어지이다"라고 지혜롭고 용감하게 받아들이며 복종할 수 있다면, 그때가 곧 영광의 순간이다. 주님께서 그분의 신실하고 순전하며 악에서 떠나고 참되게 그분을 경외하는 자들을 시험터와 전쟁터에 내어보내시어 그곳에서 하나님을 증거하고 십자가의 손길을 기꺼이 받아들이게 된다면, 천사들도 그러한 특권을 시기하지 않겠는가!

6. 이러한 영광스런 시험의 목적은 십자가의 군병이 어떤 어려움이 생겼을 때 그저 불안스러워하고 그것으로부터 해방되기만을 바랄 뿐 그 속에서 주님을 신뢰하고 변함없는 믿음으로 하나님을 기쁘시게 하기 어렵기 때문이다. 성도들은 나약하여 편안함과 안식을 원할 뿐 힘든 것을 두려워하고 피하려고만 한다. 이것은 깊이 파고들어가 볼 때 세상에 대한 욕망과 누림을 유지하고 싶은 감추인 자아이다. 히브리서 12장의 싱

계는 무엇인가? 죄와 싸우는 것이다. 히브리서 12:4, "너희가 죄와 싸우되 아직 피흘리기까지는 대항치 아니하고". 믿음은 오래참음으로 숙성되는 것이다. 시험을 통해서 성도들은 인내를 배우게 된다.

7. 욥의 인내

왜 욥에게 참혹한 시험이 있었는가? 시험에는 끝이 있다는 것을 보여주기 위함도 있다. 야고보서 5:10-11, "형제들아 주의 이름으로 말한 선지자들로 고난과 오래 참음의 본을 삼으라 보라 인내하는 자를 우리가 복되다 하나니 너희가 욥의 인내를 들었고 주께서 주신 결말을 보았거니와 주는 가장 자비하시고 긍휼히 여기는 자시니라". 또한 참된 성도는 타락하지 않는다는 것을 보여주고자 하시는 것도 있다고 본다.

8. 사람이 고난을 당하지 않으면 평안의 맛을 모른다. 금식해본 사람만이 음식의 맛을 안다. 사람이 고난을 당하지 않으면 믿음과 인내를 배우지 못한다.

9. 사람이 고난을 받지 않으면 성경의 참 뜻을 깨닫지 못한다. 성경은 고난의 책이다. 그러므로 성숙한 신자들은 고난 가운데 기쁨을 맛본다. 성도들은 지식만으로는 성경의 깊이를 이해하지 못한다. 고난의 체험을 통해서만이 그 깊이를 이해하며 그 뜻을 비로소 이해하게 되는 것이다. 따라서 사역자들에게 고난이란 필수적인 경력이 된다. 다윗이 어떻게 해서 그렇게 많은 시를 쓸 수 있었을까? 그의 일생이 편안했다면 그 깊은 체험을 하지 못했을 것이다. 바울 또한 동일하다. 그의 사역의 여정은 고난의 연속이었다. 고난은 지식으로 이해할 수 없는 영역임을 알아야 한다. 따라서 고난을 실제로 받지 않고서는 알 수 없는 맛과 그 세계가 있으니 고난을 피하려 하지 말라! 야고보서 1장 2절은 "여러 가지 시험을 만나거든 온전히 기쁘게 여기라"고 한다.

10. 욥의 아내는 그런 상황을 보고 "당신이 그래도 자기의 순전을 지키느냐 하나님을 욕하고 죽으라"고 말했다. 칼빈은 그 여자가 사탄의 도구였다고 말한다. 아내는 남편을 돕는 도구가 되어야지 하와나 욥의 아내같이 되어서는 안 된다(루터, 손양원, 주기철 목사 등의 부인은 남편의 강한 조력자들이었다). 사실상 그녀의 말은 일시적 실언이 아니고 그녀의 근본 사상이다. 하나님을 섬긴 대가로 반드시 이익이 돌아와야 한다는 사상이다. 신앙을 이기주의적인 동기로 생각하는 자들이 오늘날도 많다. 욥은 하나님의 섭리로 만족하는 신앙을 가졌다. 이 세상에는 재앙이 많은데 왜 자신에게는 없겠는가 하는 것이 욥의 생각이다. 성도들은 시험을 통해서 얻는 유익을 놓쳐서는 안 된다. 성경은 우리에게 온전함과 구원에 이르게 하는 지혜를 주는 책이다.

exposition

1절, 또 하루는 하나님의 아들들이 와서 여호와 앞에 서고 사단도 그들 가운데 와서 여호와 앞에 서니

사단은 하나님의 일을 돕는 일종의 도구일 뿐이다. 여기서 두 번째 천상회의를 보여주는데 거기에 사탄도 다시 나타났다.

2절, 여호와께서 사단에게 이르시되 네가 어디서 왔느냐 사단이 여호와께 대답하여 가로되 땅에 두루 돌아 여기 저기 다녀왔나이다

사단은 어떤 존재인가? 제멋대로 다니는 것이 사단이다. 하나님의 인도하심을 따라 행하는 성도들은 하나님이 아신다. 그런데 마귀는 제멋대로 다니니까 하나님이 '어디 갔다 왔느냐' 고 하시는 것이다. 사단은 두루 다니는 것이 그의 특징이다. 하나님의 자녀들 가운데 누가 약한가

하여 삼킬 자를 찾고 있는 것이다.

TV 프로그램 중 '동물의 왕국'을 보면 사슴이나 얼룩말 같은 것들이 수천 마리 달려가는데 그 가운데 뒤처지는 것을 사자나 표범이 잡아챈다. 마찬가지로 사단도 우는 사자와 같이 두루 다니며 삼킬 자를 찾는다(벧전 5:8). 잘 되어 가는 하나님의 일을 어떻게 하면 방해할까 하여 많은 비판의 말과 음부에서 나오는 참소의 말을 만들어 내기도 하고, 어느 곳에 신실한 자가 있으면 시기하여 시험에 들게 하여 넘어뜨리려고 하다 보니 매우 바쁜 것이다. 하나님의 큰 역사들을 일일이 쫓아다니며 방해하려니 얼마나 바쁘겠는가? 자지도 않고 졸지도 않고 온 힘을 다해서 방해한다. 마귀는 천사장이었던 자가 타락한 존재이므로 그의 능력과 교활함이 아주 뛰어나다. 그것으로 사람을 파괴하고 죽이려 하는 것이다. "도적이 오는 것은 도적질하고 죽이고 멸망시키려는 것뿐이요…"(요 10:10). 사단은 그의 그러한 계획을 추진하기 위해서 바쁘게 돌아다니는 것이다.

3절, 여호와께서 사단에게 이르시되 네가 내 종 욥을 유의하여 보았느냐 그와 같이 순전하고 정직하여 하나님을 경외하며 악에서 떠난 자가 세상에 없느니라 네가 나를 격동하여 까닭없이 그를 치게 하였어도 그가 오히려 자기의 순전을 굳게 지켰느니라

첫 번째로 그의 재산을 치지 않았는가? 네 번에 걸쳐서 재산을 치는 일이 일어났었다. 첫 번째는 스바 사람이 와서 소와 나귀를 다 빼앗고 종을 칼로 죽인 것, 두 번째는 하늘에서 불이 내려와 양과 종을 불살라 버린 것, 세 번째는 갈대아 사람이 세 떼를 지어 갑자기 약대에게 달려들어 빼앗고 종들을 죽인 것, 네 번째는 열 명의 자녀들이 맏형의 집에서 음식을 먹다가 대풍에 집이 무너져 깔려 죽은 것이다. 이 네 번의 엄청난 시련이 있었어도 욥은 머리털을 밀고 땅에 엎드려 경배하면서 "내가 모태에서 적신으로 나왔으니 적신으로 돌아갈지라 주신 자도 여호와시요 취하신 자도 여호와시니 여호와의 이름이 찬송받을지어다"라고 했다. 그는 그 입으로 범죄치 않았고 또 어리석게 원망하지 않았다. 이렇게 하여 그는 이 시험에서 하나님께 합격한 것이다. 욥이 합격한 것을 하나님이 보시고 사단에게 자랑하셨다. 욥이 환난과 시험 가운데 "그가 오히려 자기의 순전을 굳게 지켰느니라"고 하신 것은 하나님이시다.

하나님은 성도들이 시련을 당할 때 자세히 보신다. 다른 때는 자세히 보시지 않아도 이런 때는 자세히 보신다. 환난을 통해 유익을 얻기를 바라시기 때문에 다른 때보다 어떻게 시험을 잘 참아 이기는가를 보시는 것이다. 그 입에서 무슨 말이 나오는가를 보시는 것이다. 히브리서 12:10, "저희는 잠시 자기의 뜻대로 우리를 징계하였거니와 오직 하나님은 우리의 유익을 위하여 그의 거룩하심에 참예케 하시느니라". 야고보서 1장 12절, "시험을 참는 자는 복이 있도다 이것에 옳다 인정하심을 받은 후에 주께서 자기를 사랑하는 자들에게 약속하신 생명의 면류관을 얻을 것임이니라". '이것에 옳다 인정하심을 얻은 후에'. 그 시험을 잘 통과해서 합격하는지를 보시고 그런 사람들에게 약속하신 생명의 면류관이 있다고 하셨다. 이렇게 첫 번째 시험에서 마귀가 욥에게 감당할 수 없는 어려움을 주었어도 욥은 자기의 순전을 지키고 어리석게 원망하지 않았다.

4-6절, 사단이 여호와께 대답하여 가로되 가죽으로 가죽을 바꾸오니 사람이 그 모든 소유물로 자기의 생명을 바꾸올지라 5 이제 주의 손을 펴서 그의 뼈와 살을 치소서 그리하시면 정녕 대면하여 주를 욕하리이다 6 여호와께서 사단에게 이르시되 내가 그를 네 손에 붙이노라 오직 그의 생명은 해하지 말지니라

사단은 1장에서 이미 "이제 주의 손을 펴서 그의 모든 소유물을 치소서 그리하시면 정녕 대면하여 주를 욕하리이다"(11절)고 했다. 그런데 욥은 순전을 지켰다. 그러면 사단은 자기의 틀린 것을 인정했어야 한다.

그러나 그는 그렇게 하지 않았다. 그 자는 다시 욥을 시험하는 일을 했다. 몸을 치도록 한 것이다.

"가죽으로 가죽을 바꾸오니 사람이 그 모든 소유물로 자기의 생명을 바꾸올지라". 당시에 상업적인 거래에서 쓰여졌던 격언일 수도 있는 말을 사단이 했다. 왜 이런 말을 했겠는가? 가죽으로 가죽을 바꾼다는 것은 그 정도의 가치가 있는 것을 빼앗을 때, 즉 자기의 생명, 자기의 육체를 쳤을 때만이, 생명을 거는 문제까지 나아갈 때만이 뭔가 나올 것이라고 하는 것이다. 이로 보건대 마귀도 보통이 아닌 것을 알 수 있다. 그의 몸을 치면 그가 하나님을 욕하지 않겠느냐는 것이다. 사람이 다른 외적인 것을 치는 것은 견딜 수 있겠지만 몸을 치면 하나님을 원망하는 소리가 쉽게 나올 수 있기 때문이다. 왜 그러한가? '내가 죽으면 무슨 소용이 있나? 왜 다른 사람은 건강하고 좋은데 나만 이렇게 병이 들고 안 좋은가? 어떤 사람들은 믿음으로 치료도 잘 받는다고 하는데 왜 나는 이렇게 약하고 문제가 있는가? 이 세상에서 내가 쓰러져버리면 무슨 소용이 있는가?' 라고 하면서 하나님에 대한 믿음과 신뢰가 약해질 수가 있는 것이다.

몸은 바로 자기 자신이기 때문에 객관적이 되기 어렵고 그러한 것들을 간단히 넘기기가 어렵다는 것을 마귀가 아는 것이다. 그래서 가죽으로 가죽을 바꾸는 것이라고 말하고 '그 몸을 쳐라! 그 뼈와 살을 쳐라, 그러면 정녕 주님을 대면해서 욕을 할 것이다.' 라고 하는 것이다. 그러니까 6절에서 하나님은 "내가 그를 네 손에 붙이리라 오직 그의 생명은 해하지 말라"고 답하셨다. 이렇게 하나님께서는 한도를 정하고 사단에게 사랑하는 성도를 내어주신다.

하나님께서 왜 성도들에게 시련을 주시는가에 대해서 더 이야기하겠지만, 간단히 말해서 그것은 하나님의 능력을 덧입을 수 있기 때문이다. 평소에는 하나님의 강한 능력과 은혜와 힘을 공급받지 않아도 살 수 있다. 그런데 혹독한 시련을 만나면 자신의 힘의 한계를 느끼게 된다. 더 이상 감당할 수 있는 힘이 없게 된다. 그래서 그 때에 특별히 간절한 기도와 더불어서 하나님의 능력을 힘입게 되는 것이다. 그때에 특별한 능력을 체험할 수 있는 기회가 부여되는 것이다. "종말로 너희가 주 안에서와 그 힘의 능력으로 강건하여지고"(엡 6:10).

또한 하나님은 사람이 감당할 수 없는 시험은 허락하지 않으시고 또 시험당할 즈음에는 피할 길을 주신다. "사람이 감당할 시험 밖에는 너희에게 당한 것이 없나니 오직 하나님은 미쁘사 너희가 감당치 못할 시험당함을 허락지 아니하시고 시험당할 즈음에 또한 피할 길을 내사 너희로 능히 감당하게 하시느니라"(고전 10:13). 그래서 우리에게 감당할 수 있는 힘을 부여해 주시는 것이다. 마귀는 심지어 주 예수님도 시험하지 않았는가? 마귀는 할 수 있는 대로 성도들을 넘어뜨리려고 한다. 할 수 있는 대로 성도들을 시험해서 수치를 당하게 하고 멸망시키고 파괴하고 넘어뜨리는 것이다.

7-8절, 사단이 이에 여호와 앞에서 물러가서 욥을 쳐서 그 발바닥에서 정수리까지 악창이 나게 한지라 8 욥이 재 가운데 앉아서 기와 조각을 가져다가 몸을 긁고 있더니

마귀는 하나님의 허락을 받고 욥을 쳐서 그 발바닥에서 정수리까지 악창이 나게 하였다. 얼마나 가렵고 진물이 났으면 기와장으로 긁을 정도였겠는가? 가려운 병, 악창의 병은 정말 견디기 어려운 병이다. 차라리 어디가 부러지든가 상처가 나서 아픈 것이 낫지 가려운 것은 정말 참기 어렵다. 긁어도 긁어도 피가 나올지언정 시원하지 않고 다시 가려워오니 다시 긁어야 한다. 그러니 얼마나 어렵겠는가? 얼마나 힘이 들겠는가? 하나님이 이렇게 성도들에게 어려움을 주시는 이유가 무엇이겠는가? 자식들도 다 죽지 않았는가? 재산도 다 없어지고 자기 몸도 이렇게 되어 버리고 재 가운데 앉아서 얼마나 가련한 신세인가? 완전 거지가 다 된 것이다. 그런데 하나님께서 이런 환경을 허락하신 목적은 여러

가지가 있겠지만, 욥이 그렇게 정직하고 순전하고 하나님을 경외하고 악에서 떠난 자일지라도 아직 그의 성분 속에 있는 인간의 타락의 씨앗, 처리받지 않은 인간의 속성, 하나님으로부터 배우지 않은 원래 자신에 속한 부분들을 처리하시기 위함이다.

이전에도 자기 자신에 대해서 알았고 하나님에 대해서도 알았겠지만, 아직 그렇게 자기 자신에 대해서 충분하게 알지 못하고 하나님에 대해서도 충분하게 알지 못하는 것이 있다. 42장 마지막에 가서 그렇게 말하지 않았는가? "내가 주께 대하여 귀로 듣기만 하였삽더니 이제는 눈으로 주를 뵈옵나이다 그러므로 내가 스스로 한하고 티끌과 재 가운데서 회개하나이다"(5-6절). 회개한다는 것은 자기가 알 것을 알지 못했다는 것이다. 과거에는 귀로 들었지만 이제 비로소 눈으로 본다고 했다. 그것은 혹독한 시련을 통해서 자기 자신을 알고 하나님을 알게 되었다는 것이다. 그렇게 좋은 성도도 알 것을 알지 못한 것이 있었다는 것이다. 무엇을 통해서 알게 됐는가? 시련을 통해서다. 욥은 이런 시험과 극한 시련을 통해서 알게 된 것이다. 사람이 고난을 받지 않으면 성경을 모른다. 이 성경은 고난의 책이다. 어떤 사람은 성경을 '피의 책'이라고 했다.

시험을 당할 때 혹독한 폭풍우 속에서도 잘 참아내며 잠잠히 "오직 주의 뜻이 이루어지이다"라고 지혜롭고 용감하게 받아들이며 복종할 수 있다면, 그때가 영광의 순간이다. 주님께서 그분의 신실하고 순전하며 악에서 떠나고 참되게 그분을 경외하는 자들을 시험터와 전쟁터에 내어보내시어 그곳에서 그들이 하나님을 증거하고 십자가의 손길을 기꺼이 받아들이게 된다면 천사들도 그러한 특권을 시기하지 않겠는가!

이러한 영광스런 시험의 목적은 십자가의 군병이 어떤 어려움이 생겼을 때 그저 불안스러워하고 그것으로부터 해방되기만을 바랄 뿐 그 속에서 주님을 신뢰하고 변함없는 믿음으로 하나님을 기쁘시게 하기가 어렵기 때문이다. 성도들은 나약하여 편안함과 안식을 원할 뿐 힘든 것을 두려워하고 피하려고만 한다. 이것은 깊이 파고들어가 볼 때 세상에 대한 욕망과 누림을 유지하고 싶은 감추인 자아이다. 히브리서 12장의 징계는 무엇인가? 죄와 싸우는 것이다. 히브리서 12:4, "너희가 죄와 싸우되 아직 피흘리기까지는 대항치 아니하고".

구약 성경에서 시편을 읽어보면 다윗에게 시련이 많았던 것을 알 수 있다. 다윗에게 그런 시련이 없었다면 그런 풍성한 시를 쓸 수가 없었을 것이다. 다윗은 기름부음을 받은 후에도 사울에게 시기를 받았다. 전쟁터에서 승전하여 돌아온 다윗과 사울을 축하하면서 부녀들이 '다윗이 죽인 자는 만만이요 사울이 죽인 자는 천천이라' 고 한 때로부터 다윗은 사울에게 수없이 생명의 위협을 받고 추적을 당하며 도망 다니는 일을 했다. 결국 왕이 되었지만, 결코 쉽게 왕위에 오르지 않았고 많은 시련을 거치고 오랜 세월이 지난 후에야 왕이 되었다. 그렇게 왕이 된 후에도 실수하여 죄를 짓고 나단 선지자의 책망을 받았는데, 그는 "칼이 네 집에 영영히 떠나지 아니하리라"는 끔찍한 징계를 받았다. 그리고 압살롬의 난, 세바의 난이 일어나서 도망 다녀야 했고, 여러 가지 우환이 겹쳐서 일어났다. 그 부하 장군 요압은 또 얼마나 속을 썩였는지 모른다. 죽이지 말라는 사람도 찔러 죽이고 말을 듣지 않았다. 그래서 다윗은 많은 눈물을 흘려야 했고 아주 뼈아픈 체험을 하게 되었다. 이것이 다윗의 일대기이다. 다윗에게 그러한 시련과 혹독한 체험이 없었다면 그렇게 많은 양의 시편을 다윗이 쓸 수 있었겠는가? 고난 받은 종이 아니었으면 그런 시편을 썼겠는가?

예수는 어떠하셨는가? 이사야서 53장을 보면 그분의 이름이 슬픔의 사람, 고난을 아는 자라고 했다. 그분의 일생이 고난의 일생이었다. 구유에 나셔서 십자가로 가실 때까지 어느 누가 그분을 부축했는가? 다 도망갔고 아무도 이해하지 못했다. 오히려 대적자들의 공격과 죽이려고 하는 자들과 함께 있었다.

바울은 또 어떠했는가? 바울도 마찬가지이다. 가난과 굶주림과 헐벗음이 따라 다녔다. 그리고 핍박과 대적과 그런 속에서(히브리서를 합한다면) 14권의 성경을 쓸 수 있었던 것이다. 이런 사람이 고난의 사람인 것이다. 그런데 이러한 일을 어떻게 이해 할 수 있는가? 지식으로는 이해하는데 한계가 있다. 연구해서, 머리가 좋아서 이해하는 것도 한계가 있다. 그러나 깊은 고난을 거칠 때 이러한 말씀이 깨달아 지게 된다. 지식만 가지고는 말씀을 이해할 수가 없다. 그렇기 때문에 이 고난이라는 것은 필수 경력이다. 그러므로 겪지 않으면 이해할 수가 없다. 야고보서 5장 10절에서 "형제들아 주의 이름으로 말한 선지자들로 고난과 오래 참음의 본을 삼으라"고 했다. 그리고 11절에 "보라 인내하는 자를 우리가 복되다 하나니 너희가 욥의 인내를 들었고 주께서 주신 결말을 보았거니와 주는 가장 자비하시고 긍휼히 여기는 자시니라"고 했다.

시험과 징계를 당하지 않고 어려움도 없이 "주여, 복을 주옵소서." 라고 하면 복을 받을 것 같은데 그렇지가 않다. 하나님이 복을 주시기 위해서는 먼저 시련을 주신다. 그러므로 고난을 받을 때 잘 참아야 한다. 복을 거저 받는 것이 아니다. "보라 인내하는 자를 복되다 하느니라". 고난을 당할 때 인내를 잘해야 한다. 참는 자는 복이 있고 생명의 면류관도 얻는다. "시험을 참는 자는 복이 있도다 이것에 옳다 인정하심을 받은 후에 주께서 자기를 사랑하는 자들에게 약속하신 생명의 면류관을 얻을 것임이니라"(약 1:12).

왜 욥의 이야기를 성경에 기록했겠는가? 욥의 인내가 복되다고 야고보 사도는 말했다. 그리고 '욥의 결말을 보았거니와' 라고 했다. 고난에는 결말이 있는 것이다. 오랜 시간의 고난이 있어도 결국 끝이 있다. 끝이 없는 시련은 없다. 그 결말까지 하나님이 원하시는 것은 인내이다. 힘들지만 인내해서 결말까지 갈 때 그 사람은 합격 판정을 받게 되고 복을 받게 된다고 하나님께서 말씀하시는 것이다. "주는 가장 자비하시고 긍휼히 여기는 자시니라(약 5:11)"고 하셨다.

또한 이러한 참혹한 시련을 겪은 욥의 이야기를 기록한 것은 참된 성도는 타락하지 않는다는 것을 보여주고자 하시는 하나님의 뜻도 있을 것이다.

사람이 고난을 당하지 않으면 평안의 맛을 모른다. 금식을 안 해본 사람은 음식이 얼마나 맛있는지 모른다. 오래 금식을 해본 사람은 하늘의 달이 빵같이 보인다는 것이다. 우리가 고난을 모르면 평안한 날의 감사를 모른다. 고난을 많이 당한 사람은 평안의 맛을 안다. 고난을 통해서 하나님은 인생을 풍요하게 해 주신다. 음식을 먹을 때 고추를 먹으면 맛을 돋구는 것처럼 말이다. 하나님께 합격을 하려면 어떠한 혹독한 고난 가운데서도 기다리고 견디면서 '주여, 당신의 뜻을 이루소서.' 라고 기도하며, '시련의 의미를 잘 알게 해 주시고 주님의 손 안에서 나로 하여금 잘 배우게 하소서.' 라고 기도해야 한다. 야고보서 1장 2절에서는 "여러 가지 시험을 만나거든 온전히 기쁘게 여기라"고 했다. 성숙한 자들은 고난 가운데서 기쁨을 맛보는 자들이다.

하나님은 시련과 고난을 잘 견디고 참으면서 그 자리에서 믿음을 잃지 않고 하나님과 주 예수 그리스도를 증거하고 그 십자가의 손길을 달게 받아들이면서 아버지께 기쁨을 드리는 신실한 성도들을 보기 원하신다. 또 그러한 사람들이 평안한 가운데서 찬양하고 주님께 영광을 돌리는 사람보다 훨씬 더 하나님을 기쁘시게 하고 심지어 천군천사들도 그런 사람들을 시기하기까지 사모한다. '야 이런 사람들이 있구나!' 하고….

그러면 하나님은 왜 시련을 통해 강한 훈련을 시키시려 하는가? 사실 원래부터 참을 수 있는 사람이 없고 원래부터 속사람이 강건해서 견딜 수 있는 사람은 없다. 다 그런 환난을 통해서 새 힘을 얻고 하나님의 능력을 공급받아서 인내가 속에서 생겨나고 강함이 생겨나고 시험을 이길 수 있는 능력이 나타나는 것이다. 하나님께서는 그것이 우리에게 생겨나기를 바라신다. 어린 성도들은 시련이 올 때 나약하기 때문에 시험을 두려워하고 빨리 이런 시련이 지나갔으면 하는 맘밖에 없다. 그러한 시련 속에서도 기뻐하면서 주님과 교제하고 여전히 하나님을 섬기고 찬양하고 감사하기가 어렵기 때문에 그러한 속에서 인내를 만들어 내는 것이 시험의 목적인 것이다. 그런데 그러한 시련 가운데 있을 때 많은 성도들이 이기지 못하고 입술로 범죄하기가 쉽다. 그 시련 가운데서 잠잠히 하나님을 경배하지 못해서 하나님이 주시는 메시지를 듣지 못하고 아버지의 교육을 받지 못하고 유익을 얻지 못하는 것은 너무 안타깝고 아쉬운 일이다. 그것은 하나님이 주시는 환경의 손길을 다 흘러 보내는 어리석은 일을 하는 것이다.

9절, 그 아내가 그에게 이르되 당신이 그래도 자기의 순전을 굳게 지키느뇨 하나님을 욕하고 죽으라

욥의 아내는 그에게 "하나님을 욕하고 죽으라"고 했다. 이것은 마귀가 하는 말이다. 마귀가 원하는 바를 그 아내가 한 것이다. 아내는 돕는 배필로 남편에게 주어졌다. 그러므로 여자의 역할은 중요하다. 인류가 타락한 것도 여자인 하와가 잘못해서인데, 여기서 욥의 아내는 마귀의 도구가 돼서 마귀가 좋아하는 일을 하고 있다. 하나님께서는 원래 여자를 만드실 때 남편의 부족함을 채워 하나님의 뜻을 잘 따르도록 돕고 격려하는 배필이 되게 하셨다. 그런데 여기서 욥의 아내는 오히려 그를 끌어내리고 망하게 하는 말을 하고 있다. 마르틴 루터의 부인은 종교개혁 당시 루터가 교황의 핍박으로 약해질 때에 '당신의 하나님은 죽었느냐'고 하면서 오히려 루터를 일깨우고 북돋우는 일을 했다. 과거 우리나라의 순교자들이신 손양원 목사님과 주기철 목사님의 사모님들도 그 남편들에게 엄청난 격려와 힘을 주었다. 남편들은 순교자로서 훌륭했지만 그 아내들은 그 순교를 부축하고 격려했던 것이다. 참으로 의연하고 당당한 여인들이었다. 우리는 아내 된 사람의 역할이 얼마나 중요한가를 다시 한 번 생각하기 바란다.

여기서 "하나님께 욕하고 죽으라"고 한 것은 일시적인 발언이 아니고 그 사람의 근본적인 사상을 드러낸다. 그 말에는 하나님을 믿었으면 믿은 대가로, 섬겼으면 섬긴 대가로, 순결을 지켰다면 지킨 대가로 유익이 돌아와야 하는데 '이것이 뭐냐' 는 식의 생각이 들어 있는 것이다. 이것이 욥의 아내의 말 속에 들어 있었던 사상이었다. 신앙을 이기적인 동기로 생각하는 것이다. 그런 사람이 많다. '너, 예수 믿었는데 그 꼴이 뭐냐?' 고 말하는 사람이 얼마나 많은가? 욥의 아내가 그 대표적인 사람이다. 또 그런 소리를 듣고서 약해지는 사람이 얼마나 많은가? 그러나 욥은 그렇지 않았다.

10절, 그가 이르되 그대의 말이 어리석은 여자 중 하나의 말 같도다 우리가 하나님께 복을 받았은즉 재앙도 받지 아니하겠느뇨 하고 이 모든 일에 욥이 입술로 범죄치 아니하니라

입술로 범죄하는 이 문제가 크다. 우리는 입술을 지켜야 한다. 남을 원망하거나 비판하지 말고 내가 하나님께 기도하고 하나님이 나에게 가르쳐 주시고자 하는 것을 겸손하게 받아들이는 자세가 결국 축복을 가져다준다. 욥은 자기에게 임한 모든 환경에 대해서 하나님의 주권이라고 생각했다. 이 세상에 재앙이 많고 불행한 사람이 많은데 왜 나만 없어야 하는가? 나에게도 그런 재앙이 임할 수 있다고 생각하는 것이다. '나도 복을 받고 이 세상 사람도 복을 받을 수 있다면 복을 주시는 하나님께서 재앙도 주시지 않겠는가?' 라고 생각한 것이다. 다 하나님께서 하실 수 있다고 믿는 믿음, 하나님 자신을 신뢰하는 믿음이 욥의 믿음이었다. 이것은 하나님 자신을 믿는 믿음이다.

하나님 자신을 믿는다는 것이 무엇인가? 하나님이 무엇을 하시든지 믿는 것이 하나님 자신을 믿는 것이다. 예를 들어서, 내가 내 자녀들에게 잘해줄 때는 자녀들이 '아버지, 아버지를 너무 좋아해요.' 라고 하다가 내가 뭔가 서운하게 하고 용돈도 주지 않으면 아버지에 대한 신뢰가 떨어지고 아버지를 외면하고 도망가 버린다 하자. 잘해 주는 아버지는 믿지만 잘 못해 주는 것 같은 아버지는 믿지 못하겠다는 것이다. 잘못해 줄 때에도 바로 그 아버지인데 사람들은 잘해줄 때만 믿는다. 하나님도 마찬가지이다. 욥의 아내는 믿은 대가로 잘해주시는 하나님은 믿겠다는 것이다. 그러나 욥은 '나는 내 하나님이 어떻게 하시든지 내 하나님을 믿는다.'는 것이 그의 신앙이었다. 그분의 성품, 인격, 그분의 사랑 자체를 믿는 것이다. 이런 신앙이 흔들리지 않는 신앙이다.

11절, 때에 욥의 친구 세 사람이 그에게 이 모든 재앙이 임하였다 함을 듣고 각각 자기 처소에서부터 이르렀으니 곧 데만 사람 엘리바스와 수아 사람 빌닷과 나아마 사람 소발이라 그들이 욥을 조문하고 위로하려 하여 상약하고 오더니

욥에게는 친구들이 있었다. 이들은 욥을 조문하고 위로하려고 서로 연락하여 약속하고 왔다. 이 때는 욥이 재앙을 만난 지 수개월이 지난 때 같다. 데만은 아라비아 사막 지대 에돔의 성읍으로 지혜인의 성읍으로 유명하다(1:8, 렘 49:7, 암 1:12).

12절, 눈을 들어 멀리 보매 그 욥인 줄 알기 어렵게 되었으므로 그들이 일제히 소리질러 울며 각각 자기의 겉옷을 찢고 하늘을 향하여 티끌을 날려 자기 머리에 뿌리고

친구들은 욥을 사랑했기 때문에 욥이 알아볼 수 없게 된 모습을 보고 겉옷을 찢고 하늘을 향하여 티끌을 날려 자기 머리에 뿌렸다. 이것은 극도의 슬픔을 표시하는 것이다.

13절, 칠일 칠야를 그와 함께 땅에 앉았으나 욥의 곤고함이 심함을 보는 고로 그에게 한 말도 하는 자가 없었더라

그들은 7일 7야를 욥과 함께 앉아 그의 고난에 동참하였으나 그의 고난이 너무 심한지라 뭐라고 입이 떨어지지 않았던 것이다. 특히 열 자녀가 죽었으므로 그들은 상당한 애도의 기간을 가졌던 것 같다.

욥기 3장

preview

3장은 욥의 독백에 대한 것이다. 7일의 긴 침묵이 끝난 후 욥이 먼저 입을 연다. 어쩌면 친구들의 동정이 욥의 마음을 더 어렵게 만들었을 수 있다. 많은 경우 사람의 말은 성도들의 어려움을 해결하기는커녕 가중시킨다. 자신의 생일을 저주하고 왜 그 때 죽지 않았을까 하며 한탄하는 말이 계속된다. 이것이 1-19절까지의 내용이다. 욥은 자기의 괴로움을 말하였지 하나님을 원망한 것은 아니다. 5절에서는 "유암과 사망의 그늘이 그 날을 자기 것이라 주장하였더라면"이라고 하는데, 이는 사망, 음부가 욥이 나던 날을 주장하여 자신이 죽었더라면 좋았을 것이라는 말이다. 6절도 아기가 죽어서 태어나는 사산을 가리킨다. 8절은 악어(바다 괴물 리워야단)가 격동하여 천지에 괴변이 일어났더라면 자기가 태어나지 못했을 것이라는 말이다. 10-12절, "내 모태의 문을 닫지 아니하였고… 어찌하여 내가 태에서 죽어 나오지 아니하였었던가" 등 한없는 고통에서 나약한 인간의 상정이 나온다.

이것은 인간의 정상적인 느낌이 아닐 수 없다. 이렇게 힘든 처지에서도 욥은 자살하려고 한 것은 없다. 이렇게 고통스럽기에 인내가 필요한 것이다. 욥은 다윗처럼 "여호와여 나의 종말과 연한의 어떠함을 알게 하사 나로 나의 연약함을 알게 하소서"라고 멋있게 부르짖지 못했다. 욥은 극심한 고통이 힘들어서 이 세상에 살아있는 것 자체를 극도로 싫어한다. 이런 생각은 인간이라면 보편적으로 가질 수 있는 생각이다.

14절부터는 사후세계의 평등성을 논한다. 임금이나 의사나 부유한 자들도 다 내세에서는 평등하다는 말이다. 17절은 내세에 악한 자나 곤비한 자가 다 평강을 얻는다고 하였다. 19절에 작은 자나 큰 자의 차별도 없다고 한다. 20절부터는 죽음을 사모하는 것이 나온다. 26절은 심한 심적 고통을 표현하고 있다. "평강도 없고 안온도 없고 안식도 없고 고난만 임하였구나". 누구든지 환난을 당할 때 그 환난이 하나님으로부터 온 것인 줄을 알면 괴롭기는 하지만 은혜를 얻을 수 있다.

exposition

1절, 그 후에 욥이 입을 열어 자기의 생일을 저주하니라

욥기는 자세히 한 절 한 절 해석하는 것보다는 여러분들이 읽고 대체적인 뜻을 아는 것으로 족할 것 같다. 3장은 대체적으로 그 어려운 환경에서 자기의 신세를 한탄하는 내용이다. 자기의 태어난 일을 저주하고 있다.

2-4절, 욥이 말을 내어 가로되 3 나의 난 날이 멸망하였었더라면, 남아를 배었다 하던 그 밤도 그러하였었더라면, 4 그 날이 캄캄하였었더라면, 하나님이 위에서 돌아보지 마셨더라면, 빛도 그 날을 비취지 말았었더라면,

욥은 자기가 태어나지 않았더라면 좋을 뻔 했다고 말한다. 극한 실망

감에서 나오는 막연한 탄식과 절망의 말이다. 그렇지만 욥은 자신의 출생이 하나님의 주권에 속한 것임을 믿었다. "하나님이 위에서 돌아보지 마셨더라면". 우리 인생의 연대와 거주의 경계는 하나님이 한하신다(행 17장).

5절, 유암과 사망의 그늘이 그 날을 자기 것이라 주장하였었더라면, 구름이 그 위에 덮였었더라면, 낮을 캄캄하게 하는 것이 그 날을 두렵게 하였었더라면,

유암은 사망, 음부를 말하는 말이다. "사망의 그늘이 그 날을 자기 것이라 주장하였었더라면". 말하자면 좋은 생명의 출생이 없었다면 태어나지 않았을 것이라는 말이다. 빛으로 성립된 그 태어난 하루가 없었더라면 좋았겠다는 탄식이다. 그는 이렇게 자기의 생일이 없었더라면 좋았겠다고 말한다.

6절, 그 밤이 심한 어두움에 잡혔었더라면, 해의 날 수 가운데 기쁨이 되지 말았었더라면, 달의 수에 들지 말았었더라면,

5절과 그 문맥이 같다. "그 날이 쏙 빠져서 자기가 태어난 날이 없었더라면"이라고 한다.

7절, 그 밤이 적막하였었더라면, 그 가운데서 즐거운 소리가 일어나지 말았었더라면,

계속해서 자기가 이 땅에 잉태하지 않았었다면 좋았을 것이라고 말한다.

8절, 날을 저주하는 자 곧 큰 악어를 격동시키기에 익숙한 자가 그 밤을 저주하였었더라면,

하나의 상징적인 말이다. 리워야단 같은 큰 용이 저주를 해서 그 밤이 아예 없었더라면, 그런 밤에 자기가 출생하지 않았었더라면 좋았을 것이라는 말이다.

9절, 그 밤에 새벽별들이 어두웠었더라면, 그 밤이 광명을 바랄지라도 얻지 못하며 동틈을 보지 못하였었더라면 좋았을 것을,

그 날 새벽이 오지 않았으면 자기가 태어나지 않았을 것이라고 말한다.

10절, 이는 내 모태의 문을 닫지 아니하였고 내 눈으로 환난을 보지 않도록 하지 아니하였음이로구나

모태에서 나오지 않았더라면 좋을 뻔했다는 것이다.

11절, 어찌하여 내가 태에서 죽어 나오지 아니하였었던가 어찌하여 내 어미가 낳을 때에 내가 숨지지 아니하였던가

내가 죽어서 나왔으면 더 좋았을 뻔했다는 말이다.

12절, 어찌하여 무릎이 나를 받았던가 어찌하여 유방이 나로 빨게 하였던가

계속적으로 자신이 태어난 것을 한탄하고 있다.

13절, 그렇지 아니하였던들 이제는 내가 평안히 누워서 자고 쉬었을 것이니

자기가 태어나지 않았다면 이 땅에서 고난을 겪지 않아도 되고 누워서 쉬고 평안했을 것이라고 한다.

14절, 자기를 위하여 거친 터를 수축한 세상 임금들과 의사들과 함께 있었을 것이요

자기 영혼이 이 땅에 있지 아니하고 죽어서 사후세계의 임금들과 의사들과 평안히 있을 것이 아니냐는 것이다.

15절, 혹시 금을 가지며 은으로 집에 채운 목백들과 함께 있었을 것이며

부자 왕자들과 죽어서 함께 있을 것인데 왜 이 땅에 있어서 이렇게 고생을 하고 있는가라는 말이다.

16절, 또 부지 중에 낙태한 아이 같아서 세상에 있지 않았겠고 빛을 보지 못한 아이들 같았었을 것이라

낙태한 아이 같으면 이 땅에서 이렇게 고통당하고 있지 않았을 것인데, 그런데 나는 왜 태어나서 이렇게 힘들게 되었느냐는 것이다.

17절, 거기서는 악한 자가 소요를 그치며 거기서는 곤비한 자가 평강을 얻으며

이 땅에서는 악한 자의 소요로 인하여 자기가 이렇게 되었는데, 그런데 거기에서는 악한 자의 소요가 없고 평강을 얻으니 얼마나 좋으냐는 말이다.

18-19절, 거기서는 갇힌 자가 다 함께 평안히 있어 감독자의 소리를 듣지 아니하며 19 거기서는 작은 자나 큰 자나 일반으로 있고 종이 상전에게서 놓이느니라

그곳에는 고통이 없고 다 자유롭다는 뜻이다.

20-21절, 어찌하여 곤고한 자에게 빛을 주셨으며 마음이 번뇌한 자에게 생명을 주셨는고 21 이러한 자는 죽기를 바라도 오지 아니하니 그것을 구하기를 땅을 파고 숨긴 보배를 찾음보다 더하다가

죽기를 간절히 바라는데도 뜻대로 되지 않는다. 땅을 파고 숨긴 보배를 찾음보다 더하게 죽기를 바라는데도 오지 않는 것이다.

22절, 무덤을 찾아 얻으면 심히 기뻐하고 즐거워하나니

죽었으면 좋겠다는 말이다. 그래도 욥이 장한 것은 자살하겠다는 생각은 아니다.

23-24절, 하나님에게 둘러싸여 길이 아득한 사람에게 어찌하여 빛을 주셨는고 24 나는 먹기 전에 탄식이 나며 나의 앓는 소리는 물이 쏟아지는 것 같구나

아주 고통스러운 상황이다. 갈 길이 안 보인다는 말이다. 왜 하나님은 이 세상에 나를 살게 하시는지 모르겠다는 말이다.

25절, 나의 두려워하는 그것이 내게 임하고 나의 무서워하는 그것이 내 몸에 미쳤구나

욥은 아무 일 없이 평안하고 좋았던 시절에도 속으로 은근히 이런 일들이 생기면 어떡하나 하는 두려움이 있었다. 그런데 결국 두려워하던 일이 임하였다는 말이다. 두려움과 무서움이 임한 것이다.

26절, 평강도 없고 안온도 없고 안식도 없고 고난만 임하였구나

그리스도인은 평강이 있다는데 평강도 없고 안식도 못 얻고 있다. 이런 성도가 좋은 성도 같은가, 좋지 않은 성도 같은가? 말하기 어렵다.

오늘 3장을 다 읽었는데 욥은 이러한 처참한 환난 속에서 자기의 생일을 저주하고 차라리 사산되어서 이 세상에 존재하지 않고 편안한 곳에 있었으면 오히려 나았을 텐데 왜 태어나서 이런 고생을 하는가 하고 자기의 신세를 심히 한탄하고 있다. 이러한 모든 말들을 친구들이 듣고 있는 것이다. 이렇게 한탄하고 탄식하고 심지어 자기의 생일을 저주하고 자기가 태어나지 않음만 못하다고 하는 말이 어떤 종류의 말인가? 또 우리는 이것을 어떻게 이해를 해야 하는가?

이해할 수 있는가? 우리는 이해할 수가 있다. 이런 고난을 당했을 때 인간이라면 생각할 수 있고 느낄 수 있는 것이다. 인간은 무쇠가 아니고 강철이 아니다. 고난이 임하면 고민이 되고 고통을 뼈저리게 느끼게 된다. 그러므로 이러한 욥의 탄식은 정상적인 느낌이라고 보아야 한다. 이것을 '영적이지 않다. 신령하지 않다. 영성이 아직 모자란다.' 라고 쉽게 말하지 말아야 한다. 사람이 고통을 당할 때 고통의 느낌을 갖는 것이 정상이 아닌 것이 아니다. 어쩌면 인간의 당연한 성정이다.

그런데 이러한 상황을 거치게 하시는 하나님의 의도는 무엇인가? 그것은 하나님이 그분의 자녀들을 온전케 하시는 교육의 한 방법이다. 그것은 주로 인내케 하시는 것인데, 인내란 견디는 것이다. 우리에게 부족한 것은 견디는 힘이다.

하나님을 닮으려면 사랑도 있어야 하고 거룩도 있어야 하고 의도 있어야 하고 긍휼도 있어야 한다. 그런데 또 반드시 있어야 할 것이 있는데, 제일 배우기 어려운 것으로서 오래 참고 견디는 것이다. 고통의 시련이 올 때 견디는 것을 배우기란 가장 어려운 일이다. 그런데 그것은 시련을 통하지 않고서는 배우기가 어렵다.

따라서 야고보 사도가 "성도들이여 여러 가지 환난을 만나거든 온전히 기쁘게 여기십시오. 환난은 인내를 만들어 줍니다. 온전케 해줍니다."라고 한 것이다. 그런데 인내하기가 쉬운가? 쉽지 않다. 쉽다면 이런 정도의 말을 욥이 하겠는가? 이것은 보통의 탄식이 아니다. 심한 탄식이다. 이 정도까지 갈 때에 사람은 그 인내의 한계에 다다른 것이다.

하나님은 감당할 만한 시험이라고 하시지만 사람들은 '하나님, 저는 감당하지 못하겠습니다.' 라고 한다. 나도 지금까지 그리스도인 생활을 하면서 때때로 "주님, 저한테 감당할 시험을 주신다고 하셨는데 이 시험은 제 분량을 초과한 것입니다."라고 기도했다. 그래도 시련의 환경은 아랑곳하지 않고 나에게 물밀 듯 몰려온다. 그런데 시간이 지나고 돌이켜볼 때에 내가 그런 시험을 감당했는가? 감당했다. 감당했기 때문에 내가 지금 여기 있는 것이다. 그때는 감당하지 못하겠다고 했지만 세월이 지나고 보니까 감당했다. 군대에서도 해병대나 UDT같은 데서 받는 훈련은 만만하지 않다. 그렇게 만만한 시험 가지고는 용맹스러운 전사가 되지 못한다. 엄청난 훈련을 시켜야 용맹한 군사가 생겨나는 것이다. 그러므로 하나님의 자녀가 되는 것은 쉽지 않다.

골로새서 1장 11절에서는 "그 영광의 힘을 좇아 모든 능력으로 능하게 하시며 기쁨으로 모든 견딤과 오래 참음에 이르게 하시고"라고 했다. 나는 가끔 이런 기도를 한다. "하나님, 저에게 모든 환경과 어려움이 올 때 기쁨으로 견딤과 오래 참음에 이르게 하여 주옵소서." 이를 악물고 '오래 참게 해주세요.' 하는 것이 아니고 '기쁨으로 견디고 참게 해달라고' 기도하는 것이다.

여러분은 어려운 환경을 만날 때 기뻐하면서 '어떻게 이런 일이 나에게 오는가?' 라고 할 수 있는가? 어렵다. 지금 욥은 기뻐하지 못하고 있다. 기쁜 일이 아니지 않은가? 자녀가 하나도 아니고 열 명이나 죽었다. 그런데 신약의 성도들에게는 주님이 더 높은 표준을 요구하신다. 기쁨으로 견딤과 오래 참음에 이르게 하신다.

3장에서 욥이 많은 말을 했다. 이제 4장에서 친구들이 말하면 욥이 또 말하는, 그들의 주고받는 대화가 많이 나온다. 친구 엘리바스나 그 다음의 빌닷 등은 다 옳고그름에 입각해서 말했다. 욥에게 굉장히 타당성이 있어 보이는 말들을 많이 했다. 4장부터 이것을 보기로 한다.

욥기 4장

preview

엘리바스가 정중하게 예를 갖추며 말을 시작한다. 친구의 참혹한 재난을 본 세 사람은 일 주일 간 아무 말도 하지 않았다. 2절은 이런 상황에서 친구에게 말하는 것은 정당하다는 말이다. "누가 네게 말하면 염증이 나겠느냐". 자신도 말하기 어렵지만 해보겠다는 말이다.

3절에서 엘리바스는 욥이 과거에 잘한 것을 칭찬부터 한다. 3-4절은 욥이 과거에 여러 사람을 교훈했고 넘어져 가는 자를 붙들어주기도 하고 약한 자를 강하게 하였다고 한다. 그런데 정작 욥 자신에게 환경이 임하니 답답해하고 놀라는데 왜 그러느냐는 것이다. 즉 남은 잘 가르쳤으면서 왜 정작 너에게 환경이 닥치니 이렇게 절망하느냐는 것이다.

7절부터는 엘리바스의 본론이다. 엘리바스의 권면은 초자연적인 체험에 근거한 것이다(4:12-16). 그는 영이 자기 앞으로 지나가므로 털이 쭈뼛한 체험을 했다. 그리고 말소리를 들었다는데 "인생이 어찌 하나님보다 의롭겠느냐"고 했다는 것이다. 엘리바스는 자신의 영적인 체험을 근거로 해서 말했고 그 주제는 죄가 있기에 이런 환경이 임하였다는 것이다. 인과응보설인 셈이다. 이는 엘리바스뿐 아니라 세 친구들의 공통적인 사상이었다. 그들은 욥의 이런 재난이 죄가 없고서야 임할 수 없다고 본 것이다.

사람이 죄 때문에 징계를 받는 일이 있을 수 있지만 다 그런 것은 아니다. 바울은 로마로 가던 도중 풍랑을 만나 10여일 고생했다. 또 그의 육신에 가시가 있었다. 그가 이렇게 고난당한 것은 죄값은 아니었다. 그러나 그러한 고난이 바울에게 유익이 되었던 것은 분명하다.

exposition

1-2절, 데만 사람 엘리바스가 대답하여 가로되 2 누가 네게 말하면 네가 염증이 나겠느냐 날지라도 누가 참고 말하지 아니하겠느냐

욥의 친구 중 최고 연장자인 엘리바스는 일 주일 동안 말하지 않고 침묵하고 있다가 이제 말을 하기 시작한다. "누가 네게 말하면 네가 염증이 나겠느냐 날지라도 누가 참고 말하지 아니하겠느냐". 이것은 친구로서 칠일 칠야를 함께 침묵하고 동정했는데 이제는 어렵더라도 내가 너에게 말을 해줘야겠다는 뜻이다. 그리고 이런 말은 마땅히 내가 너에게 해주어야 할 말이라는 것이다. '나도 힘들지만 너에게 말을 해 줘야만 하겠다' 라는 뜻이다.

3-5절, 전에 네가 여러 사람을 교훈하였고 손이 늘어진 자면 강하게 하였고 4 넘어져 가는 자를 말로 붙들어 주었고 무릎이 약한 자를 강하게 하였거늘 5 이제 이 일이 네게 임하매 네가 답답하여 하고 이 일이 네게 당하매 네가 놀라는구나

친구들이 하는 말이다. '우리가 과거에 욥 너를 볼 때 네가 사람들을 잘도 가르치더니만, 그리고 어떤 사람이 너무 힘들어 하면 강하게 해주고 넘어져 가는 자를 말로 붙잡아 주고 무릎이 약해져서 '나는 더 이상 교회생활 못 하겠어, 너무 힘들어, 나 신앙생활 여기까지야.' 라고 할 때 잘도 붙들어 주고 위로도 하여 더 앞으로 걸어가게 하더니만 정작 네가 환난을 만나니까 너는 왜 이러냐?" 라고 하는 말이다.

6절, 네 의뢰가 경외함에 있지 아니하냐 네 소망이 네 행위를 완전히 함에 있지 아니하냐

이 말도 욥이 뭐라고 답하기 어려운 말이다. '네 신앙의 근거가 하나님을 경외하는 데 있었고 네 소망이 네 행위를 완전히 함에 있지 아니하였나? 그런데 왜 이제 와서 속절없이 무너지는 소리를 하느냐.' 이것이다. 욥은 뭐라고 대답할 말이 없다. 욥의 말과 엘리바스의 말 중에 누구의 말이 옳은가? 우리가 보기에 친구의 말이 훨씬 맞는 말 같다. 앞으로 엘리바스가 계속해서 욥에게 하는 말은 받아들이지 않으면 안 될 것 같은 말들이다.

7-11절, 생각하여 보라 죄 없이 망한 자가 누구인가 정직한 자의 끊어짐이 어디 있는가 8 내가 보건대 악을 밭갈고 독을 뿌리는 자는 그대로 거두나니 9 다 하나님의 입기운에 멸망하고 그 콧김에 사라지느니라 10 사자의 우는 소리와 사나운 사자의 목소리가 그치고 젊은 사자의 이가 부러지며 11 늙은 사자는 움킨 것이 없어 죽고 암사자의 새끼는 흩어지느니라

'생각하여 보라' 는 '기억하라' 는 말로 개역되어야 한다(박윤선). 구약과 신약에서 죄를 짓고 그 자리에서 망하는 사람들이 있긴 하다. 구약에서 나답과 아비후는 다른 불을 드리다가 죽었다. 고라 당도 모세와 아론을 거스르다가 땅이 갈라져 산 채로 음부에 떨어졌다. 신약에서는 아나니아와 삽비라가 땅을 판 값 얼마를 숨기고 다 드린 척 거짓말을 하다가 즉시 죽었다. 그러나 이러한 일들은 하나님의 성령의 역사가 현저할 때 있었던 일들이다. 특수한 사건들이라는 말이다. 그러나 일반적으로도 사람들은 범죄하고도 계속 회개치 않고 살면 결국 망하게 된다. 이런 일을 기억해야 하는 이유는 무엇인가? 하나님께서 범죄자들을 당장 멸하지 않으시기 때문이다. 주님은 악인이 죽는 것을 기뻐하지 않으신다(겔 18:32). 그리고 그들에게 회개할 기회를 주고자 하신다.

다른 면에서 의인들도 당하는 고난이 많다. 구약의 다윗이나 신약의 바울이 그랬다. 그들의 일생이 고난으로 점철된 인생이다. 따라서 사람들은 죄로 인해서만 사람이 재앙과 심판을 만난다는 생각을 하지 못하고 기억하지 못할 수 있다.

12-21절, 무슨 말씀이 내게 가만히 임하고 그 가는 소리가 내 귀에 들렸
었나니 13 곧 사람이 깊이 잠들 때쯤 하여서니라 내가 그 밤의 이상으로 하
여 생각이 번거로울 때에 14 두려움과 떨림이 내게 이르러서 모든 골절이
흔들렸었느니라 15 그 때에 영이 내 앞으로 지나매 내 몸에 털이 주뼛하였
었느니라 16 그 영이 서는데 그 형상을 분변치는 못하여도 오직 한 형상이
내 눈 앞에 있었느니라 그 때 내가 종용한 중에 목소리를 들으니 이르기를
17 인생이 어찌 하나님보다 의롭겠느냐 사람이 어찌 그 창조하신 이보다
성결하겠느냐 18 하나님은 그 종이라도 오히려 믿지 아니하시며 그 사자라
도 미련하다 하시나니 19 하물며 흙 집에 살며 티끌로 터를 삼고 하루살이
에게라도 눌려 죽을 자이겠느냐 20 조석 사이에 멸한 바 되며 영원히 망하
되 생각하는 자가 없으리라 21 장막줄을 그에게서 뽑지 아니하겠느냐 그들
이 죽나니 지혜가 없느니라

엘리바스는 자신이 어떤 체험을 했는데, 사람이 잠들 때 쯤 어떤 이상을 보았고 생각이 번거로울 때 두려움과 떨림이 있었다는 것이다. 그때에 영이 자신의 앞으로 지날 때 자신의 몸의 털이 쭈뼛하였다고 했다. 그리고 그 영이 서는데 오직 한 형상이 나타나서 자신의 눈 앞에 있었고 그때 어떤 목소리가 들리는데 "어찌 인생이 하나님보다 의롭겠느냐"라고 하셨다는 것이다.

7절에 중요한 말이 있다. '생각하여 보라 죄 없이 망한 자가 누구인가 정직한 자의 끊어짐이 어디 있는가". 이 말은 "너 회개해야 한다, 너에게 죄가 있어서 자식이 다 죽고 재물은 다 빼앗기고 집안이 망한 것임을 알아야 한다, 너에게 죄가 있기 때문에 그런 일들이 임한 것이야.' 라고 하는 것이다. 말하자면 엘리바스가 욥에게 말해 주고 싶은 말은 '집안에서 일어난 너의 모든 일이 죄의 결과이니 너는 반드시 그 사실을 기억해야 된다.' 는 것이다. 그러면서 자기의 가르침과 권면에 힘을 싣기 위해서 자기의 기적적인 체험을 말하고 있다. 그러면서 신비롭게도 환상 중에 들은 이야기를 하고 있다. "사람이 의로운들 뭐가 의롭겠는가, 너 죄 때문에 이렇게 당한 것이야"라고 욥을 설득하는 것이다.

"인생이 어찌 하나님보다 의롭겠느냐 사람이 어찌 그 창조하신 이보다 성결하겠느냐 하나님은 그 종이라도 오히려 믿지 아니하시며 그 사자라도 미련하다 하시나니 하물며 흙 집에 살며 티끌로 터를 삼고 하루살이에게라도 눌려 죽을 자이겠느냐 조석 사이에 멸한 바 되며 영원히 망하되 생각하는 자가 없으리라 장막줄을 그에게서 뽑지 아니하겠느냐 그들이 죽나니 지혜가 없느니라". 중점은 20절에 "조석 사이에 멸한 바 되며 영원히 망하되 생각하는 자가 없으리라"고 하는 것이다. "지혜가 없느니라"는 말도 인상적인 말이다. 이런 원리를 모르는 것이 어리석다는 표현이 되겠다. "죄로 인해서 갑자기 망하는 것을 왜 모르느냐"고 엘리바스가 말하고 있는 것이다. 결국 살려면 죄를 회개해야 한다고 주장하는 것이다.

욥기 5장

preview

앞 장에서 엘리바스는 환상 가운데 본 그의 체험을 가지고 말씀을 증거했다. 이 장 1절에서 그는 자기 말의 신뢰성을 강화하기 위해 하나님의 말씀을 전하는 거룩한 자들에게 호소한다. 즉 이 시대에 거룩한 말씀을 전하는 자들도 자기의 말에 동의해줄 것이라는 뜻이다. 거기에는 욥의 말에 동의하지 않을 것이라는 암시도 있다. 자기의 말은 소위 건전한 진리를 전하는 많은 사람이 공감하는 말이라는 뜻이겠다. 그는 자기의 주장이 선하고 일리가 있다고 확신하기에 욥에게 다른 증인들을 대보라 하며 그들도 동일하게 같은 것을 말할 거라고 한다. '너와 같이 자신의 날을 저주한 자가 있느냐? 어떤 거룩한 자가 너처럼 열이 나서 흥분하며 말하겠나?' 충성되고 거룩한 종들은 거의 다 나의 말하는 것에 동의할 것이라는 말이다.

엘리바스는 계속해서 고난을 당하더라도 불평하지 말고 하나님께 기도하라고 하였다(8절). 하나님의 전능성을 말하며 그분은 아프게 하다가 싸매시고 결국은 고난을 통해서 유익을 얻게 하시는 분이라고 한다.

그리고 징계를 받는 자가 복이 있다고 말한다.

2-5절까지 그는 결국 모든 죄인들은 자기들의 죄로 멸망한다고 역설한다. 죄인들의 죄는 직접적으로 그들 자신의 멸망을 가져온다. 분노는 자신을 죽인다. 시기는 뼈를 썩게 한다. 스스로 불평하는 어리석은 자는 망한다. 즉 엘리바스의 말은 이런 뜻이다. '네가 하나님과 더불어 논쟁하는 한, 다른 사람이 아닌 네 자신이 재앙을 불러오는 것이다!' 만일 사람들이 멸망하고 파멸한다면 자신들의 어리석음 때문이라는 것이다.

6-7절은 고통이란 모든 인류가 당하는 공동 운명이라고 한다(인생은 고난을 위해 났나니). 8-16절에서 엘리바스는 인생이 이렇게 고통을 당할 때 하나님께 호소하는 것은 우리의 지혜요 의무라고 한다. 하나님은 언제나 우리를 도우실 준비가 되어 있으시다고 말한다(하나님은 곤비한 자를 그들의 입에 칼에서, 강한 자의 손에서 면하게 하시나니). 17-27절은 징계를 잘 참고 받으면 좋은 결과를 가져다 준다고 말한다. 엘리바스의 말은 하나 하나 틀린 것이 없어보인다.

exposition

1-3절, 부르짖어 보아라 네게 응답할 자가 있겠느냐 거룩한 자 중에 네가 누구에게로 향하겠느냐 2 분노가 미련한 자를 죽이고 시기가 어리석은 자를 멸하느니라 3 내가 미련한 자의 뿌리박는 것을 보고 그 집을 당장에 저주하였노라

1절은 욥의 불평하고 원망한 것은 무모하고 효과없는 일이라고 하는 말이다. 천사들까지도 외면할 것이 아니냐는 뜻이다(거룩한 자 중에 네가 누구에게로 향하겠느냐?). 그러나 실상 욥은 원망한 것이 아니고 이해할 수 없는 고통 속에 탄식한 것뿐이다. 2절은 인간의 격정이나 불평은 자신을 죽이고 멸하는 것이니 어리석다는 말이다. 3절은 미련한 자의 망한 실례를 들고 있다. 어떤 어리석은 자가 갑자기 잘되는 것을 보았으나 오래가지 못하여 멸망했다는 말이다.

4-8절, 그 자식들은 평안한 데서 멀리 떠나고 성문에서 눌리나 구하는 자가 없으며 5 그 추수한 것은 주린 자가 먹되 가시나무 가운데 있는 것도 빼앗으며 올무가 그의 재산을 향하여 입을 벌리느니라 6 재앙은 티끌에서 일어나는 것이 아니요 고난은 흙에서 나는 것이 아니라 7 인생은 고난을 위해서 났나니 불티가 위로 날음 같으니라 8 나 같으면 하나님께 구하고 내 일을 하나님께 의탁하리라

엘리바스는 욥에게 이런 때 하나님께 기도하라고 하는데 이것이 얼마나 옳은 말인가? 6절에서 "재앙은 티끌에서 일어나는 것이 아니요 고난은 흙에서 나는 것이 아니라"라고 했는데, 이것은 무슨 뜻인가? 재앙은 티끌이나 흙에서 우연히 발생하는 것이 아니라 필연적으로 죄에서 나오는 것이라고 말해주는 것이다. 고난도 괜히 일어나는 일이 아니고 거기에 뭔가 하나님이 죄를 지은 자에게 벌을 주기 위해 있는 것이라는 뜻이다. 그래서 권면한다고 하는 말이 '나 같으면 하나님께 구하고 내 일을 하나님께 의탁할 것이다.' 라는 것이다.

9-17절, 하나님은 크고 측량할 수 없는 일을 행하시며 기이한 일을 셀 수 없이 행하시나니 10 비를 땅에 내리시고 물을 밭에 보내시며 11 낮은 자를 높이 드시고 슬퍼하는 자를 흥기시켜 안전한 곳에 있게 하시느니 12 하나님은 궤휼한 자의 계교를 파하사 그 손으로 하는 일을 이루지 못하게 하시며 13 간교한 자로 자기 궤휼에 빠지게 하시며 사특한 자의 계교를 패하게 하시므로 14 그들은 낮에도 캄캄함을 만나고 대낮에도 더듬기를 밤과 같이 하느니라 15 하나님은 곤비한 자를 그들의 입에 칼에서, 강한 자의 손에서 면하게 하시나니 16 그러므로 가난한 자가 소망이 있고 불의가 스스로 입

을 막느니라 17 볼찌어다 징계받는 자에게는 복이 있나니 그러므로 너는 전능자의 경책을 업신여기지 말지니라

9-13절 말씀은 하나님의 절대성과 무한성을 강조하는 말씀이다. 그분은 측량할 수 없는 일을 행하시며 기이한 일을 셀 수 없이 행하시는 분이며 비를 땅에 내리고 낮은 자를 높이고 궤휼한 자의 계교를 파하며 간교한 자로 자기 궤휼에 빠지게 하는 분이다. 그러한 전능자가 지금 경책한다는 것이다. 그런데 여기서 엘리바스는 그러한 죄에 대한 징계가 받는 자에게 복이 된다고 말한다. 이는 히브리서 12장의 말씀과 맥을 같이 한다.

18-26절, 하나님은 아프시게 하시다가 싸매시며 상하게 하시다가 그 손으로 고치시나니 19 여섯 가지 환난에서 너를 구하시며 일곱 가지 환난이라도 그 재앙이 네게 미치지 않게 하시며 20 기근 때에 죽음에서, 전쟁 때에 칼 권세에서 너를 구속하실 터인즉 21 네가 혀의 채찍을 피하여 숨을 수가 있고 멸망이 올 때에도 두려워 아니할 것이라 22 네가 멸망과 기근을 비웃으며 들짐승을 무서워 아니할 것은 25 네 자손이 많아지며 네 후예가 땅에 풀 같을 줄을 네가 알 것이라 26 네가 장수하다가 무덤에 이르리니 곡식단이 그 기한에 운반되어 올리움 같으니라

이 구절들은 엘리바스가 징계를 잘 받을 때의 복을 말한 것이다. 기근이든 전쟁이든 칼 권세든 심지어 멸망이 온다 해도 두려워할 필요가 없다고 한다. 징계 후에 하나님은 자손을 많게 해주시고 장수하다가 무덤에 이르게 되고 곡식단이 그 기한에 운반되어 올리움같이 될 것이라고 한다. 하나님은 아프게 하시다가 싸매주시는 분이라고 한다. 여섯 가지, 일곱 가지 환난이란 많은 환난을 뜻한다. '이렇게 죄를 인정하고, 회개하고 구하면 하나님께서도 이렇게 복을 주신다.' 는 뜻으로 말한 것이다.

27절, 볼찌어다 우리의 연구한 바가 이같으니 너는 듣고 네게 유익된 줄

알지니라

여기까지 엘리바스가 한 말이다. 우리는 엘리바스의 말을 대충 보았다. 욥은 땅이 꺼지게 신세를 한탄했다. 그런 욥에게 엘리바스는 여러 가지 이야기를 하면서 '너 그렇게 하는 게 옳지 않아.' 라고 하는 것이다. 여기서 우리는 과연 욥의 문제점이 무엇인지 또 친구인 엘리바스의 말은 어떠한지를 한번 생각해 보자.

다음 장의 욥의 대답을 보면, 먼저 6장 2-3절에서 "나의 분한을 달아 보며 나의 모든 재앙을 저울에 둘 수 있으면 바다 모래보다도 무거울 것이라 그럼으로 하여 나의 말이 경솔하였구나"라고 했다. 이것은 '너 나한테 좋은 말을 많이 했는데 내 재앙이 얼마나 힘들고 무거운지 네가 아냐? 너는 아직 모르잖아. 나의 고난은 바다 모래보다도 무거워. 내가 비록 조금 원망의 말을 했지만 그것은 현재 나의 고난에 비하면 훨씬 가볍게 얘기한 거야.' 라고 하는 것이다.

4절, "전능자의 살이 내 몸에 박히매 나의 영이 그 독을 마셨나니 하나님의 두려움이 나를 엄습하여 치는구나". 자기의 징계받는 상황을 그대로 이야기하고 있는 것이다. 5절, "들나귀가 풀이 있으면 어찌 울겠으며 소가 꼴이 있으면 어찌 울겠느냐". 내가 그렇게 힘들어서 한 마디 했는데 너는 어쩌면 그렇게 말할 수 있냐는 것이다. 6절, "싱거운 것이 소금 없이 먹히겠느냐 닭의 알 흰자위가 맛이 있겠느냐". 이것은 엘리바스의 말이 너무 싱겁다는 뜻이다. 또 "계란에 노른자 없이 흰자만 먹겠느냐"는 것은 네 말이 바로 그런 영양가 없는 싱거운 말이라는 것이다. 7절, "이런 것을 만지기도 내 마음이 싫어하나니 놋된 식물같이 여김이니라". 엘리바스에게서 들은 것을 다시 엘리바스에게 말하는 것이다.

8-9절, "하나님이 나의 구하는 것을 얻게 하시며 나의 사모하는 것 주시기를 내가 원하나니 이는 곧 나를 멸하시기를 기뻐하사 그 손을 들어 나를 끊으실 것이라". 지금 욥이 하는 말은 '너는 나에게 죄가 있으니 고치라고 하는데 나는 죽고 싶어.' 라는 뜻이다.

10절, "그러할지라도 내가 오히려 위로를 받고 무정한 고통 가운데서도 기뻐할 것은 내가 거룩하신 이의 말씀을 거역지 아니하였음이니라". 욥은 하나님의 말씀을 거역지 않았다고 하며 '네가 생각할 때는 내가 죄를 지어서 이런 일을 당한다고 생각하는데 나는 이렇게 당할 만큼 죄지은 일이 없어.' 라고 하는 것이다. 11절, "내가 무슨 기력이 있관대 기다리겠느냐 나의 살이 어찌 놋쇠겠느냐". 즉 '내가 놋쇠나 돌 같으면 네가 말하는 것을 내가 다 하겠는데 나는 그럴 힘이 없는 사람이야, 나는 죽기를 바랄 뿐이야.' 하는 것이 지금 욥의 말이다.

14절은 욥이 엘리바스를 치는 말이다. "피곤한 자 곧 전능자 경외하는 일을 폐한 자를 그 벗이 불쌍히 여길 것이어늘". 이것은 '내가 만일 전능자 경외하는 일을 폐했다고 하자(하나님을 경외하지 않고 낙심 상태에 있다 해도), 그래도 친구라면 불쌍히 여길 것이 아니냐.' 라는 말이다.

38장 1-3절은 하나님께서 욥에게 하신 말씀이다. "때에 폭풍 가운데서로서 욥에게 말씀하여 가라사대 무지한 말로 이치를 어둡게 하는 자가 누구냐 너는 대장부처럼 허리를 묶고 내가 네게 묻는 것을 대답할지니라". 남자답게 대답해 보라는 것이다.

42장 1절부터 보면 "욥이 여호와께 대답하여 가로되". 3절, "무지한 말로 이치를 가라우는 자가 누구이니까 내가 스스로 깨달을 수 없는 일을 말하였고 스스로 알 수 없고 헤아리기 어려운 말을 하였나이다". 4절, "내가 말하겠사오니 주여 들으시고 내가 주께 묻겠사오니 주여 내게 알게 하옵소서" 5절, "내가 주께 대하여 귀로 듣기만 하였삽더니 이제는 눈으로 주를 뵈옵나이다". 6절, "그러므로 내가 스스로 한하고 티끌과 재 가운데서 회개하나이다"라고 했다. 욥은 이 모든 과정과 환난을 거쳤다. 하나님이 허락하신 고난을 다 받은 것이다.

야고보 사도는 욥의 고난을 보았고 결국을 알았다고 했다. 결국이란 고난의 끝을 말한다. 모든 고난에는 끝이 있는데 고난의 끝에 가서는 깨달음이 있다는 것이다. 고난의 끝에는 반드시 유익이 있게 된다. 욥이 왜 이렇게 회개하는 말을 하게 되었는가? 하나님께서는 욥을 인정해 주셨고 욥이 친구보다는 나은데 뭐가 문제였는가? 욥이 의로운 것도 맞다. 하나님을 경외한 것도 맞다. 그런데 문제는 하나님의 음성을 들려줄 때 욥이 무지했다는 것이다.

우리가 여기서 알 수 있는 것은 많은 환난과 고난은 우리에게 지혜를 준다는 것이다. 고난을 통해 인내를 배우게 되며 또한 지혜를 얻게 된다(약 1:5). "너희 중에 누구든지 지혜가 부족하거든 모든 사람에게 후히 주시고 꾸짖지 아니하시는 하나님께 구하라 그리하면 주시리라". 인내의 길과 지혜의 길을 어떻게 아는가? 고난을 통해서이다. 고난은 우리에게 가장 좋은 것을 주는데 그것이 지혜이다. 그러면 고난과 시련을 겪지 않고도 나름대로 열심히 성경을 읽고 연구하고 여러 가지 지식을 배워서 그런 지혜를 얻을 수 있는가? 그것은 가능하지 않다.

우리 인생 가운데 왜 어려움이 많겠는가? 사람은 그렇게 쉽게 잘 배우지 못한다. 연륜이 있는 분들의 말을 들어보면 겪어보지 않고서는 배우지 못한다고 한다. 겪어보지 않고는 깨닫지 못하는 것이다. 그러므로 우리는 도리 없이 고난을 받게 되는 것이다. 그럴 때 '아, 내가 무지하였구나!' 라고 깨닫게 된다. 이것을 누가 가르쳐 주는가? 주님이 가르쳐 주신다. 42장에 욥과 주님의 대화가 나온다. 마지막에 가서 주님은 욥으로 하여금 깨닫게 해주신다. 그럴 때 "내가 하나님의 진리, 지혜, 섭리를 몰랐구나, 내가 무지했구나.' 하는 것을 안 것이다.

여러분, 우리 그리스도인들이 어떻게 배우고 이렇게 길을 가야 하는가? 나 자신은 많은 시간을 들여 이 길을 걸어왔다. 여러분이 내게 "목사님은 어떻게 배우셨어요?"라고 묻는다면, "성경을 많이 읽고 책도 많이 읽었어."라고 말하는 것도 사실이지만, 내가 많은 시련과 어려움을 겪지 않았다면 결코 배울 수 없었고 알 수 없었을 것이다.

한 마디 덧붙인다면, 이렇게 알게 된 사람의 특징은 말이 없다는 것이다. '제가 무지했군요.' 하고 말이 없어지는 것이 그 특징이다. 그러면 어떤 사람이 말이 많은가? 뭐가 뭔지 모르는 사람이다. 욥이 말을 많이 했지만 욥의 친구들은 더 몰랐다. 더 고치기 어려운 사람들이 욥의 친구들이다. 그들은 고치기 어렵다. 욥은 한탄했지만 그 속에 하나님을 경외하는 것을 잃지 않았다. '이게 뭔지 모르겠네.' 하면서 너무 어려워 말한 것뿐이지 하나님을 두려워하지 않은 게 아니다. 이렇게 욥과 같이 '너무 힘들어요. 그런데 뭔지는 모르겠어요.' 하는 사람은 배우기가 쉬운 사람이다.

바리새인과 서기관은 다 안다고 하는 사람들이다. 그래서 자기는 배우지 않고 남을 가르치기를 좋아한다. 고난받고 있는 사람에게 되는 소리 안 되는 소리 해가면서 가르치는 것이다. 그런 사람은 오히려 배우기가 어렵다. 욥과 같이 열려 있고 가르침 받을 수 있는 사람이 고통을 통해서 어느 시점에 갔을 때 하나님께서 빛을 비춰주신다. 그럴 때 '아, 하나님, 제가 몰랐습니다.' 하고 깨달을 수 있는 것이다. 나는 사랑하는 성도 여러분이 그리스도를 더 배우고 온전케 되었으면 좋겠다.

욥기 6장

preview

1-7절

6장은 욥이 엘리바스의 권면에 대해 답변한 내용이다. 한 마디로 말해서 자신이 당하고 있는 재앙이 얼마나 무거운지 아느냐는 말이다. 자신이 받고 있는 재앙이 자신이 표현한 것이나 그들이 알고 있는 것보다 훨씬 중하다는 말이다. 그는 그들이 하는 말이 자신의 어려움을 충분히 알 수 있도록 공평한 손으로 슬픔과 재앙을 달아봄으로써 공정한 판단을 내릴 수 있었으면 좋겠다고 말한다. 그는 또 자신의 말이 경솔하였다고 표현한다.

그는 친구들이 자신의 상황을 충분히 이해하지 못하고 엉저인 약을 처방해주려고 하는 데 대해 못마땅해했다. 평안한 상태에 있는 자들이 환난을 당하는 자들의 고통을 올바로 평가하기란 쉽지 않다. 사람은 누구나 자신의 당한 일이 어렵다는 것을 느끼지만, 다른 사람의 당한 것을 있는 그대로 느끼는 사람은 거의 없다. 욥은 자신이 태어난 것을 저주한 것에 대하여 옳다고 하지는 않았지만 친구들이 그것을 그렇게까지 정죄해서는 안 된다고 생각했다.

사실 사람이 고통을 당할 때 그런 고통을 토로하는 것이 당연한 것이기도 하다. 주님도 "지금 내 마음이 민망하니"(요 12:27), "내 마음이 심히 고민하여 죽게 되었으니"(마 26:38) 등의 말씀을 하셨다. 욥은 자신의 그렇게 호소하는 말을 정당화한다. "들나귀가 풀이 있으면 어찌 울겠으며", "소가 꼴이 있으면 어찌 울겠느냐".

욥은 친구의 말이 싱거워서 별로 도움이 되지 않는다고 말한다. 그의 말은 싱거울 따름이고 달걀 흰자위처럼 무미하여 못된 식물같이 여긴다고 말한다. 실지로 우리가 하나님의 자녀들을 섬긴다고 하면서 차라리 말을 하지 않는 게 나은 경우가 많다. 물론 욥이 탄식하고 자신의 생일을 저주하는 말을 들을 때 뭔가 해주고 싶은 말이 있을 것이고 엘리바스의 말이 많은 부분 틀리지 않지만 욥의 마음을 괴롭게 할 뿐 위로하지 못했고 만져주지도 못했다.

8-10절

엘리바스는 욥에게 회개하지 않고 하나님께 순종하지 않으면 죽음에 이른다고 충고하였는데(4:9, 20-21, 5:2), 욥은 도리어 죽음을 사모한다고 하였다. 9절에서 "그 손을 들어 나를 끊으실 것이라" 하였다.

죽고자 하는 욥의 생각은 살기를 애쓰라고 권하는 친구의 말보다 깊은 데 있다. 생의 욕망이 강한 자는 그 욕망 때문에 다른 사람을 안중에 두지 않는다. 그 욕망 때문에 다른 사람을 내 몸과 같이 사랑하라는 말을 지키지 못한다. 결국 자신의 생존의 욕망이 강하게 되면 남에게 아부하여 살고자 하며, 남의 것을 빼앗아서라도 살고자 하며, 남을 이용해서라도 살고자 하며, 남을 죽게 해서라도 살고자 하는 것이다. 주님은 "누구든지 제 목숨을 구원코자 하면 잃을 것이요 누구든지 나를 위하여 제 목숨을 잃으면 찾으리라"고 하셨다(마 16:25).

사람이 살고자 하는 욕망이 앞서면 자아 중심적이 되고 하나님을 외면하게 되며 참되게 이웃을 사랑하지 못하게 된다. 누구든지 생의 애착이 강하게 되면 그것이 우상이 되는 것이다. 그러한 사람들은 주님을 위하여 모든 것을 버릴 줄 모르고, 자기가 살기 위해서는 모든 것을 버린다. 주님을 참되게 섬기고자 하는 자들은 자신이 사는 방식으로 살아서는 안 된다. 제 목숨을 잃는 것이 무엇인지 모르면 주님을 섬길 수 없다.

엊그제 한 목사의 사역을 눈여겨 보았다. 모든 중심에 자신의 목표와 방향이 설정되어 있었다. 그가 섬기는 성도들의 유익보다는 자신의 길로 사람들을 이끌려는 심리가 강한 것을 보았다. 그들의 유익을 위해 움직이는 것이 아니라 자신의 길을 위해 사람들이 필요한 것이었다. "무정한 고통 가운데서도 기뻐할 것은 내가 거룩하신 이의 말씀을 거역지 아니하였음이라". 말씀을 지키는 자는 고통을 당해도 기쁘다는 말이다.

말씀을 지키는 자는 고통이나 죽음도 두렵지 않다. 이 세상에서나 오는 세상에서나 말씀만 있고 하나님만 계시면 만족하기 때문이다. 복된 내세에 대하여 표현할 때 성경에는 '천당'이라는 표현보다 '하나님'이라는 표현을 더 잘 사용한 것이 그것이다(박윤선).

시편 기자들이 말했다. "주여, 주는 대대에 우리의 거처가 되셨나이다"(시 90:1). "하늘에서는 주 외에 누가 내게 있으리요 땅에서는 주밖에 나의 사모할 자 없나이다"(시 73:25).

주 예수님도 그렇게 말씀하셨다. "가서 너희를 위하여 처소를 예비하면 내가 다시 와서 너희를 내게로 영접하여 나 있는 곳에 너희도 있게 하리라 내가 가는 곳에 그 길을 너희가 알리라 도마가 가로되 주여 어디로 가시는지 우리가 알지 못하거늘 그 길을 어찌 알겠삽나이까 예수께서 가라사대 내가 곧 길이요 진리요 생명이니 나로 말미암지 않고는 아버지께로 올 자가 없느니라"(요 14:3-6). "내가 아버지께로 나와서 세상에 왔고 다시 세상을 떠나 아버지께로 가노라 하시니"(요 16:28). "나는 세상에 더 있지 아니하오니 저희는 세상에 있사옵고 나는 아버지께로 가옵나니 거룩하신 아버지여 내게 주신 아버지의 이름으로 저희를 보전하사 우리와 같이 저희도 하나가 되게 하옵소서"(요 17:11).

바울도 말했다. "우리가 담대하여 원하는 바는 차라리 몸을 떠나 주와 함께 거하는 그것이라"(고후 5:8). "이는 내게 사는 것이 그리스도니 죽는 것도 유익함이니라"(빌 1:21).

11-23절

엘리바스는 '하나님은 아프게 하다가도 싸매시고 상하게 하시다가 그 손으로 고치신다' 하면서 회개하고 기다리고 참으면 다시 회복될 거라고 하였다(5:17-27). 그러나 욥은 그런 회복을 기다림보다 죽는 게 낫다고 한 것이다. 자신의 기력이 다하였다고 말한다. "나의 기력이 어찌 돌의 기력이겠느냐 나의 살이 어찌 놋쇠겠느냐"(12절). 자신의 속에는 현재의 어려움을 극복할 수 있는 어떤 도움이나 대책이 없고 지혜도 없다고 말한다. "나의 도움이 내 속에 없지 아니하냐 나의 지혜가 내게서 쫓겨나지 아니하였느냐"(13절). 그저 친구들의 말이 사막 지방의 개울처럼 물이 없고 실망만 준다는 말이다. 물의 색깔도 별로 아름답지 않고 시커멓다고 했다(16절). 눈이 좀 있어도 곧 없어지고 만다고 했다. 그리고 사막의 여행자들도 그런 개울에 소망을 좀 두다가 실망하고 만다고 했다.

욥이 바랐던 것은 고난에 빠진 자신을 위로해주는 것이었다. 많은 경우 고난에 빠진 성도를 돕는다고 그를 정죄하며 잘못한 것을 지적하고 여러 가지 해결책을 제시하는데, 그런 말들은 별로 도움이 되지 않는다. 욥은 친구들에게 어떤 도움이나 원조를 청한 적이 없는데 친구들은 욥을 돕는답시고 괴로움만 주고 있는 것이다. 이것은 오늘날 많은 사역자들이나 상담가들의 실수이다. 상담에 전문가가 되다 보면 정작 어려움에 빠진 사람들은 도움을 바라지도 않는데 이런 말 저런 말 해주고는 고맙다는 말은커녕 욕만 먹게 되는 것이다. "너희도 허망한 자라 너희가 두려운 일을 본즉 겁내는구나 내가 언제 너희에게 나를 공급하라 하더냐 언제 나를 위하여 너희 재물로 예물을 달라더냐 내가 언제 말하기를 대적의 손에서 나를 구원하라 하더냐 포악한 자의 손에서 나를 구속하라 하더냐"(21-23절).

24-30절

욥은 친구들이 그의 사정을 자세히 알지도 아니하고 말만 무자비하게 늘어놓는다고 말한다. 그는 자신이 소망이 끊어진 자라고 말한다. 소망이 끊어진 자의 말을 트집잡아 책망해서 무엇하겠느냐는 말이다. 그리고 친구들이 인정없이 말한다고 한다. "너희는 고아를 제비 뽑으며 너희 벗을 매매할 자로구나"(27절). 말을 해주려면 자신을 정확하게 파악하고 말해달라고 한다. 정직하게 말해줄 터이니…. "이제 너희가 나를 향하여 보기를 원하노라 내가 너희를 대면하여 결코 거짓말 하지 아니하리라"(28절). 자기는 이러한 재앙을 당할 만큼 잘못한 것이 없다고 말한다. 욥이 친구에게 권면하기를, 그 말하는 방법을 돌이켜 자신을 불의하게 여기는 일이 없도록 하라는 말이다. "너희는 돌이켜 불의한 것이 없게 하기를 원하노라 너희는 돌이키라 내 일이 의로우니라"(29절). 적어도 자신은 자신이 받는 재앙이 고난의 결과인지 아닌지 정도는 분별할 수 있다고 말한다. "내 혀에 어찌 불의한 것이 있으랴 내 미각이 어찌 궤휼을 분변치 못하랴"(30절).

exposition

1-4절, 욥이 대답하여 가로되 2 나의 분한을 달아 보며 나의 모든 재앙을 저울에 둘 수 있으면 3 바다 모래보다도 무거울 것이라 그럼으로 하여 나의 말이 경솔하였구나 4 전능자의 살이 내 몸에 박히매 나의 영이 그 독을 마

셨나니 하나님의 두려움이 나를 엄습하여 치는구나

6장은 4-5장에서 엘리바스가 욥에게 권면한 것에 대한 답변인데, 한마디로 말해서 욥은 자신이 당하고 있는 재앙이 얼마나 무거운 줄 아느냐고 한다. 자신이 받고 있는 재앙이 친구들이 생각하는 것보다 더 중하다는 것이다. 오늘날도 많은 사람들이 고난당하는 형편과 그들의 상황을 잘 알지 못하고 영적인 약을 처방해 주곤 한다. 사실 사람이 고통을 당하면서 자신의 고통을 토로하는 것은 당연한 일이다. 주님도 겟세마네 동산에서 내 마음이 심히 고민하여 죽게 되었다고 했다.

많은 때 고난당하는 사람들에게 필요한 것은 여러 가지 옳은 말이 아니다. 또 가르침이나 권고가 아니다. 그들과 함께해주는 마음이다. 이런 것을 미리 알았더라면 많은 경우 실수가 적었을 것이다. 그저 같이 기도해주고 눈물 흘려주는 것으로 족하였을 것이다. 그러나 우리는 어떤 고통받는 성도들의 탄식소리를 들으면 '그 말도 안 되는 소리, 진리에 맞지 않는 소리' 라고 하면서 그것을 교정해주려는 마음이 앞선다. 그리고 몇 마디 교정의 말이 끝나자마자 들은 사람은 더 깊은 상처를 받고 나락으로 떨어지게 된다. 주님이 우리에게 위로의 성령을 보내신 것은 단지 그분의 옳은 말씀을 주시기 위함이 아니다. 그분은 죽음과 부활을 거치신 그분 자신을 주셨다. 옳은 말은 모세의 율법에 다 있다. 신약의 성령은 그분의 인격이요 그분의 역사이다. 그 모든 것이 우리 인생의 진정한 필요이다.

5절, 들 나귀가 풀이 있으면 어찌 울겠으며 소가 꼴이 있으면 어찌 울겠느냐

자신이 그렇게 고통스러워하는 것이 정당하다는 말이다. 나귀가 풀이 없으니까 울고 소가 꼴이 없으니까 우는 것이 당연한 것이 아니냐는 말이다. 들나귀나 소는 뜯어먹을 풀이 있고 넉넉한 분위기에서는 결코 울지 않는다. 욥이 만일 고난이 없고 모든 것이 낙낙한 상황이라면 왜 고통스러워하겠느냐는 것이다.

6절, 싱거운 것이 소금 없이 먹히겠느냐 닭의 알 흰자위가 맛이 있겠느냐

친구들의 말이 소금 없는 음식과도 같다는 뜻이다. 소금 없이 먹는 계란 흰자위 정도라는 말이다. 맛도 없고 영양분도 없다. 친구의 말이 옳기는 하지만 고난받는 욥을 위해 전혀 위로나 공급이 되지 않는다. 우리도 때로 이렇게 싱겁고 계란 흰자위처럼 맛없는 말을 할 때가 있다.

7절, 이런 것을 만지기도 내 마음이 싫어하나니 못된 식물같이 여김이니라

별로 맛이 없는 채소 같다는 말이다. 엘리바스의 말이 싱겁고 맛이 없어서 만지기도 싫은 못된 식물 같다고 말한다. 욥은 매우 직설적인 표현을 하고 있다.

8절, 하나님이 나의 구하는 것을 얻게 하시며 나의 사모하는 것 주시기를 내가 원하나니

4장 9절과 20-21절에서 엘리바스는 죄가 있어서 재앙을 만나는 것이니 회개하라고 했다. 그러면 살 수 있다고 말했다. 그런데 욥은 도리어 하나님께 순종하고 회개해서 살아나고 싶은 것이 아니라 내가 사모하는 것을 주시기 원하는데, 그것은 손을 들어서 나를 끊었으면 좋겠다는 것이다. 죽었으면 좋겠다는 말이다. 그러나 스스로 죽겠다는 것이 아니라 이렇게 살 바에야 죽는 것이 낫다는 것이다. 하나님이 치셔서 죽었으면 좋겠다는 것이다. 우리는 여기서 욥의 친구와 욥의 생각이 틀리다는 것을 알 수 있다. 욥의 친구들의 생각은 옳고 그름에 있다. 그들은 하나님이 잘못하는 사람을 징계하고 재앙을 주고 죽게 하시기 때문에 회개해서 죄를 없애고 선하게 살면 하나님이 살려 줄 것이라고 한다. 어쨌든 이것은 살려고 하는 생각이다. 살려면 이러이러해야 한다는 말이다. 그런데 욥은 '나는 별로 살고 싶지 않다.' 라고 했다.

그러면 과연 누구의 말이 하나님과 더 가깝고, 누구의 말이 더 하나님을 기쁘시게 하는가? 욥의 말이다. 왜 그런가? 사람이 살고자 하는 욕망이 크면 덫에 걸리기 때문이다. 주 예수님은 "누구든지 제 목숨을 구원코자 하면 잃을 것이요 누구든지 나를 위하여 제 목숨을 잃으면 찾으리라"(마 16:25)고 하셨다. 자신이 어떻게든지 잘 살려고 하고 잘되려고 하는 것은 다 자기중심적인 사고이다. 친구들의 욥에 대한 조언은 이것이다. '욥, 너는 잘 되어야 하지 않겠나? 그러려면 회개해야 한다.' 그러나 욥은 살지 않겠다는 것이다. 많은 사람들이 주의 일을 한다고 하지만 자기중심적으로, 자기의 목적을 위해서 하는 경우가 많다. 사역을 하는 것이 자기 자신의 계획과 목적을 위해서인 것 같다. 그런데 욥의 생각은 달랐다. '나는 별로 살고 싶지가 않아.' 라는 것이 그의 생각이었다. 기묘한 생각이다.

9-10절, 이는 곧 나를 멸하시기를 기뻐하사 그 손을 들어 나를 끊으실 것이라 10 그러할지라도 내가 오히려 위로를 받고 무정한 고통 가운데서도 기뻐할 것은 내가 거룩하신 이의 말씀을 거역지 아니하였음이니라

욥은 사는 것이나 죽는 것이 별로 차이가 없는 삶을 살고 있다. 이러한 삶을 살게 해주는 것이 말씀이다. 말씀대로 살면 죽는 것도 문제가 되지 않는다. 사나 죽으나 별 차이가 없게 된다. 그런데 말씀과의 관계가 약하게 되면 죽는 것이 굉장히 두렵고 위험하게 생각된다. 왜냐하면 말씀과의 관계가 주님과의 관계이기 때문이다.

여기서 욥은 "내가 거룩하신 이의 말씀을 거역지 아니하였다"라고 했다. 친구들은 뭐라고 권면했는가? '너 살아야 되잖아.' 라는 것이다. '그러기 위해서 너는 네 죄를 회개해야 돼.' 하는 것이다. 신약에서 사도 바울은 빌립보서 1장 23절에서 "내가 그 두 사이에 끼였으니 떠나서 그리스도와 함께 있을 욕망을 가진 이것이 더욱 좋으나"라고 했다. 21절에서는 "이는 내게 사는 것이 그리스도니 죽는 것도 유익함이니라"고 했다. 바울은 떠나는 것이 더 좋다, 죽는 것이 더 유익하다고 했다. 자신은 사는 것보다 죽는 것이 더 유익하다고 했다. 왜 그런가? 주님과 함께 있게 되기 때문이다.

주의 말씀을 따라 사는 사람들은 이 땅에 미련이 많지 않다. 그러나 이 땅에 미련이 많고 잘 먹고 잘 살아야 한다고 생각하는 사람들의 삶은 그 사람 자신이 삶의 중심이 되기 때문에 결국은 하나님과 멀어지게 되고 다른 사람은 그 사람을 위해야 하는 수단이 되어 버린다. 왜냐하면 그 사람이 잘 살아야 되기 때문이다. 그리고 많은 사람이 그 사람에게 이용당해야 한다. 이것은 어쩔 수 없는 관계이다. 만일 그런 사람이 목사라면 불행히도 성도들은 이용물이 될 수밖에 없다. 오늘날도 이 세상의 가장 근본적인 문제가 이것이라고 생각된다.

여기 세 명의 욥의 친구와 욥의 대화를 볼 때 그 근본이 다른 것을 알 수 있다. 무엇이 다른가? 근본부터가 다르다. 성경에는 '죽으면 천국 간다' 라는 말이 별로 없고 '죽으면 주님께로 간다' 는 말이 많다. 구약 성경 시편 90편 1절에서 모세는 "주여, 주는 대대로 우리의 거처가 되셨나이다" 라고 했다. '주님이 나의 거처' 라는 것이다. 73편 25절에서도 "하늘에서는 주 외에 누가 내게 있으리요 땅에서는 주밖에 나의 사모할 자 없나이다" 라고 했다.

이것이 주님을 사랑하는 사람들의 말이다. 예수님도 요한복음 14장 2-3절에서, "내 아버지 집에 거할 곳이 많도다 그렇지 않으면 너희에게 일렀으리라 내가 너희를 위하여 처소를 예비하러 가노니 가서 너희를 위하여 처소를 예비하면 내가 다시 와서 너희를 내게로 영접하여 나 있는 곳에 너희도 있게 하리라" 고 하셨다. 6절, "예수께서 가라사대 내가 곧 길이요 진리요 생명이니 나로 말미암지 않고는 아버지께로 올 자가 없느니라".

사람들은 그곳을 천당이라고 하는데 예수님은 처소를 뭐라고 표현하셨는가? "나 있는 곳에 너희도 있게 하리라" 고 하시면서 '아버지께로 올

자' 라고 하셨다. 결국 죽어서 아버지께로 가는 것이다. 소위 '천당' 에 주 예수 그리스도와 하나님 아버지께서 계시지 않으면 무슨 소용이 있겠는가? 주님이 계시기 때문에 좋은 것이다. 주님이 없이 진주, 보석만 있으면 뭐 하겠는가? 그래서 성경에서는 다 '주님과 함께 있다, 아버지께로 간다' 고 표현했다. '나는 천당에 간다' 는 표현이 없다. 요한복음 16장 28절에서도 '내가 아버지께로 나와서 세상에 왔고 다시 세상을 떠나 천당으로 간다' 고 하지 않고 '아버지께로 간다' 고 했다. "내가 아버지께로 나와서 세상에 왔고 다시 세상을 떠나 아버지께로 가노라 하시니".

17장 11절, "나는 세상에 더 있지 아니하오나 저희는 세상에 있사옵고 나는 아버지께로 가옵나니…" '아버지께로 간다' 고 했다. 예수님이 십자가상에서 오른편 강도에게 '오늘밤에 너는 나와 함께 낙원에 있을 것이라' 고 하신 것 외에 다른 곳에서는 이 표현을 찾아보기 어렵다. 그 분은 낙원이나 천국에 간다는 표현 대신 '나와 함께 있게 된다', '아버지께로 간다' 는 말씀을 많이 하셨다.

고린도 후서 5장 8절에도 "우리가 담대하여 원하는 바는 차라리 몸을 떠나 주와 함께 거하는 그것이라"고 했다. 주님과 함께 거하는 것으로 족한 것 같다. 그러니까 어차피 이 시대에도 그리스도인 생활은 주님과 함께하는 생활이다. 주님이 없다면 우리가 이 세상에서 살 무슨 의미가 있겠는가? 주님과 같이 살기 때문에 이 세상에 살 의미가 있는 것이다. 그리고 우리가 몸을 떠난다면 더욱더 주님과 함께 있게 되는 것이다. 그러니까 바울이 '그것이 더 낫다' 고 표현했고 '그것이 나에게는 더 유익이다' 라고 한 것이다.

욥도 이런 생각을 하고 있기 때문에 이 세상에 그렇게 애착이 많지 않은 것이다. '꼭 잘 살아야 봐야 겠다, 꼭 성공해야 겠다.' 라는 생각이 없는 것이다. 친구들이 '네가 이렇게 가축도 잃어버리고 자식도 잃어버리고 다 잃어버렸는데, 그리고 너까지 병들었는데 하나님께 잘못했다고 벌어서 좀 잘 살아야 하지 않겠는가?' 라고 하니까 욥은 '아니다, 나는 나를 좀 빨리 데려가셨으면 좋겠어.' 라고 말하는 것이다. 이렇게 욥은 친구들과 아주 상반된 이야기를 하고 있다.

오늘날 많은 사역자들이 욥의 세 친구 같은 사역을 하고 있고 극히 소수의 사람들만이 욥과 같은 사역을 한다. 그렇지만 욥도 완전히 주님의 표준에 도달한 것은 아니다. 42장 쯤 갔을 때라야 완전히 자아의 한계에서 벗어나게 된다. 친구들은 차원이 가장 낮고 욥은 그 위이고 그 다음이 하나님이시다.

엘리바스는 5장 18절에서 "하나님은 아프게 하시다가 싸매시며 상하게 하시다가 그 손으로 고치시나니"라고 했다. '회개하고 기다리고 참다 보면 하나님이 다시 회복시키실 것이다.' 라는 것이다. 그러나 욥은 '나는 회복을 원하지 않고 죽는 것이 낫다.' 는 것이다.

11-13절, 내가 무슨 기력이 있관대 기다리겠느냐 내 마지막이 어떠하겠관대 오히려 참겠느냐 12 나의 기력이 어찌 돌의 기력이겠느냐 나의 살이 어찌 놋쇠겠느냐 13 나의 도움이 내 속에 없지 아니하냐 나의 지혜가 내게서 쫓겨나지 아니하였느냐

'나는 현재 이 어려움을 극복할 수 있는 힘이 조금도 없고 대책도 없고 방책도 없다. 나는 끝났다.' 라고 하는 것이다. 우리는 이 구절을 통해서 무엇을 배워야 하는가? 욥의 친구들은 어떤 사상으로 욥을 도우려 하고 있지만 그의 반해 욥은 어떤 생각을 갖고 있는가? 그 혹독한 고난 속에서 욥의 생각은 얼마나 낮아져 있는가? 나는 다만 여러분에게 어떤 생각이 하나님과 더 가깝게 될 수 있는 생각인지를 알려 주는 것으로 족할 것 같다.

나는 며칠 전 중국에 다녀왔다. 그곳에서 주님을 사랑하는 한 자매를 만났는데, 우리가 그 자매를 만난 것은 5년 전이었다. 그런데 우리가 그 자매를 만나기 전에 그 남편은 고혈압으로 이미 사망했다. 최근에 그 자매의 시어머니를 만나게 되었는데, 고부간의 갈등이 정말 보통이 아니었다. 그 시어머니는 우리를 보자 주님을 사랑하는 자매인 며느리가 자신에게 상처를 준 많은 말을 들려주었다. '교회를 그렇게 열심히 다니면 뭘 하느냐' 는 논조도 들어 있었다. 밤늦게까지 장시간 그 말을 들어보니 며느리가 나이든 시어머니에게 잘못 말한 것들이 많았다. 우리는 그 시어머니에게 간단히 복음을 전하고 돌아와서 다음 날 그 며느리 자매에게 그 어머니를 제발 위로해드리라고 권고를 했다. 갑자기 그 뜨겁게 주님을 사랑하는 자매의 눈에 눈물이 핑 돌면서 목소리가 높아졌다. 그녀는 자신이 상처받은 것이 얼마나 심한가를 말하기 시작했다. 나는 속으로 '아차' 싶었다.

모든 일에 쉬운 게 없다. 우리는 사람의 마음의 아픔과 상처를 합당하게 어루만지지 못한 채 얼마나 옳은 말을 해서 가르쳐주고 도움을 주려 하는가? 일찍이 엘리바스가 그랬다. "볼찌어다 우리의 연구한 바가 이 같으니 너는 듣고 네게 유익 된 줄 알지니라"(5:27). 그러나 그의 말은 별 유익이 되지 않았다.

14-24절, 피곤한 자 곧 전능자 경외하는 일을 폐한 자를 그 벗이 불쌍히
여길 것이어늘 15 나의 형제는 내게 성실치 아니함이 시냇물의 마름 같고
개울의 잦음 같구나 16 얼음이 녹으면 물이 검어지며 눈이 그 속에 감취었
을지라도 17 따뜻하면 마르고 더우면 그 자리에서 아주 없어지나니 18 떼
를 지은 객들이 시냇가로 다니다가 돌이켜 광야로 가서 죽고 19 데마의 떼
들이 그것을 바라보고 스바의 행인들도 그것을 사모하다가 20 거기 와서는
바라던 것을 부끄리고 낙심하느니라 21 너희도 허망한 자라 너희가 두려운
일을 본즉 겁내는구나 22 내가 언제 너희에게 나를 공급하라 하더냐 언제
나를 위하여 너희 재물로 예물을 달라더냐 23 내가 언제 말하기를 대적의
손에서 나를 구원하라 하더냐 포악한 자의 손에서 나를 구속하라 하더냐
24 내게 가르쳐서 나의 허물된 것을 깨닫게 하라 내가 잠잠하리라

친구들이 하는 말이 욥에게는 하나도 마음에 와 닿지 않았다. 그래서 '내가 언제 너희들더러 나를 공급하라 하더냐 나를 구원하라 하더냐' 고 했다.

요즈음은 상담학도 발전하고 심리학도 발전하고 철학도 발전해서 많은 어려운 사람들을 도울 수 있다고 생각하는 사람들이 있다. 그런 학문을 많이 배우고 연구한 사람들은 "나한테 오면 힘들어 하는 당신을 도와주겠다.' 는 생각을 갖고 있다. 그러나 상담학, 심리학, 철학만이 아니라 이 귀한 하나님의 말씀, 욥기를 배우면 훨씬 좋을 것 같다. '선생님은 상담학이나 심리학은 배우신 것 같은데 욥기는 읽어보셨나요?' 라고 물어 보고 싶다.

골로새서 2장 3절에서는 "그 안에는 지혜와 지식의 모든 보화가 감취어 있느니라"고 한다. 모든 지식과 지혜의 보화가 그리스도 안에 있다고 했는데, 그리스도는 실상 바로 이 성경 말씀이다(요 1:1-3). 그러므로 지혜의 보화는 말씀 안에 있는 것이다. 사람이 아무리 박식하고 지혜가 깊어도, 사람의 심리를 꿰뚫고 있고 정신분석학자 프로이드나 상담철학의 박사가 수많은 연구와 임상실험을 통해 책을 내었다 하더라도 그 책은 어디까지나 사람의 책이다. 그러나 이 성경은 전능자의 책이고 창조자의 책이다. 그 어떤 학자도 박사도 인간을 지으신 창조자보다 사람을 잘 알 수는 없다. 그래서 이 성경 말씀을 지식이 아니라 계시라고 하는 것이다. 성경을 계시로 알지 않으면 아무 소용이 없다. 성경 외에 다른 것들은 모두가 외적인 것들이다.

주님만이 정답을 아시고 사람의 필요를 채우실 수 있는 분이시다. 하나님만이 사람을 필요로 하신다. 그러나 사람들은 그것만 가지고는 부족하다고 생각하고 여러 가지 학문을 가지고 보완해야 한다고 생각한다. 나는 그렇게 생각하지 않는다. 나는 진리 안에서 모든 것을 발견하고 싶다. 나는 모든 답이 그리스도 안에 있다고 생각한다.

여기서 결론을 내리자면 사람이 인간의 재앙과 고난을 해결해 줄 수 있는가? 없다고 결론을 내린다. 욥기에서 왜 서너 사람을 등장시켰겠는가? 다 일리가 있다. 엘리바스나 빌닷, 나중에 나오는 엘리후의 말도 다 일리가 있다. 얼마나 똑똑한가? 보통을 넘는 유식한 사람들이다. 그런데 그들의 모든 말이 욥의 마음을 채워 줄 수 있었나? 채울 수 없었다. 비로소 하나님이 나타나셨을 때에야 손을 들고 "내가 주께 대하여 귀로 듣기만 하였삽더니 이제는 눈으로 주를 뵈옵나이다 그러므로 내가 스스로 한하고 티끌과 재 가운데서 회개하나이다"(욥 42:5-6)라고 했다. '저, 회개합니다. 제가 과거에 무지했습니다.' 라고 한 것이다.

욥기에는 욥과 친구들이 주고받은 대화가 많은데 욥이 한 말이 친구들이 한 말보다 그 깊이에 있어서 낫다. 그렇지만 그것조차도 무지한 말이고 이치를 가린 말인 것이다. "무지한 말로 이치를 가리우는 자가 누구니이까 내가 스스로 깨달을 수 없는 일을 말하였고 스스로 알 수 없고 헤아리기 어려운 일을 말하였나이다"(욥 42:3). 어떻게 사람으로서 사람의 필요와 문제를 해결할 수 있겠는가? 그것은 가능하지 않다. 그렇게 합당하게 유익을 주며 도울 수 있다고 하는 발상 자체가 틀린 것이다. 욥기 말씀을 진정으로 배웠다면 '아! 정말 인간은 길이 없고 그 누구도 합당하게 도울 방법이 없구나!' 하는 것을 깨닫게 될 것이다.

내가 주님을 섬기기 시작할 때 여러 사람들이 상담을 하러 왔었다. 그래서 뭔가를 대답해주어야 했는데 그것이 그렇게 어렵게 생각이 되었다. 그때 나는 '누가 이런 것을 잘 가르쳐 줄 사람이 없나?' 라고 생각했었다. 그래서 소위 목회 상담이나 실천 목회를 통해서 배우려고 했었는데 시원하게 제시해 주는 것이 없었다. 이런 것을 잘 배워야 하는데…. 그런데 오랜 세월을 보내고 지금에 와서야 이런 생각이 든다. '사람이 도무지 할 수 없는 일이고 안 되는 것인데 무엇을 배우겠다고 나섰나.' 그것은 가능하지가 않다. 나는 지금까지 많은 성도들의 어려움을 대화나 말로 해결해준 적이 거의 없다. 지금까지 '목사님 말씀 듣고 완전히 해결됐습니다.' 라고 하는 사람을 별로 못 보았다. 솔직히 역효과만 많이 나는 것을 보았다.

내가 역량이 없어서가 아니라 어리석고 부족한 사람이기 때문에 안 되는 것이다. 진작에 욥기를 공부했더라면 그런 시도를 하지 않았을 것이다. 이런 이야기하면 이의를 제기하는 사람들이 많을 것이라고 생각한다. '얼마나 많은 사람들이 상담을 통해 유익을 얻었고 현재도 얻고 있는데 당신은 무슨 말을 하느냐?' '사람이 잘 할 수 있는데 왜 할 수 없다고 하느냐.' 고 말이다. 그러나 솔직히 우리가 줄 수 있는 것이 적고 우리 자신이 무능하다는 것을 알지 않으면 하나님의 기적과 도우심을 경험하지 못한다. 사람의 강한 것이 하나님의 약한 것만 못하다. 우리가 우리 자신의 할 수 있음을 내려놓고 주님을 바라보고 의지해야 비로소 그리스도 안에서 성령의 지혜와 능력으로 사람들을 도울 수 있음을 기억하기 바란다.

25-30절, **옳은 말은 어찌 그리 유력한지, 그렇지만 너희의 책망은 무엇을 책망함이뇨 26 너희가 말을 책망하려느냐 소망이 끊어진 자의 말은 바람 같으니라 27 너희는 고아를 제비 뽑으며 너희 벗을 매매할 자로구나 28 이제 너희가 나를 향하여 보기를 원하노라 내가 너희를 대면하여 결코 거짓말하지 아니하리라 29 너희는 돌이켜 불의한 것이 없게 하기를 원하노라 너희는 돌이키라 내 일이 의로우니라 30 내 혀에 어찌 불의한 것이 있으랴 내 미각이 어찌 궤휼을 분변치 못하랴**

"옳은 말은 어찌 그리 유력한지". 친구들의 말이 틀렸다는 것이 아니라 옳다는 것이다. 그렇지만 '너희 책망은 무엇을 책망한 것이냐' 는 것이다. "소망이 끊어진 자의 말은 바람 같으니라" 인생의 소망이 끊어진 사람한테 옳은 말이 무슨 소용이 있느냐는 것이다. 친구들은 회개해서 잘 살아보라고 했다. 그런데 옳은 그 모든 말이 나한테 무슨 소용이 있느냐는 것이다. 자, 여기까지 이야기했을 때 욥이라는 사람의 심리를 알 수 있겠는가? 그 고난의 무게와 깊이를 당해보지 않은 우리는 알기 어렵다. 자식 열 명을 한시에 잃어버렸고 재산도 다 잃어버렸고 자신은 병들었는데 그런 형편에 있는 사람에게 편안한 삶을 살고 있는 친구들이 와서 도움을 주겠다고 하는 말이 마음에 와 닿겠는가? 전혀 와 닿지 않을 것이다. 이것이 6장까지의 내용이다. 우리는 욥기에서 우리에게 전하고자 하는 지혜를 반드시 배워야 한다.

욥기 7장

preview

"세상에 있는 인생에게 전쟁이 있지 아니하냐 그 날이 품군의 날과 같지 아니하냐"(1절).

욥은 자기 인생의 수고가 속히 끝나고 평안을 누리게 되기를 바란다. 앞장의 연속이다. 인생이 전장에 있는 군인과 같다고 말한다. 모든 인생살이가 힘들다는 것이다. 군대 생활이 쉽다는 사람 있는가? 하루하루가 힘들고 속히 제대하고 싶은 것이 군인들의 심정이 아니던가? 욥이 지금 자신의 인생이 군대생활 같다고 비유한 것은 재미있다. 다음은 품꾼의 날과 같다고 말한다. 품꾼도 저녁이 되기를 간절히 원한다. 하루가 왜 그렇게 긴지! 인생살이가 강제적으로 붙잡혀 일하는 품꾼과 같이 고되다는 말이다.

"종은 저물기를 심히 기다리고 품꾼은 그 삯을 바라나니"(2절).

하루 종일 일하는 종이 저녁이 되어 집에 돌아가기를 심히 기다리는 것처럼, 또 품꾼이 삯을 바라는 것처럼 성도는 주님을 위해 충성을 다하다가 주님께 돌아가 상급 받기를 원한다.

"이와 같이 내가 여러 달째 곤고를 받으니 수고로운 밤이 내게 작정되었구나 내가 누울 때면 말하기를 언제나 일어날꼬, 언제나 밤이 갈꼬 하며 새벽까지 이리 뒤척, 저리 뒤척 하는구나 내 살에는 구더기와 흙 조각이 의복처럼 입혔고 내 가죽은 합창되었다가 터지는구나"(3-5절).

욥이 자신이 당하는 고통을 호소하는 장면이다. "수고로운 밤이 작정되었으니", "언제나 밤이 갈꼬", "새벽까지 이리뒤척 저리 뒤척 하는구나", "내 살에는 구더기와 흙조각이 의복처럼 입혔고 내 가죽은 합창되었다가 터지는구나",

"나의 날은 베틀의 북보다 빠르니 소망 없이 보내는구나 내 생명이 한 호흡 같음을 생각하옵소서 나의 눈이 다시 복된 것을 보지 못하리이다 나를 본 자의 눈이 다시는 나를 보지 못할 것이고 주의 눈이 나를 향하실찌라도 내가 있지 아니하리이다 구름이 사라져 없어짐같이 음부로 내려가는 자는 다시 올라오지 못할 것이오니 그는 다시 자기 집으로 돌아가지 못하겠고 자기 처소도 다시 그를 알지 못하리이다"(6-10).

하루하루가 더디게 가는 것 같기도 하고 무의미하게 지나다보니 빠르게 지나가는 것 같기도 한 것이다. 그의 날이 베틀 북 같다고 하였다. 베틀 북을 본 일이 있는가? 순식간에 좌에서 우로 이동하였다가 또 우에서 좌로 이동한다. 철컥하는 소리와 함께…. 우리는 어릴 때 베 짜는 소리를 들으며 자라났다.

욥은 자신의 죽음에 대하여 심각하게 생각해보았다. "내 생명이 한 호흡 같다", "나의 눈이 다시 복된 것을 보지 못한다", "나를 본 자의 눈이 다시는 나를 보지 못할 것이다", "주의 눈이 나를 향하실지라도 내가 있지 않다", "음부로 내려가는 자는 다시 올라오지 못한다", "다시 자기 집으로 돌아가지 못한다", "자기 처소도 그를 알지 못한다". 이 모든 말씀들은 욥이 재앙을 만나 비로소 자신의 죽음에 대하여 깊이 생각해보았음을 말한다. 지혜 있는 자들은 자신의 죽음을 생각하면서 사는 자들이다.

"그런즉 내가 내 입을 금하지 아니하고 내 마음의 아픔을 인하여 말하며 내 영혼의 괴로움을 인하여 원망하리이다 내가 바다니이까 용이니이까 주께서 어찌하여 나를 지키시나이까 혹시 내가 말하기를 내 자리가 나를 위로하고 내 침상이 내 수심을 풀리라 할 때에 주께서 꿈으로 나를 놀래시고 이상으로 나를 두렵게 하시나이다 이러므로 내 마음에 숨이 막히기를 원하오니 뼈보다도 죽는 것이 나으니이다 내가 생명을 싫어하고 항상 살기를 원치 아니하오니 나를 놓으소서 내 날은 헛것이니이다" (11-16절).

11절의 원망함은 고통을 호소함이다. 욥의 말은 간단히 말해서 왜 나같이 미미한 자를 관심하시고 치시냐는 것이다. 자기가 무슨 바다의 용이나 되는 존재냐는 말이다. 심지어 꿈자리에서도 악몽을 꾸니 자기도 힘들다고 말한다. 15-16절은 결과적으로 숨이 막혀 죽기를 원한다고 했다, 자기를 제발 놓아달라고 절규한다. 놓아달라는 것은 괴로운 자리에 두시는 하나님의 손을 거두어달라는 것이다. 뼈보다 죽는 것이 낫다는 말에서 뼈란 욥이 수척해져서 뼈만 남은 상태를 말한다.

"사람이 무엇이관대 주께서 크게 여기사 그에게 마음을 두시고 아침마다 권징하시며 분초마다 시험하시나이까 주께서 내게서 눈을 돌이키지 아니하시며 나의 침 삼킬 동안도 나를 놓지 아니하시기를 어느 때까지 하시리이까 사람을 감찰하시는 자여 내가 범죄하였은들 주께 무슨 해가 되오리이까 어찌하여 나로 과녁을 삼으셔서 스스로 무거운 짐이 되게 하셨나이까" (17-20절).

'사람이 무엇이관대' 란 말은 시편 8편과 히브리서 2장에 나타나는 표현인데 그 용법이 적극적이다. 그러나 이 구절들에서는 하나님이 미미한 존재인 인생을 그렇게 관심하여 보실 필요가 있는가를 묻고 있다. 18절, 19절은 욥이 자신의 고통을 계속적으로 하나님께 고하는 말이다. 20절에서는 자기가 범죄하였은들 주님께 무슨 해가 되겠냐고 한다. 욥은 심한 고난을 받으면서 하나님이 자기에게 까다로운 분이고 매사를 간섭하시며 괴롭게 하시는 분이라는 인상을 받았다. 그러나 사람의 생각과 하나님의 생각은 다르다. 결국 알게 되는 것은 하나님이 욥에게 고난을 허락하신 것은 그의 유익을 위한 사랑뿐이라는 것이다. 욥은 나중에 자신이 무지하다는 것을 깨달았다. 그는 고난 중에 자신의 상태를 깊이 돌아보고 생각하다보니 자신의 감정에 빠진 부분이 없지 않다.

"주께서 어찌하여 내 허물을 사하여 주지 아니하시며 내 죄악을 제하여 버리지 아니하시나이까 내가 이제 흙에 누우리니 주께서 나를 부지런히 찾으실지라도 내가 있지 아니하리이다"(21절).

21절에서 욥은 자신이 죄 없다고 하지 않는다. 그가 무죄라고 하는 것은 하나님의 징계를 당할 만한 죄를 지은 것이 아니라고 하는 것이고 유죄라고 하는 것은 거룩한 하나님 앞에 감히 결백하다 할 수 없다는 말이다. 그는 말한다. 혹 죄로 인하여 징계를 받는다 하더라도 죄를 사해 주시기를 원한다는 말이다. 이 구절에서 욥은 자신의 죽음을 상상해보고 있다. 인생의 마지막에 대하여 상상하면서 찾아올 죽음을 고요히 맞고자 한다. 자신이 이 땅에 존재하지 않을 것을 생각하면서 사는 것은 매우 중요한 것이라 생각한다. 당신이 없는 가정, 당신이 없는 교회, 당신이 없는 자녀들을 생각하며 살라! 그것이 지혜로운 것이다.

exposition

1-2절, 세상에 있는 인생에게 전쟁이 있지 아니하냐 그 날이 품꾼의 날과 같지 아니하냐 2 종은 저물기를 심히 기다리고 품꾼은 그 삯을 바라나니

욥은 '이 세상에서 어떻게 하면 잘 살아 볼까' 하는 생각은 없고 "종은 저물기를 심히 기다리고 품꾼은 그 삯을 바라나니"라고 했다. 저물기를 기다리는 것이다. '나는 속히 주님 만나서 상급 받을 일밖에 없다'는 것이다. 이러한 정신으로 사는 것이 좋은가? 아니면 어떻게 하든지 살려고 버둥대는 것이 좋은가?

3-10절, 이와 같이 내가 여러 달째 곤고를 받으니 수고로운 밤이 내게 작정되었구나 4 내가 누울 때면 말하기를 언제나 일어날고 언제나 밤이 갈고 하며 새벽까지 이리 뒤척, 저리 뒤척 하는구나 5 내 살에는 구더기와 흙 조각이 의복처럼 입혔고 내 가죽은 합창되었다가 터지는구나 6 나의 날은 베틀의 북보다 빠르니 소망 없이 보내는구나 7 내 생명이 한 호흡 같음을 생각하옵소서 나의 눈이 다시 복된 것을 보지 못하리이다 8 나를 본 자의 눈이 다시는 나를 보지 못할 것이고 주의 눈이 나를 향하실지라도 내가 있지 아니하리이다 9 구름이 사라져 없어짐같이 음부로 내려가는 자는 다시 올라오지 못할 것이오니 10 그는 다시 자기 집으로 돌아가지 못하겠고 자기 처소도 다시 그를 알지 못하리이다

지금 욥은 자기 인생에 대해서 미련이 없고 낮도 괴롭고 밤도 괴롭다. 밤에 이리 뒤척 저리 뒤척 하면서 너무 힘든 것이다. 이제 나는 곧 끝날 것이고 이제 부활할 것임으로 남은 인생에 대해서는 품꾼의 인생으로 생각하고 있다. 품꾼은 하루종일 일만 하면서 '이제 그만 하세요.'라는 말만 기다린다. 그런 인생인데 욥이 뭘 바라겠는가? 그는 자신의 인생이 '한 호흡'과 같고 '구름이 사라져 없어짐같이' 짧은 것이라고 말한다.

11-21절, 그런즉 내가 내 입을 금하지 아니하고 내 마음의 아픔을 인하여
말하며 내 영혼의 괴로움을 인하여 원망하리이다 12 내가 바다니이까 용이
니이까 주께서 어찌하여 나를 지키시나이까 13 혹시 내가 말하기를 내 자
리가 나를 위로하고 내 침상이 내 수심을 풀리라 할 때에 14 주께서 꿈으로
나를 놀래시고 이상으로 나를 두렵게 하시나이다 15 이러므로 내 마음에
숨이 막히기를 원하오니 뼈보다도 죽는 것이 나으니이다 16 내가 생명을
싫어하고 항상 살기를 원치 아니하오니 나를 놓으소서 내 날은 헛 것이니
이다 17 사람이 무엇이관대 주께서 크게 여기사 그에게 마음을 두시고 18
아침마다 권징하시며 분초마다 시험하시나이까 19 주께서 내게서 눈을 돌
이키지 아니하시며 나의 침 삼킬 동안도 나를 놓지 아니하시기를 어느 때
까지 하시리이까 20 사람을 감찰하시는 자여 내가 범죄하였은들 주께 무슨
해가 되오리이까 어찌하여 나로 과녁을 삼으셔서 스스로 무거운 짐이 되게
하셨나이까 21 주께서 어찌하여 내 허물을 사하여 주지 아니하시며 내 죄
악을 제하여 버리지 아니하시나이까 내가 이제 흙에 누우리니 주께서 나를
부지런히 찾으실지라도 내가 있지 아니하리이다

욥의 생각과 하나님의 생각이 다른 것을 발견한다. 욥은 자기가 고난을 당하고 재앙을 당하는 것이 하나님이 하나하나 관찰하면서 까다롭게 대하시기 때문이라고 생각한다. '왜 저를 상관하십니까?' '제가 뭐라고 아침마다 권징하시고 분초마다 시험하십니까?' 작은 인간인 나에게 마음을 두지 마시고 상관하지 말아달라고 호소한다. 여러분은 어떻게 생각하는가? 욥은 아직 하나님의 마음을 잘 모른다. 그런 모든 과정을 통해 하나님이 그에게 축복과 유익을 주고자 하시는 것을 모른다. 욥은 그 고난의 과정에서 '하나님, 왜 나를 이렇게 심하게 다루십니까?' 라는 생각만 드는 것이다.

욥기 8장

preview

8장은 빌닷이 한 말로서 1) 욥이 너무 과격하게 말했다. 2) 그의 자녀들이 고통당한 것은 당연한 득죄의 결과이다. 3) 진실로 회개한다면 모두 회복해주실 것이다. 4) 하나님의 섭리는 악인의 기쁨을 제거하신다. 5) 하나님이 속히 나타나시어 위로하시지 않으면 그가 사곡한 자임이 분명하다.

"수아 사람 빌닷이 대답하여 가로되 네가 어느 때까지 이런 말을 하겠으며 어느 때까지 네 입의 말이 광풍과 같겠는가 하나님이 어찌 심판을 굽게 하시겠으며 전능하신 이가 어찌 공의를 굽게 하시겠는가 네 자녀들이 주께 득죄하였으므로 주께서 그들을 그 죄에 붙이셨나니"(1-4절).

수아란 에돔에 가까운 곳이다. 그곳은 그두라에게서 난 아브라함의 아들들이 거주하였던 곳이다. 빌닷의 말은 엘리바스와 같은 상선벌악의 관념에서 나온 것이지만, 친구에게 더욱 과격한 말을 하고 있다. 빌닷은 욥이 당한 것이 다 죄악의 결과라고 확정한다. 하나님은 절대 심판을 굽게 하지 않으시고 공의를 굽게 하지 않으신다고 말한다.

"네가 만일 하나님을 부지런히 구하며 전능하신 이에게 빌고 또 청결하고 정직하면 정녕 너를 돌아보시고 네 의로운 집으로 형통하게 하실 것이라 네 시작은 미약하였으나 네 나중은 심히 창대하리라"(5-7절).

욥이 회개하고 범죄의 생활을 떠나 청결하고 정직하게 살면 하나님이 그를 반드시 형통케 하실 것이라고 한다.

"청컨대 너는 옛시대 사람에게 물으며 열조의 터득한 일을 배울지어다 (우리는 어제부터 있었을 뿐이라 지식이 망매하니 세상에 있는 날이 그림자와 같으니라) 그들이 네게 가르쳐 이르지 아니하겠느냐 그 마음에서 나는 말을 발하지 아니하겠느냐"(8-10절).

빌닷은 전통을 중요시하는 사람이다. 사람은 인생이 짧아서 아는 것이 너무 작고 없다는 말이다. 그러니 옛 사람의 지혜나 격언에서 도움을 받으라는 말이다. 즉 욥은 옛 사람에 비해 경험이 미미하니 자기의 아는 것을 주장하지 말고 옛 사람들의 경험을 중시하며 배우라고 권하는 것이다.

"왕골이 진펄이 아니고 나겠으며 갈대가 물 없이 자라겠느냐 이런 것은 푸르러도 아직 벨 때 되기 전에 다른 풀보다 일찌기 마르느니라 하나님을 잊어버리는 자의 길은 다 이와 같고 사곡한 자의 소망은 없어지리니 그 믿는 것이 끊어지고 그 의지하는 것이 거미줄 같은즉 그 집을 의지할지라도 집이 서지 못하고 굳게 잡아도 집이 보존되지 못하리라 식물이 일광을 받고 푸르러서 그 가지가 동산에 벋어가며 그 뿌리가 돌 무더기에 서리어서 돌 가운데로 들어갔을지라도 그곳에서 뽑히면 그 자리도 모르는 체하고 이르기를 내가 너를 보지 못하였다 하리니"(11-18절).

왕골이 진펄에서 난다는 말이나 갈대가 물에서 자란다는 말은 다 악인이 악인의 소굴에서 나온다는 말이다. 또 악인은 빨리 번창하는 것 같지만 쉽게 쇠약한다는 뜻이다. "하나님을 잊어버리는 자의 길은 다 이와 같고 사곡한 자의 소망은 없어지리니 그 믿는 것이 끊어지고 그 의지하는 것이 거미줄 같은즉". 여기서 사곡한 자란 외식하는 자, 위선적이고 가식적인 자를 의미한다. 외식하는 신앙인들은 생명의 원천이신 하나님을 믿지 않고 인간적 사상이나 지식이나 전통이나 방식을 의뢰한다. 그러나 그런 것들은 다 거미줄같이 끊어지고 만다. 이런 말은 옳은 말이지만 욥에게 적용하는 것은 적절하지 않다. 욥은 위선자가 아니라 정직하고 하나님을 경외하는 사람이었다. 빌닷은 위선자의 신앙의 결국에 대하여 거미줄 같다고 하며 또 무너지는 집 같다고 하며 뽑혀버린 식물과 같다고 하였다. 물론 빌닷은 이 말을 욥의 상황에 적용한 것이다.

"그 길의 희락은 이와 같고 그 후에 다른 것이 흙에서 나리라 하나님은 순전한 사람을 버리지 아니하시고 악한 자를 붙들어 주지 아니하신즉 웃음으로 네 입에, 즐거운 소리로 네 입술에 채우시리니 너를 미워하는 자는 부끄러움을 입을 것이라 악인의 장막은 없어지리라"(19-22절).

"그 길의 희락은 이와 같고". 외식하는 자의 즐거움은 잠간이라는 말이다. 욥이 무너지고 멸망한 다음 다른 누군가가 욥의 자리에서 번창할 것이라고 한다. 그러면서 빌닷은 하나님은 결코 순전한 사람을 버리지 아니하신다고 한다

exposition

1-4절, 수아 사람 빌닷이 대답하여 가로되 2 네가 어느 때까지 이런 말을 하겠으며 어느 때까지 네 입의 말이 광풍과 같겠는가 3 하나님이 어찌 심판을 굽게 하시겠으며 전능하신 이가 어찌 공의를 굽게 하시겠는가 4 네 자녀들이 주께 득죄하였으므로 주께서 그들을 그 죄에 붙이셨나니

엘리바스에 이어 두 번째로 욥의 친구인 수아 사람 빌닷이 말하고 있다. 빌닷도 엘리바스와 동일하게 욥이 재앙을 만난 것은 죄악의 결과라고 생각하고 있다. 사람들은 누구나 이러한 상선벌악(償善罰惡)의 관념을 갖고 있다. 병이 들거나 재앙을 만나면 사람들은 대부분 '내가 무슨 죄가 많다고 나에게 이런 환경을 주십니까?' 라고 생각한다. 믿지 않는 사람들도 이런 생각을 갖고 있다. 믿는다는 사람은 더욱더 그러하다. '나에게 죄가 있다면 교회 열심히 다닌 죄밖에 없는데...' 라고 말한다. '왜 나한테 이런 환경을 주시는가? 하필이면 왜 내가 이런 일을 당해야 되는가?' 하면서 옳고 그름을 따지는 경우가 많다. 이러한 율법적 관념이 누구에나 다 있다. 그러므로 여기 고난을 받는 욥에게 친구들이 해주고 싶은 말들은 다 '네가 죄가 있기 때문에 이런 일을 당하는 거야.' 라는 것이다. 자식들이 죽은 것도 다 그들에게 죄가 있어서 그런 거라고 한다.

5-7절, 네가 만일 하나님을 부지런히 구하며 전능하신 이에게 빌고 6 또 청결하고 정직하면 정녕 너를 돌아보시고 네 의로운 집으로 형통하게 하실 것이라 7 네 시작은 미약하였으나 네 나중은 심히 창대하리라

율법적 관념을 갖고 있기에 이런 말을 하는 것이다. 율법 시대 이전의 책인데도 인간은 태생적으로 율법의 관념을 갖고 있다. 불신자들을 보면 알 수 있다. 불신자들도 나쁜 일을 만나면 자신이 지은 죄도 없는데 왜 이런 일을 당하느냐고 한다. "네 시작은 미약하였으나 네 나중은 심히 창대하리라". 빌닷의 뜻은 이러하다. '잘 될 수 있는 길이 있는데 왜 안 하느냐', '회개하면 될 수 있는데…' 하면서 그렇게 하라는 것이다. 부지런히 빌고 정직하게 행하면 지금은 미약하고 어려우나 결국 창대하게 된다고 권면하는 것이다.

8절, 청컨대 너는 옛 시대 사람에게 물으며 열조의 터득한 일을 배울지어다

'열조의 터득한 일' 이란 지금까지 인류 조상 대대로 많은 지혜가 터득됐는데 그것을 무시하지 말라는 것이다. 거기에 비결이 있다고 한다. 엘리바스라는 사람은 신비로운 영적 체험을 통해서 하나님을 만났다면서 말하고, 빌닷은 '조상 때부터 터득해온 오묘한 지혜가 있으니까 그것을 무시하지 말라' 는 것이다. '너, 잘 되고 창대하려면 예부터 내려오는 말도 잘 들어야 하는 거야.' 라고 말하고 있다. 이러한 말들이 좋은 말 같아 보여도 결국 하나님 자신에게서 떠나게 하는 말들이다.

오늘날 많은 신자들이 평소에는 '하나님 아버지, 믿습니다. 아멘! 좋습니다.' 라고 하다가 어렵고 큰 일이 생겨나면 과거의 경험 있는 사람들의 말과 철학과 심리학을 좇아가곤 한다. 오늘날 수많은 욥의 친구들이 생겨났다.

"너는 옛 시대 사람에게 물으며 열조의 터득한 일을 배울지어다". 빌닷은 욥이 너무 아는 것이 없어서 그러니 옛 시대 사람에게 배우라고 한다. '배워서 남 주냐? 열조가 먼저 경험한 것들이 있는데 너는 왜 배우려 하지 않느냐? 네가 앞일 선 경험자들로부터 잘 배우면 비록 지금은 곤란 중에 있고 미약하나 장래에는 훨씬 창대하게 될 것이다.' 라고 하는 것이다. 욥이 어리석은 사람이라면 그 말을 듣고 얼른 일어나서 '한번 배워볼까?' 했을 텐데 욥은 경건하고 의로운 사람이라 그 말을 듣고 반응하여 일어나지 않았다. 다음에 답하는 것을 보면 알 수 있다. 그래서 하나님께서 "내 종 욥은 의로운 사람이다."라고 인정하신 것이다. 나중에 보면 알겠지만 하나님은 이 친구들을 기뻐하시지 않았다.

9-11절, (우리는 어제부터 있었을 뿐이라 지식이 망매하니 세상에 있는 날이 그림자와 같으니라) 10 그들이 네게 가르쳐 이르지 아니하겠느냐 그 마음에서 나는 말을 발하지 아니하겠느냐 11 왕골이 진펄이 아니고 나겠으며 갈대가 물 없이 자라겠느냐'

"우리는 엊그제부터 있는 인생이고 이 세상엔 오래 전부터 터득해온 지혜가 있는 거야. 그러므로 우리는 지식이 짧으니 배워야 하는 거야. 그러면 그 사람들의 마음에서 나는 말을 발하지 않겠느냐?' 고 하는 것이다. 계속되는 빌닷의 말이다. 매우 일리 있는 말처럼 들린다. 하나님이 없는 인생에게는 매우 설득력 있는 충고로 들릴 것이다.

"왕골이 진펄이 아니고 나겠으며 갈대가 물 없이 자라겠느냐". 이 말은 무슨 말인가? 악인은 악인의 소굴에서 나온다. 즉 악이 있기 때문에 악인이 나온다는 뜻이다.

12절, 이런 것은 푸르러도 아직 벨 때 되기 전에 다른 풀보다 일찍이 마르느니라

악인은 잘 되는 것 같지만 금방 사라진다는 뜻이다. 욥이 원래 죄를 지어서 하나님 보시기에 나쁜 사람인데 이전엔 너무나 잘 살고 있었다는 것이다. 그런데 결국 그 죄로 인하여 갑자기 망한 것이라는 말이다.

13절, 하나님을 잊어버리는 자의 길은 다 이와 같고 사곡한 자의 소망은 없어지리니

친구들이 바라보았던 욥은 위선적인 신앙을 갖고 있었던 사람이라는 것이다. 사곡하다는 것은 위선적이고 간사함을 가리킨다. 하나님을 떠난 사람들은 이렇게 잠시 왕골이 시퍼렇게 자라다가 말라버리는 것 같다는 말이다.

14-19절, 그 믿는 것이 끊어지고 그 의지하는 것이 거미줄 같은즉 15 그 집을 의지할지라도 집이 서지 못하고 굳게 잡아도 집이 보존되지 못하리라 16 식물이 일광을 받고 푸르러서 그 가지가 동산에 뻗어가며 17 그 뿌리가 돌 무더기에 서리어서 돌 가운데로 들어갔을지라도 18 그곳에서 뽑히면 그 자리도 모르는 체하고 이르기를 내가 너를 보지 못하였다 하리니 19 그 길의 희락은 이와 같고 그 후에 다른 것이 흙에서 나리라

사람이 재물이든지 건강이든지 자녀들이든지 한 번 무너지면 복구되기 어렵다는 말을 하고 있다. 빌닷은 악인의 멸망이 거미줄이나 식물처럼 쉽게 소멸됨을 말한다. 식물이 일광을 받아 푸르고 가지가 뻗고 뿌리가 돌 무더기에 서리어서 돌 가운데 들어가도 뽑히면 그 자리도 모를 정도로 없어지고 만다고 한다. 한때 무성했던 나무는 뽑혀 말라 없어지고 그 자리에 다른 나무가 서서 무성하게 된다. 즉 욥은 망하고 욥 대신 다른 사람이 그 자리에서 번창하게 된다는 말이다.

20-22절, 하나님은 순전한 사람을 버리지 아니하시고 악한 자를 붙들어 주지 아니하신즉 21 웃음으로 네 입에, 즐거운 소리로 네 입술에 채우시리니 22 너를 미워하는 자는 부끄러움을 입을 것이라 악인의 장막은 없어지리라

빌닷이 욥을 한껏 정죄하고 있다. '너 회개해라, 굴복해라, 회개하고 의인이 되라.' 고 하는데, 욥은 '그렇게 할게, 한번 배워볼게.' 라고 하지 않았다. 그는 다음 장(9장)에서 이렇게 말했다. 2절, "내가 진실로 그 일이 그런 줄을 알거니와 인생이 어찌 하나님 앞에 의로우랴". 3-7절, "사람이 하나님과 쟁변하려 할지라도 천 마디에 한 마디도 대답하지 못하리라 4 하나님은 마음이 지혜로우시고 힘이 강하시니 스스로 강퍅히 하여 그를 거역하고 형통한 자가 누구이랴 5 그가 진노하심으로 산을 무너뜨리시며 옮기실지라도 산이 깨닫지 못하며 6 그가 땅을 움직여 그 자리에서 미신즉 그 기둥이 흔들리며 7 그가 해를 명하여 뜨지 못하게 하시며 별들을 봉하시며". 10-11절, "측량할 수 없는 큰 일을, 셀 수 없는 기이한 일을 행하시느니라 11 그가 내 앞으로 행하시나 내가 보지 못하며 그가 내 앞에서 나아가시나 내가 깨닫지 못하느니라". 14-16절, "하물며 내가 감히 대답하겠으며 무슨 말을 택하여 더불어 변론하랴 15 가령 내가 의로울지라도 감히 대답하지 못하고 나를 심판하실 그에게 간구하였을 뿐이며 16 가령 내가 부르므로 그가 내게 대답하셨을지라도 내 음성을 들으셨다고는 내가 믿지 아니하리라"고 했다.

빌닷의 결론은, 하나님은 악한 자는 거미줄같이 혹은 식물같이 번창하다가 버리고 없어지고 말게 하시며, 반면 선한 자는 재앙을 만날지라도 버리지 않고 붙들어주며 번창케 해주신다는 것이다. 그는 선험자들의 말을 의지하여 욥을 권고하고 있다. 그의 말은 그럴 듯하고 옳은 듯하지만 욥에게 해당되지 않고 더욱이 하나님의 진리와는 거리가 멀다.

욥기 9장

preview

9장은 욥의 대답이다. 빌닷은 욥에게 회개하고 의인이 되어보라고 한다. 욥은 그렇게 하겠다고 하지 않고 "인생이 어찌 하나님 앞에 의로우랴"고 하였다. 이어서 "사람이 하나님과 쟁변하려 할지라도 천 마디에 한 마디도 대답하지 못하리라"고 하였다. 욥은 빌닷이 왜 그렇게 말이 많으냐는 듯이 한 말에 대하여는 대답이 없다. 다만 그는 자신을 정죄하였으며 하나님과 겨룰 수 없는 것이 인간이라고 하였다.

13절의 라합은 바다의 괴물을 가리킨다. 욥은 말하기를 사탄의 세력도 하나님께 굴복하는데 약한 인간이 어떻게 하나님과 다툴 수 있는가 한다. 여기서 세 친구들의 관념에는 상선벌악의 논리가 기본적으로 깔려 있으나 욥은 스스로 의롭다 함을 얻을 수 없고 오직 예수 그리스도를 믿음으로만 구원받을 수 있음을 은연 중에 말하고 있다. 욥이 친구들에 비하여 더욱 하나님을 의뢰하고 하나님 중심으로 생각하며 말하고 있음을 본다. 친구들은 옳고 그름을 분별하여 행한 인간의 행함이 축복을 가져오고 하나님을 움직일 수 있는 것처럼 말하였으나 욥은 사람이 무엇을 할 수 있는가 하며 사람은 무익한 존재라는 말을 계속하고 있다.

16절은 "내가 부르므로 그가 내게 대답하였을지라도 내 음성을 들었다고는 내가 믿지 아니하리라"고 한다. 세 친구들이 이론적으로는 믿는 자들 같다. 매우 확실한 듯하고 모든 일에 대하여 사람이 이렇게 하면 하나님도 이렇게 하시고, 사람이 저렇게 하면 하나님도 저렇게 하신다고 한다. 그러나 욥은 피조물의 위치를 한껏 더 낮춘다. 하나님이 빼앗으시면 누가 막느냐, 하나님이 진노하신다면 무슨 말을 택하여 변론하겠느냐? 의로울지라도 감히 대답지 못하고 심판하실 그분께 간구한다고 하였다. 11절에서 욥은 "그가 내 앞으로 지나시나 내가 보지 못하며 그가 내 앞에서 나아가시나 내가 깨닫지 못하느니라"고 하였다. 4장 16-21절에서 엘리바스는 하나님을 분명히 만났었다고 말하지만, 욥은 보지 못하였다고 말한다. 언뜻 보기에는 친구들의 믿음이 더욱 분명하고 좋은 것 같다. 욥은 기도하고 응답을 받았을지라도 자기의 의를 인정하지 않았다. 욥은 자신을 가치 없는 존재로 알았다. 더욱 겸손한 것이다.

욥은 대단한 환경을 만나고서 까닭없이 하나님이 자신을 치고 있다고 말했다. "폭풍으로 나를 꺾으시고 까닭없이 내 상처를 많게 하시며".

18절부터도 욥의 같은 생각을 말하고 있다. 하나님의 능력의 간섭으로 인하여 고난을 받게 되었다고 하면서 욥은 자신이 무엇을 잘못하여서 이러한 고난을 받는지는 모르지만 그분의 심판은 틀리지 않다고 말한다. "심판으로 말하면 누가 그를 호출하겠느냐". 심판이란 지극히 높으신 하나님의 대권을 인정하는 말이다. 20절에서 욥은 자신의 죄인 됨을 인정하고 있다. "내가 의로울지라도 내 입이 나를 정죄하리니 내가 순전할지라도 나의 패괴함을 증거하리라". 그러나 하나님은 그를 의인이라고 인정하셨다(겔 14:14,20, 약 5:11).

욥의 생각은 이러하다. 사람이 이 세상에서 자신의 행한 것을 다 보상받는 것은 아니라는 것이다. 그에 비해 친구들은 어떤가? 선에 대한 하나님의 상급을 이 세상에서 받으니 회개하라고 하는 것이다. 그러나 욥은 그것이 아니라고 한다. 욥은 "나는 순전하다마는 내가 나를 돌아보지 아니하고 내 생명을 천히 여기는구나"라고 하였다. 욥은 인간이 하나님의 하시는 일을 다 알지 못한다고 하였다.

"일이 다 일반이라 그러므로 나는 말하기를 하나님이 순전한 자나 악한 자나 멸망시키신다 하나니 홀연히 재앙이 내려 도륙될 때에 무죄한 자의 고난을 그가 비웃으시리라 세상이 악인의 손에 붙이웠고 재판관의 얼굴도 가리워졌나니 그렇게 되게 한 이가 그가 아니시면 누구이뇨"(22-24절). 욥이 이렇게 말함은 하나님의 공의를 의심하는 것이 아니고 그의 판단의 오묘함을 말하는 것뿐이다. 그분의 길을 이해하지 못한다는 것이다. 시편 36편 6절에서도 "주의 판단은 큰 바다와 일반이라"고 하였다.

근간 일본에 쓰나미가 일어나 많은 사람이 죽은 것을 보고 기독교의 어떤 지도자 한 분이 그 원인을 아는 것처럼 말하였다. 나는 그것이 실수라고 생각한다. 우리는 큰 불행을 당할 때 하나님이 도와주시지 않는 것처럼 오해하고 믿음이 약해지기 쉽다. 그러나 우리는 그런 때에 더욱 하나님을 믿을만한 분으로 생각해야 한다. 우리는 사탄이 욥을 시험한 말을 생각해보아야 한다. 사탄은 욥이 까닭 없이 하나님을 경외하는 것이 아니라고 하였다. 우리가 평안하고 좋을 때만 찬양한다면 그것은 참 신앙이 아니다. 우리는 환난을 당할 때도 하나님을 찬송하며 감사할 줄 알아야 한다. 하나님은 그런 찬송을 좋을 때 하는 찬송보다 더 귀하게 들으신다.

9장을 볼 때 비록 욥이 안전하지는 않을지라도 주님의 말씀과 가깝게 나아가고 있다. "가령 내가 말하기를 내 원통함을 잊고 얼굴 빛을 고쳐 즐거운 모양을 하자 할지라 오히려 내 모든 고통을 두려워하오니 주께서 나를 무죄히 여기지 않으실 줄을 아나이다 내가 정죄하심을 입을진대 어찌 헛되이 수고하리이까". 현재의 실정을 해결해보려고 가상적 방법을 생각해보아도 소용이 없다고 말한다. "내가 눈 녹은 물로 몸을 씻고 잿물로 손을 깨끗이 할지라도 주께서 나를 개천에 빠지게 하시리니 내 옷이라도 나를 싫어하리이다"(30-31절). 욥은 아무래도 고통을 면할 길이 없다고 생각한다. 이유는 그가 하나님 앞에 죄인이기 때문이다. 자신의 힘으로 의를 세워봤자 소용이 없다고 말한다. "내 옷이라도 나를 싫어한다"는 것은 스스로 의롭다고 생각하던 자가 하나님으로 말미암아 정체가 드러나게 되면 그의 옷도 그를 미워한다는 것이다. 더욱 자기의 더러움을 느끼게 된다는 말이다.

32-33절은 양척 사이에 손을 얹을 자도 판결자도 없구나 하면서 중보자이신 그리스도를 대망한다.

exposition

1-16절, 욥이 대답하여 가로되 2 내가 진실로 그 일이 그런 줄을 알거니
와 인생이 어찌 하나님 앞에 의로우랴 3 사람이 하나님과 쟁변하려 할지라
도 천 마디에 한 마디도 대답하지 못하리라 4 하나님은 마음이 지혜로우시
고 힘이 강하시니 스스로 강퍅히 하여 그를 거역하고 형통한 자가 누구이
랴 5그가 진노하심으로 산을 무너뜨리시며 옮기실지라도 산이 깨닫지 못하
며 6 그가 땅을 움직여 그 자리에서 미신즉 그 기둥이 흔들리며 7 그가 해를
명하여 뜨지 못하게 하시며 별들을 봉하시며 8 그가 홀로 하늘을 펴시며 바
다 물결을 밟으시며 9 북두성과 삼성과 묘성과 남방의 밀실을 만드셨으며
10 측량할 수 없는 큰 일을, 셀 수 없는 기이한 일을 행하시느니라 11 그가

내 앞으로 지나시나 내가 보지 못하며 그가 내 앞에서 나아가시나 내가 깨닫지 못하느니라 12 하나님이 빼앗으시면 누가 막을 수 있으며 무엇을 하시나이까 누가 물을 수 있으랴 13 하나님이 진노를 돌이키지 아니하시나니 라합을 돕는 자들이 그 아래 굴복하겠거든 14 하물며 내가 감히 대답하겠으며 무슨 말을 택하여 더불어 변론하랴 15 가령 내가 의로울지라도 감히 대답하지 못하고 나를 심판하실 그에게 간구하였을 뿐이며 16 가령 내가 그를 부르므로 그가 내게 대답하셨을지라도 내 음성을 들으셨다고는 내가 믿지 아니하리라

욥이 한 대답을 생각해 보면 욥의 말투가 있다. 욥의 말투는 친구들과 다르다. 욥은 하나님에 대해서 경외하는 것이 있다. 친구들의 말은 그 말 자체에서는 틀린 것이 없어 보이는데, 그러나 욥만큼 하나님을 경외하는 것이 적다. 친구들의 말은 '네가 이렇게 저렇게 하면 하나님도 이렇게 저렇게 해주신다' 고 했다. 마치 하나님이 기계와 같다. 그에 반해 욥의 말은 '그것은 우리가 모르는 거야, 하나님이 어떤 분이신데 우리가 감히 알아?' 라고 했다. 그분의 일을 알 수 없다는 것이다.

엘리바스는 영이 지나가는데 털이 쭈뼛하였고 그때 하나님을 보았다고 했다. 그런데 욥은 11절에서 "그가 내 앞에 지나시나 내가 보지 못하며 그가 내 앞에서 나아가시나 내가 깨닫지 못한다"고 했다. 어떻게 보면 친구들이 영적이고 욥은 그렇지 못한 것같이 보인다. 욥은 아무것도 모른다고 했다.

욥은 15-16절에서 "가령 내가 의로울지라도 감히 대답하지 못하고 나를 심판하실 그에게 간구하였을 뿐이며 가령 내가 그를 부르므로 그가 내게 대답하셨을지라도 내 음성을 들으셨다고는 내가 믿지 아니하리라"고 했다. 그 친구들은 '이렇게 이렇게 하면 응답해 주셔, 해봐!' 라고 했지만 욥은 '응답해 주셨는지 잘 모르겠어.' 라고 한 것이나. 어떤 사람들에게는 욥이 초신자 같고 친구들은 초신자 교육하는 사람같이 보일 것이다. 욥은 지금 엄청난 어려움을 겪고 있다.

하나님은 욥기를 통해서 우리에게 무엇을 알려주시려고 하는가? 하나님은 어떠한 분이신가? 우리는 이것을 알려고 해야 한다.

17-20절, 그가 폭풍으로 나를 꺾으시고 까닭 없이 내 상처를 많게 하시며 18 나로 숨을 쉬지 못하게 하시며 괴로움으로 내게 채우시는구나 19 힘으로 말하면 그가 강하시고 심판으로 말하면 누가 그를 호출하겠느냐 20 가령 내가 의로울지라도 내 입이 나를 정죄하리니 가령 내가 순전할지라도 나의 패괴함을 증거하리라

친구들은 욥더러 '네가 의롭게 되면 하나님이 미약한 너를 나중에는 심히 창대하게 할 것이다' 고 했다. 그러나 욥은 그들의 말에 아멘 한 것도 아니고 창대할 것도 기대하지 않고 "내가 의로울지라도 내 입이 나를 정죄하리니 가령 내가 순전할지라도 나의 패괴함을 증거하리라" 고 했다.

21절, 나는 순전하다마는 내가 나를 돌아보지 아니하고 내 생명을 천히 여기는구나

욥은 자신이 순전하다는 것을 인정한다. 그러나 또 자기를 천히 여긴다고 했다. 자신을 별 것 아닌 인간으로 보는 것이다. '나는 가치 없는 인간이야.' 라는 것이 욥 자신에 대한 인식이다.

22-24절, 일이 다 일반이라 그러므로 나는 말하기를 하나님이 순전한 자나 악한 자나 멸망시키신다 하나니 23 홀연히 재앙이 내려 도륙될 때에 무죄한 자의 고난을 그가 비웃으시리라 24 세상이 악인의 손에 붙이웠고 재판관의 얼굴도 가리워졌나니 그렇게 되게 한 이가 그가 아니시면 누구이뇨

"홀연히 재앙이 내려 도륙될 때에 무죄한 자의 고난을 그가 비웃으시리라" (23절). 이것이 무슨 뜻인가? 22절에서 하나님이 순전한 자나 악한 자나 멸망시키신다고 했다. 이 욥기에서 말씀하시는 하나님은 너무나 기묘하시고 너무 깊으시다는 것을 알 수 있다. 시편 36편 6절에서는 그분의 판단은 바다와 같다고 했다. 바다에 무엇이 사는지 다 알 수 있는가? 다 알 수 없다. 하나님이 하시는 일을 사람이 다 알 수 있는가? 알 수 없다. 근간에 일본에서 쓰나미로, 오래 전 중국 쓰촨성에서 지진으로 왜 그렇게 많은 사람이 죽어야 하는지 알 수가 없다. 나에게 임하는 모든 일들과 모든 어려움을 다 알 수가 없는 것이다.

상담자들같이 사람을 돕겠다는 사람들의 가장 큰 문제는 사람들의 문제 하나하나를 해석해 주고 정의해 준다는 것이다. 당신이 하나님인가? 하나님이나 아실 수 있는 일을 어떻게 사람이 다 안다고 할 수 있는가? 이것을 말해 주는 것이 욥기이다. 이렇게 하나님이 하시는 일을 사람이 알 수 없다는 것을 알기만 해도 사람들이 시험에 들지 않을 것이다. 모르지만 믿는 것이고 모르지만 경외하는 것이고 모르지만 하나님을 사랑하는 것이고 모르지만 하나님을 신뢰하는 것이다. 이런 신앙이 귀하다. 왜냐하면 그분은 하나님이시기 때문이다.

25-31절, **나의 날이 체부보다 빠르니 달려가므로 복을 볼 수 없구나 26 그**
지나가는 것이 빠른 배 같고 움킬 것에 날아내리는 독수리와도 같구나 27
가령 내가 말하기를 내 원통함을 잊고 얼굴 빛을 고쳐 즐거운 모양을 하자
할지라도 28 오히려 내 모든 고통을 두려워하오니 주께서 나를 무죄히 여기
지 않으실 줄을 아나이다 29 내가 정죄하심을 입을진대 어찌 헛되이 수고하
리이까 30 내가 눈 녹은 물로 몸을 씻고 잿물로 손을 깨끗이 할지라도 31 주
께서 나를 개천에 빠지게 하시리니 내 옷이라도 나를 싫어하리이다

욥의 친구들은 '너 회개하고 자신을 깨끗하게 하라' 고 했다. 그리고 '의롭고 깨끗하게 살면 복주고 창대하게 해주실 것이다.' 라고 했다. 그러나 욥은 그렇게 해보아도 나라는 인간은 "눈 녹은 물로 몸을 씻고 잿물로 손을 깨끗이 할지라도 주께서 나를 개천에 빠지게 하시리니 내 옷이라도 나를 싫어할 것이라" 고 했다. '우리 인간은 다 숯검정밖에 없이'

라고 하는 것이다. 이것이 욥이 아는 자신에 대한 인식이다. 욥은 친구들의 말이 자신의 문제를 해결할 수 있을 것으로 들리지 않는 것이다.

32절, 하나님은 나처럼 사람이 아니신즉 내가 그에게 대답함도 불가하고 대질하여 재판할 수도 없고

여기 답이 나왔다. 하나님은 사람이 아니시다. 친구들은 하나님을 사람처럼 생각했다.

33절, 양척 사이에 손을 얹을 판결자도 없구나

욥의 말 속에는 은은하게 복음이 들어있다. 그러나 친구들의 말에는 율법이 가득하다. 지켜야 복이고 안 지키면 하나님께 벌 받는 것이 율법이다. 욥은 '안 되는 것이야, 인간은 씻을 수가 없는 죄인이야.' 라고 말하는 것이다. "양척 사이에 손을 얹을 판결자가 없구나". 누군가가 판결을 해 주면 좋은데 판결해줄 자가 없다고 말한다. 여기에 하나님과 사람 사이에서 판결을 해주면 좋을 중보자가 필요하다는 복음을 은은하게 말해주고 있다. 누군가가 그렇게 안 해주면 우리 인간은 구원이 불가능하다고 말하는 것이다. 욥기도 결국은 우리에게 예수 그리스도를 대망하게 하며 복음의 빛을 서서히 비쳐주고 있다는 것을 알 수 있다. 이 말씀을 듣는 모든 이들에게 하나님의 은혜가 있기를 바라며 하나님을 알고 말씀을 이해하는 데 큰 진보가 있기를 바란다.

34-35절, 주께서 그 막대기를 내게서 떠나게 하시고 그 위엄으로 나를 두렵게 하지 아니하시기를 원하노라 35 그리하시면 내가 두려움 없이 말하리라 나는 본래 그런 자가 아니니라

욥은 이 지점에서 고린도 후서 12장의 사도 바울처럼 자신에게 임한 고난을 제해주시기를 기도한다. "나는 본래 그런 자가 아니니라"는 말은 욥이 원래 그렇게 자기 변명이나 한탄을 하는 자가 아닌데 너무 고난이 크다 보니 이런 말 저런 말 하게 되었다는 뜻이다. 그는 현재 자신이 매맞고 있는 것과 하나님의 위엄으로 인한 두려움으로 구차하게 여러 말을 하고 있노라고 고백하는 것이다.

욥기 10장

preview

욥은 자신의 고난과 하나님의 너무 엄격한 다루심으로 인하여 탄식한다. 과연 영적이라는 것이 무엇일까? 욥은 여기서 자신이 혼란 속에 있음을 시인하고 있다. 그는 무슨 말을 해야 할지를 몰랐고 자신이 무슨 말을 하고 있는지도 모르는 그런 말을 했다. 우리는 욥이 한 말 "내 영혼이 살기에 곤비하니… 내 마음의 곤비한 대로 말하리라" 등을 영적이라고 볼 수 있는가? 오히려 친구들의 말이 교리적으로 더 완벽해 보인다. "하나님이 어찌 심판을 굽게 하시며 전능하신 이가 어찌 공의를 굽게 하겠는가?", "네가 만일 하나님을 부지런히 구하며 전능하신 이에게 빌고 또 청결하고 정직하면 정녕 너를 돌아보시고 네 의로운 집으로 형통케 하실 것이라". 친구들의 말이 보다 성경적이게 보이고 욥은 헤매는 신자같이 보인다.

우리는 고린도 전서 11장에서 사도 바울의 한 말을 생각해볼 수 있다. 그는 그 때 고린도 성도들의 어리석음과 거짓 교사들의 교활한 책동으로 인하여 열을 받은 것처럼 보인다. 그때 그는 자신을 자랑하는 말을 하기도 했다. "내가 지극히 큰 사도들보다 조금도 부족하지 않다", "여러 사람이 육체로 자랑하니 나도 자랑하겠노라". 그는 자기가 어리석은 자라고 하면서 "나로 조금 자랑하게 어리석은 자로 받으라"고 한다. 지금 자기는 주님을 따라 하는 말이 아닌 말을 한다고도 했다. "내가 말하는 것이 주를 따라 하는 말이 아니요 오직 어리석은 자와 같이 기탄없이 자랑하노라". 이런 말들은 모두 솔직한 인간의 말이다. 고난당하는 욥의 말은 비록 혼란스럽고 탄식하며 심지어 정리되지 않은 말을 하고 있지만 그의 말이 친구들의 말보다 주님과 가까운 말이었던 것이다.

1-7절은 자신이 처해 있는 환경을 원망하는 말이며, 8-13절은 자신이 그를 지으신 하나님의 손에 있다는 사실로 자신을 위로하고 있으며 탄원하고 있다. 14-17절은 하나님께서 자신을 너무 가혹하게 다루시는 것이 아니냐고 다시 원망하는 것이며, 18-22절은 결국 죽음만이 자신의 고통을 끝내주리라고 자신을 위로하며 탄식하고 있다.

exposition

1-3절, 내 영혼이 살기에 곤비하니 내 원통함을 발설하고 내 마음의 괴로운 대로 말하리라 2 내가 하나님께 아뢰오리니 나를 정죄하지 마옵시고 무슨 연고로 나로 더불어 쟁변하시는지 나로 알게 하옵소서 3 주께서 주의 손으로 지으신 것을 학대하시며 멸시하시고 악인의 꾀에 빛을 비취시기를 선히 여기시나이까

이 구절을 대하다 보면 욥이 너무나 힘들다 보니까 하나님께 뭔가 푸념을 늘어놓고 있다는 것을 알 수 있다. 자기가 너무 힘들고 기진맥진해 있다는 것이다. "내 원통함을 발설하고"는 원문에서 하나님에 대하여 원망하겠다는 것이 아니라 '자기에 대해서 푸념을 하겠다'는 뜻이다. 3절에도 “주의 손으로 지으신 것을 학대하시며”라고 했는데, 이것은 주님이 자기를 학대하는 것으로 여겨지는데 그것을 시편과 같이 시적으로 표현한 것이다.

4-6절, 주의 눈이 육신의 눈이니이까 주께서 사람의 보는 것처럼 보시리이까 5 주의 날이 어찌 인생의 날과 같으며 주의 해가 어찌 인생의 날과 같기로 6 나의 허물을 찾으시며 나의 죄를 사실하시나이까

하나님께서 사람처럼 육신의 눈으로 자기를 철저히 심사하시는 것 같다고 한다. 그렇기 때문에 이렇게 큰 고난을 주신다고 생각하고 있다.

7-8절, 주께서는 내가 악하지 않은 줄을 아시나이다 주의 손에서 나를 벗어나게 할 자도 없나이다 8 주의 손으로 나를 만드사 백체를 이루셨거늘 이제 나를 멸하시나이다

욥이 극심한 고난 가운데 있기 때문에 하나님이 자기를 멸한다고 생각하고 있다. ‘백체를 이루셨거늘’ 이라는 말은 하나님이 그의 온 몸을 전체적으로 완전하게 훌륭하게 지었다는 것을 말한다. 그렇게 온전하게 지으신 육체를 이제는 멸하신다는 것이다.

9절, 기억하옵소서 주께서 내 몸 지으시기를 흙을 뭉치듯 하셨거늘 다시 나를 티끌로 돌려 보내려 하시나이까

거의 죽을 정도가 되니까 이런 말이 나온다. 욥은 자신이 흙으로 지어진 것을 믿고 있으며 지은 사람을 지으신 분이 왜 파멸시켜 돌아가게 하려는가 하고 묻는다.

10절, 주께서 나를 젖과 같이 쏟으셨으며 엉긴 것처럼 엉기게 하지 아니하셨나이까

욥은 자기 어머니의 태 속에서부터 이렇게 엉긴 것처럼 하지 않으셨느냐는 것이다.

11-12절, 가죽과 살로 내게 입히시며 뼈와 힘줄로 나를 뭉치시고 12 생명과 은혜를 내게 주시고 권고하심으로 내 영을 지키셨나이다

이것이 욥의 인간의 창조에 대한 지식이다. 욥은 인간이 육신으로만 되어 있지 않고 영을 창조하시고 생명과 은혜를 주셔서 살게 하셨다는 것을 알고 있다.

13절, 그러한데 주께서 이것들을 마음에 품으셨나이다 이 뜻이 주께 있은 줄을 내가 아나이다

자기에게 임한 많은 고난을 말하는 것이다. 그러나 욥은 그 모든 고난에 뜻이 있을 줄을 알았다.

14절, 내가 범죄하면 주께서 나를 죄인으로 인정하시고 내 죄악을 사유치 아니하시나이다

범죄한 것들을 하나하나 자기에게 따지시는 것 같다고 생각한다.

15절, 내가 악하면 화가 있을 것이오며 내가 의로울지라도 머리를 들지 못하올 것은 내 속에 부끄러움이 가득하고 내 환난을 묵도함이니이다

욥은 자기 자신이 완전히 의롭다거나 깨끗하다고 생각을 하지 않는다. 의로울지라도 부끄러움이 가득하다는 것을 안다.

16절, 내가 머리를 높이 들면 주께서 사자처럼 나를 사냥하시며 내게 주의 기이한 능력을 다시 나타내시나이다

자신에게 임한 고난을 주님이 사자처럼 자기를 사냥하시는 것 같다고 시적으로 표현했다. 그래서 자기의 육신에 이렇게 고난이 임했다는 뜻이다.

17절, 주께서 자주자주 증거하는 자를 갈마들여 나를 치시며 나를 향하여 진노를 더하시니 군대가 갈마들어 치는 것 같으니이다

이 구절은 이해하기가 어렵다. '갈마들여 나를 친다'는 것은 욥이 고난만 힘든 것이 아니라 욥에게 뭔가 증거하는 자들, 자신의 곤란에 대해서 권면해 주는 친구들의 증언과 책망이 더 어렵게 느껴진다는 것이리라. 욥에게 말로 괴롭히는 자를 계속 보낸다는 것이 '갈마들여'라는 뜻이다. 우리가 하나님으로부터 징계와 고난을 받을 때 한 건만 오는 것이 아니라 계속 새롭게 교대해 온다는 것을 욥기를 통해 배우게 된다. '이것 한번 받아보아라, 저것도 받아보아라.' 하면서 계속 보내오는 것을 말한다. 이것이 하나님께서 우리를 징계하실 때 그분이 허락하신 것이라는 징조이다.

18절, 주께서 나를 태에서 나오게 하셨음은 어찜이니이까 그렇지 아니하였더면, 내가 기운이 끊어져 아무 눈에도 보이지 아니하였을 것이라

이것은 욥이 처음에 입을 열어서 자기의 태어난 것을 저주할 때와 비슷하다.

19-20절, 있어도 없던 것같이 되어서 태에서 바로 무덤으로 옮겼으리이다 20 내 날은 적지 아니하니이까 그런즉 그치시고 나를 버려두사 저으기 평안하게 하옵시되

욥은 자기에게 임한 고난의 징계의 손을 그쳐 달라고 하나님께 호소하고 있다.

21-22절, 내가 돌아오지 못할 땅 곧 어둡고 죽음의 그늘진 땅으로 가기 전에 그리하옵소서 22 이 땅은 어두워서 흑암 같고 죽음의 그늘이 져서 아무 구별이 없고 광명도 흑암 같으니이다

욥에게는 낮도 밤도 즐거울 것이 없고 흑암같이 느껴진다는 것이다.

너무나 힘든 시간을 보내고 있기 때문이다.

욥기 11 장

preview

엘리바스와 빌닷에 이어 소발도 마찬가지로 욥에게 괴로움을 주는 말을 한다. 겉으로 들어볼 때는 틀린 말이 없는 듯하다. 소발은 지금까지의 욥의 말을 들어보고 욥이 아직도 자신의 죄악을 깨닫지 못하고 자신을 하나님 앞에 정당화하고 있다고 말한다. 그러나 하나님은 모든 것을 아시는 흠없는 지혜와 측량할 수 없는 완전함을 갖고 계시기에 사람의 죄악에 대하여 다 보고 계시다고 말한다(악한 일은 상관치 않으시는 듯하나 다 보시느니라). 소발은 욥에게 회개하고 돌이키면 하나님께서 전과 같이 회복시켜 주시며 생명의 날이 대낮같이 되게 해주실 것이라고 말한다. 그러나 회개하지 않으면 기대할 수 없는 것이라고 권고한다.

exposition

1절, 나아마 사람 소발이 대답하여 가로되

처음엔 엘리바스가 나왔고, 그 다음엔 빌닷이 나왔고, 세 번째는 소발이 나왔는데, 세 친구 중에 가장 나이가 적은 사람 같다. 나중에 엘리후가 나오나, 욥의 세 친구 중에서는 소발이 가장 나중에 입을 연다. 그러나 그의 성격은 매우 급한 것 같다.

2절, 말이 많으니 어찌 대답이 없으랴 입이 부푼 사람이 어찌 의롭다 함을 얻겠느냐

욥에 대해서 말이 많다고 한다. '입이 부푼 사람' 이란 말이 많은 사람이라는 뜻이다. 즉 욥이 말뿐인 사람이라고 보는 것이다. 소발은 욥의 말 전체를 무시하고 있다. 소발의 귀에는 욥의 모든 말이 자신을 자랑하는 말로 들렸다.

3절, 네 자랑하는 말이 어떻게 사람으로 잠잠하게 하겠으며 네가 비웃으면 어찌 너를 부끄럽게 할 사람이 없겠느냐

소발은 욥에게 '네 자랑하는 말이 나로 하여금 말하게 한다' 고 한다. 그리고 '너에게 할 말이 있고 부끄럽게 할 말도 있다' 고 한다.

4절, 네 말이 내 도는 정결하고 나는 주의 목전에 깨끗하다 하는구나

소발은 욥이 스스로 의롭다 하고 정결하다고 하며 자신을 자랑하는 것으로 생각하고 있다. 욥은 때때로 자신의 죄인 됨을 고백했다(9:28-31). 욥의 말의 뜻은 현재에 당한 고난의 원인이 될 범행은 없다는 것뿐이다. 그러나 친구들은 이 보는 것이 그의 죄로 인한 재앙이라고 확신하고 말하는 것이다.

5절, 하나님은 말씀을 내시며 너를 향하여 입을 여시고

소발은 그 나름대로 욥을 위해서 기도하고 있다. 소발은 하나님께서 욥이 무죄라고 하는 주장을 반박해주시기를 구하는 것이다. 이렇게 말함으로 욥의 반성을 촉구하는 것이다.

6절, 지혜의 오묘로 네게 보이시기를 원하노니 이는 그의 지식이 광대하심이라 너는 알라 하나님의 벌하심이 네 죄보다 경하니라

'너는 좀 계시가 필요한 사람이야.' 라고 하는 것이다, 그분의 지식이 광대하셔서 욥이 알지 못하는 것이 있다는 말이다. 그 말인즉 '너 지금 고난받고 있는데 네가 지은 죄보다는 이 징계가 더 가벼운 것이야.' 라는 것이다. 이런 말이 욥에게는 해당되지 않지만 일반적으로는 통용될 수 있는 진리이다. 사람은 그가 느끼는 것보다 하나님 앞에서 훨씬 더 많은 죄악을 짓고 있다.

7절, 네가 하나님의 오묘를 어찌 능히 측량하며 전능자를 어찌 능히 온전히 알겠느냐

소발의 말이 전적으로 틀린 것은 아니다. 그러나 이런 말로 욥을 가르침이 맞지 않은 것뿐이다. 소발의 귀에는 욥이 하나님에 대해서 아는 것처럼 이런 저런 이야기를 하며 자기를 자랑하고 의롭다고 하는 것처럼 들리는 것이다.

8절, 하늘보다 높으시니 네가 어찌 하겠으며 음부보다 깊으시니 네가 어찌 알겠느냐

소발은 지금 욥을 가르치고 있다. 이 말을 들어보면 틀린 말이 하나도 없는 것 같다. 그런데 이 말은 욥의 말보다 깊지 않다. 교리적이고 지식적이다. 옳고 그름을 따지는 말이다. 그렇기 때문에 오늘날도 이런 종류의 말을 분별하기가 어려운 것이다. 이런 말은 욥에게 전혀 유익이 되지 않는다.

9절, 그 도량은 땅보다 크고 바다보다 넓으니라

하나님의 도량에 대해서 말하고 있다. 그분이 하늘, 땅, 바다, 음부 등을 지으셨으니 그분의 도량은 마땅히 그것들보다 크다는 말이다.

10절, 하나님이 두루 다니시며 사람을 잡아 가두시고 개정하시면 누가 능히 막을소냐

'개정' 이라는 말은 법정을 연다는 말이다. 하나님께서 법정을 개정하시고 사람을 정죄하시면 그 누구도 그것을 허물할 사람이 없고 복종해야만 하지 않겠냐는 말이다. 이 말은 옳은 말이다. 잠언 25장 5-6절에도 "하나님의 눈에는 달이라도 명랑치 못하고 별도 깨끗하지 못하거든 하물며 벌레인 사람, 구더기인 인생이랴" 고 하였다.

11절, 하나님은 허망한 사람을 아시나니 악한 일은 상관치 않으시는 듯하나 다 보시느니라

소발이 볼 때 욥이라는 사람이 허망해 보인다. 사람은 자신이 고난을 당하지 않으면 그 사람의 내면을 알지 못하는 고로 그 깊이를 알지 못한 채 쉽게 판단하기가 쉽다. 소발은 욥이 자기 자신을 모르고 있다고 생각하고 자기가 많은 죄를 갖고 있으면서도 의롭다고 하는데 사실은 하나님이 '네 죄를 다 알고 계신다' 고 말해 주는 것이다.

12절, 허망한 사람은 지각이 없나니 그 출생함이 들나귀 새끼 같으니라

소발에게는 욥이 허망한 사람이고 들나귀같이 지각이 없는 사람으로 보인다. '나는 죄가 없고 의로운데 왜 하나님은 나를 이렇게 치시는지 모르겠다.' 고 하는 말을 듣고 소발은 '네가 몰라서 그렇지 하나님은 다 알고 계셔, 그래서 너에게 말씀과 빛을 주셨으면 좋겠어.' 라고 말하고 있는 것이다.

13절, 만일 네가 마음을 바로 정하고 주를 향하여 손을 들 때에

욥에게 정식으로 권면하는 것이다. 하나님은 정함이 없는 마음으로 그분께 나아오는 것을 기뻐하지 않으신다. 믿음이란 요동하지 않는 심리를 말하는 것이다. 야고보서 1장 6-8절은 "오직 믿음으로 구하고 조금도 의심하지 말라 의심하는 자는 마치 바람에 밀려 요동하는 바다 물결 같으니 이런 사람은 무엇이든지 주께 얻기를 생각하지 말라 두 마음을 품어 모든 일에 정함이 없는 자로다"고 하였다. 손을 든다는 것은 기도하는 자세를 말한다.

14-15절, 네 손에 죄악이 있거든 멀리 버리라 불의로 네 장막에 거하지 못하게 하라 15 그리하면 네가 정녕 흠 없는 얼굴을 들게 되고 굳게 서서 두려움이 없으리니

욥이 지은 죄악을 회개하고 불의를 버리면 하나님 앞에 흠없는 얼굴을 들게 되고 두려움이 사라지게 되는 법이라고 말한다. 성도들은 자신의 죄를 버려야 할 뿐 아니라 자기의 가정이나 사업이나 심지어 사역 안에서도 불의를 버려야 한다.

16절, 곧 네 환난을 잊을 것이라 네가 추억할지라도 물이 흘러감 같을 것이며

욥이 죄를 지어서 많은 고난을 당하고 있는데 그 죄를 버리고 회개하게 되면 하나님께서 환난을 없애 주신다는 말이다.

17절, 네 생명의 날이 대낮보다 밝으리니 어두움이 있다 할지라도 아침과 같이 될 것이요

회개하면 생명의 날이 대낮보다 밝게 되고 혹 어둠이 있어도 아침처럼 좋게 된다는 것이다.

18절, 네가 소망이 있으므로 든든할지며 두루 살펴보고 안전히 쉬리니

계속해서 소발은 나름대로 희망을 주는 말을 하고 있다. 간단히 말하면 '회개하기만 하면 너 잘 될 거야.' 라는 말이다. '욥이여, 너는 내 말을 잘 듣고 죄를 회개해라, 그러면 너는 잘 될 거야.' 라고 하는 것이다.

19절, 네가 누워도 두렵게 할 자가 없겠고 많은 사람이 네게 첨을 드리리라

누워도 두렵게 할 자가 없고 네게 잘 보이려고 아첨하는 사람이 생기게 될 것이라고 한다. 왜 그런가? 하나님이 다 보호해 주시기 때문이라는 것이다. 두렵게 할 자가 없으므로 담대함이 생기고 또 욥이 잘 될 거니까 욥에게 덕을 보려는 사람이 많이 생기게 될 것이라는 말이다.

20절, 그러나 악한 자는 눈이 어두워서 도망할 곳을 찾지 못하리니 그의 소망은 기운이 끊침이리라

그러나 만일 회개하지 않고 악인 상태 그대로 있으면 눈이 어두워서 도망할 곳도 찾지 못하게 된다고 말한다. '나 소발이 말하는 대로 죄악을 버리고 네 장막 가운데 모든 죄를 없애고 깨끗하게 주님 앞에 회개하면 너는 잘 될 것이지만 네가 만일 악한 상태 그대로 있으면 어두워지고 도망할 곳도 없고 소망은 다 끊어지게 될 거야.' 라고 하는 것이다. 그렇기 때문에 소발 자신의 말을 잘 들으라는 것이다.

욥기 12장

preview

12-13장에서는 욥이 소발에게 하는 대답을 듣는다. 욥은 그들 스스로 안다고 하는 자만을 비난하고 있다. 욥은 친구들이 지혜를 그들만 갖고 있는 독점 소유물로 여기는 듯한 태도를 책망한다. 욥은 자신도 지혜의 선물을 나누어 가졌고 그들만 못하지 않다고 말하고 있다. 욥은 그들이 자신을 업신여기는 것을 원망하고 있다.

거만하고 스스로를 과대평가하는 자들은 보통 그들 주위에 있는 모든 사람을 멸시하기가 쉽다. 욥을 비통하게 만든 것은 친구들이었다. 욥의 고난은 환경과 재앙과 몸의 고통뿐 아니라 친구들의 멸시와 정죄였다. 시편에는 주님에 대한 예언의 말씀이 있다. "나를 책망한 자가 원수가 아니라 원수일찐대 내가 참았으리라 그러나 그가 곧 너로다. 나의 동류, 나의 동무요 나의 가까운 친우로다"(시 55:12, 13). 욥은 그 이유가 그들이 부유하고 편하기 때문이라고 판단했다. 따라서 궁핍과 고난 속에 있는 욥을 멸시한 것이다. 욥은 악인들이 세상에서 형통한다는 사실을 제시하면서 악인은 세상에서 망한다는 그들의 주장을 반박하는 동시에

도전하고 있다. 욥은 인간 자손과 그 모든 일들을 주관하시는 하나님의 지혜와 통치에 대하여 그들이 말한 것에 동의하고 있다. 그는 이 사실을 확증하며 설명한다.

exposition

1-2절, 욥이 대답하여 가로되 2 너희만 참으로 사람이로구나 너희가 죽으면 지혜도 죽겠구나

여기서 욥은 친구들의 업신여김에 대하여 항변한다. "너희가 죽으면 지혜도 죽겠구나"라고 했다. 지금 욥은 '너희 자신들에게만 지혜가 있다고 생각하니 너희는 진짜 지혜 있는 사람이 아니라 스스로 자기들을 지혜롭게 여기는 사람이다.' 라고 말한다. 친구들이 한 번 말하고 욥이 항변하면서 장군 멍군 하는 것이다. 잠언 26장 12절에 "네가 스스로 지혜롭게 여기는 자를 보느냐 그보다 미련한 자에게 오히려 바랄 것이 있느니라"고 했다. 성도들은 진리가 아닌 문제에서는 침묵하며 양보하기를 배워야 한다. 그러나 진리에 관하여는 진리가 가리워지고 의리가 서지 못할 경우 변론도 사양치 말아야 한다.

3절, 나도 너희같이 총명이 있어 너희만 못하지 아니하니 그 같은 일을 누가 알지 못하겠느냐

그 정도는 나도 안다는 말이다. 욥의 이 말은 영적이지 않은 것 같고 상대방의 말을 되받아치는 것 같다. 그러면 무엇이 참된 영성이고 참된 것인가? 그것을 알기가 어렵다. 고린도 후서 11장을 읽어 보라. 사도 바울은 거기서 '내가 육체를 따라서 말한다', '내가 정신없는 말을 한다', '내가 말하는 것은 주를 따라 말하는 것이 아니라 어리석은 자와 같이 기탄없이 자랑한다' 라고 했다. 무엇이 참된 영적인 말인가? '그 사람들이 이스라엘 사람이냐? 나도 이스라엘 사람이다, 그 사람들이 히브리인이냐? 나도 히브리인이다, 나도 육체를 따라 자랑하겠다.' 고 했다. 그런데 그 사도 바울의 말이 성경이 되었고 하나님의 말씀이 되었다.

우리가 생각하기에 영적이란 온유한 말을 사용한다거나 어떤 일에도 침묵하고 소위 도수장으로 끌려가는 어린양같이 아무 말도 안 하는 것이라고 생각한다. 주님도 때로 잠잠하시고 말씀하지 않으셨다. 이사야는 "그가 곤욕을 당하여 괴로울 때에도 그 입을 열지 아니하였음이여 마치 도수장으로 끌려가는 어린 양과 털 깎는 자 앞에 잠잠한 양같이 그 입을 열지 아니하였도다"라고 했다(사 53:7). 그러나 때로는 주님도 대답하실 때가 있으셨다. 무조건 침묵하는 것이 좋은가? 그렇지 않다. 주님도 침묵하실 때가 있지만 답변하실 때도 있으셨다. 만일 우리가 침묵함으로 진리가 가리워지고 거짓이 퍼져나가서 힘을 얻게 된다면 그것은 잘하는 것이 아니다. 그럴 때는 참된 말을 해야 한다.

여기서 욥의 친구들의 말은 옳지 않았다. 왜냐하면 나중에 하나님께서 욥의 친구들을 책망하셨기 때문이다. '너희는 욥만 못하고 또 너희는 욥에게 잘못했다.' 고 하셨다. 그들의 모든 말을 부정하셨다. 욥 또한 그들의 말이 일리가 있게 들리기는 하지만 인정하지 않았다. '너희들만 아는 것이 아니라 나도 알아, 그런데 너희들은 내 사정을 진정으로 모른다.' 고 한 것이다. 그들은 욥을 안다고 생각했다. 그래서 욥에게 해 줄 말이 많다고 생각하여 많은 말을 한 것이다. 욥은 그들의 말을 듣지 않고 오히려 그들에게 말해주었다. "그 같은 일을 누가 알지 못하겠느냐".

4절, 하나님께 불러 아뢰어 들으심을 입은 내가 이웃에게 웃음 받는 자가 되었으니 의롭고 순전한 자가 조롱거리가 되었구나

이것은 욥이 하는 말이다. 욥은 하나님과 교통이 있는 사람이다. 사도 바울도 천사와 사람들에게 웃음거리가 됐고 만물의 찌끼가 되었다고 했다. "내가 이웃에게 웃음 받는 자가 되었으니 의롭고 순전한 자가 조롱거리가 되었구나". 비천한 자가 되었다는 뜻이다.

5절, 평안한 자의 마음은 재앙을 멸시하나 재앙이 실족하는 자를 기다리는구나

실족케 되는 사람은 평안이 거하는 자들의 업신여김이 된다고 했다. 아무리 의로운 사람일지라도 그가 환난에 빠지면 평안이 거하는 자들의 조소거리가 된다는 것이다. 여러분이 의로운 사람인데 어느 날 환난에 빠지면 사람들이 조소거리가 되고 만다.

6절, 강도의 장막은 형통하고 하나님을 진노케 하는 자가 평안하니 하나님이 그 손에 후히 주심이니라

욥의 말은 하나님이 의인만 형통하게 하시는 것이 아니라 악인도 잘되게 하신다는 것이다. 하나님이 그분을 진노케 하는 자에게도 평안을 주시고 강도의 장막도 형통케 하신다고 했다.

7-9절, 이제 모든 짐승에게 물어 보라 그것들이 네게 가르치리라 공중의 새에게 물어 보라 그것들이 또한 네게 고하리라 8 땅에게 말하라 네게 가르치리라 바다의 고기도 네게 설명하리라 9 이것들 중에 어느 것이 여호와의 손이 이를 행하신 줄을 알지 못하랴

말하자면 짐승들한테 물어봐도 다 알 것이라고 한다. 착한 짐승은 악하고 깡팍하고 교활한 짐승에게 잡아먹힌다. 고약하고 못된 짐승은 평안하게 먹는다. 그래서 욥이 친구들에게 '너희들, 나더러 잘못했으니까 회개하라고 하는데 그게 그렇지 않아. 그 정도는 나도 알고 있어. 그것 말고도 이 세상에는 비밀스러운 것이 너무 많아.' 라고 하는 것이다.

10절, 생물들의 혼과 인생들의 영이 다 그의 손에 있느니라

생물들에게는 혼이라는 말을 썼고 인생들에게는 영이라는 말을 썼다. 삼분설은 사람에게 영과 혼과 몸이 있다고 말하고 이분설은 영과 몸이 있다고 말한다. 사람에게만 있는 영으로 하나님과 교통할 수 있고 하나님을 접할 수 있는 것이다.

11절, 입이 식물의 맛을 변별함같이 귀가 말을 분변하지 아니하느냐

식물은 맛을 보면 알 수 있다. 귀도 무슨 말을 들으면 다 분변한다. "입이 식물의 맛을 변별함같이 귀가 말을 분변하지 아니하느냐". 이것은 무슨 뜻인가? 너희들의 말은 이미 내가 다 분변하여 알고 있다는 뜻이다.

12-13절, 늙은 자에게는 지혜가 있고 장수하는 자에게는 명철이 있느니라 13 지혜와 권능이 하나님께 있고 모략과 명철도 그에게 속하였나니

욥은 어떻게 생각하는가? 지혜와 명철은 하나님께 있다는 것이다. 욥의 생각에 친구들은 자기들이 지혜가 있는 것처럼 말한다는 것이다. 대부분의 사람들은 자신들이 지혜가 있다고 생각하여 남에게 말해주려고 한다. 그러나 욥은 우리는 알 수 없고 하나님만이 아신다고 말한다. 늙은 자에게 지혜가 있고 명철이 있지만 사실은 지혜와 권능은 하나님께 있는 것이다. 하나님이 알려 주시면 젊은 사람도 늙은 사람보다 더 지혜가 있게 되는 것이다. 말하자면 플라톤이나 아리스토텔레스보다 더 지혜롭게 될 수 있다는 말이다.

14-25절, 그가 헐으신즉 다시 세울 수 없고 사람을 가두신즉 놓지 못하느니라 15 그가 물을 그치게 하신즉 곧 마르고 물을 내신즉 곧 땅을 뒤집나니 16 능력과 지혜가 그에게 있고 속은 자와 속이는 자가 다 그에게 속하였으므로 17 모사를 벌거벗겨 끌어가시며 재판장으로 어리석은 자가 되게 하시

**며 18 열왕의 맨 것을 풀어 그들의 허리를 동이시며 19 제사장들을 벌거벗
겨 끌어가시고 권력이 있는 자를 넘어뜨리시며 20 충성된 자의 말을 없이
하시며 늙은 자의 지식을 빼앗으시며 21 방백들에게 멸시를 쏟으시며 강한
자의 띠를 푸시며 22 어두운 가운데서 은밀한 것을 드러내시며 죽음의 그
늘을 광명한 데로 나오게 하시며 23 만국을 커지게도 하시고 다시 멸하기
도 하시며 열국으로 광대하게도 하시고 다시 사로잡히게도 하시며 24 만민
의 두목들의 총명을 빼앗으시고 그들을 길 없는 거친 들로 유리하게 하시
며 25 빛 없이 캄캄한 데를 더듬게 하시며 취한 사람같이 비틀거리게 하시
느니라**

친구들은 하나님이 의로운 자에게는 복을 주시고 죄인은 벌하신다는 논리를 갖고 있는데, 욥은 하나님의 세계는 우리가 알지 못한다고 한다. 어떤 일을 하나님이 왜 이렇게 하시는지 알지 못한다는 것이다. 그런데 친구들은 너무나 분명하게 아는 것처럼 말했다. 친구들처럼 하나하나 꼬집어서 말해 주는 것하고 욥처럼 하나님이 하시는 일은 사람이 잘 모른다고 하는 것, 어떤 말이 더 유익하고 받을 만한 말인가? "빛 없이 캄캄한 데를 더듬게 하시며 취한 사람같이 비틀거리게 하시느니라" (25절).

사도 바울은 어리석은 자가 결국 지혜롭게 된다고 했다. 고린도 전서 3장 18절에는 "누구든지 이 세상에서 지혜 있는 줄로 생각하거든 미련한 자가 되어라 그리하여야 지혜로운 자가 되리라"고 했다. 여기서 우리는 육적인 자와 영적인 자의 구분을 본다. 우리가 어떤 사람의 말을 들어보면 '아, 이 사람은 가벼운 사람이구나. 아직 하나님을 깊이 모르는구나.' 하는 것을 알게 된다. 아직 주님 안에서 깊지 않은 사람들은 모든 것을 아는 것처럼 이야기한다. 이런 사람은 아직 알 것을 모르는 사람이다. 어린 사람이다. 이것이 고린도 전서 8장 1절의 말씀이다. "형제들아 내가 신령한 자들을 대함과 같이 너희에게 말할 수 없어서 육신에 속한 자 곧 그리스도 안에서 어린 아이들을 대함과 같이 하노라".

그러면 영적인 사람은 어떤 사람인가? 아직 잘 모르겠다고 하는 사람이다. '나는 잘 모릅니다.' 하면서 주님께 기도하고 의뢰하는 사람이다. 욥은 고통스러우니까 하나님 앞에서 하소연하는 것이지 자기의 상황을 분석하고 알려고 한 것이 아니다. 그러므로 친구들이 하는 말이 아무 도움이 되지 않았다.

욥기 13장

preview

욥은 그의 친구들의 조언에서 깨달은 것이 없다고 말한다. 욥은 논쟁이 된 문제점을 잘 이해하고 있으며 그들에게 가르침 받을 필요가 없는 자로서 그들에게 도전하고 있다. "너희 아는 것을 나도 아노니", "지혜에 있어서 너희만 못한 내가 아니니라". 3절에서 욥은 대상을 친구들에게서 하나님께로 향하고 있다. "참으로 나는 전능자에게 말하려 하고 하나님과 변론하려 하노라". 욥은 친구들이 그를 부당하고 무자비하게 다룬 것에 대하여 정죄한다. "너희는 거짓말을 지어내는 자요 쓸데없는 의원이니라". 욥은 그들에게 말을 좀 그치면 덕이 될 것이라고 충고한다. "너희가 잠잠하기를 원하노라 이것이 너희의 지혜가 될 것이니라".

우리는 많은 때 말을 하지 않는 것이 사람들에게 유익하다는 것을 알아야 하겠다. 하나님을 위하여는 대변자가 필요없다고 말한다. 욥은 그들을 하나님의 심판에 대한 두려움으로 일깨워서 그들로 하여금 온화한 마음을 갖도록 노력하고 있다. 13장 후반에서 욥은 자신의 양심의 증거를 고수하려는 결심을 말한다. "무슨 일이 임하든지 내가 당하리라". 그러면서도 그의 고통과 비참함이 극심한 것을 원망한다. "내가 어찌하여 내 살을 내 이로 물겠으며 내 생명을 내 손에 두겠느냐".

그는 하나님 안에서 자신을 위로하며 자신에 대한 확신을 여전히 지키고 있다. "그가 나를 죽이실지라도 내가 그를 의지하리라". 또 기도로 하나님께 말씀드리고 주님의 답을 들을 준비가 되어 있다고 고백한다. 이것이 친구들과 구별된 욥의 신앙이다. 욥은 그의 일을 계속 주관적으로 하나님께 가져가지만 친구들은 모든 것을 지식과 체험의 한계 안에서 욥에게 권고하는 식이다. "나로 말씀하게 하옵시고 주는 내게 대답하옵소서". 욥은 하나님께서 냉혹하게 자신을 다루신 것을 슬퍼하고 원망하고 있다.

그는 오래 전에 지은 죄를 회고하지만 이런 징계가 그 죄로 인한 것임을 시인하기는 어려웠다. "주께서 나를 대적하사 괴로운 일들을 기록하시며 나로 나의 어렸을 때에 지은 죄를 받게 하시오며". 욥은 시련을 당하면서 잊었던 옛 죄가 생각난 것이 사실이다. 그는 그런 실수와 과실을 이처럼 엄격하게 지적하며 혹독하게 비난하는 것은 가혹하다고 생각한다. "내 발을 착고에 채우시며 나의 모든 길을 살피사 내 발자취를 한정하시나이다". 이러한 욥의 느낌은 사실이 아니다. 이것은 욥이 빠진 깊은 수렁의 느낌에서 나온 말로 해석한다. 그렇지만 우리가 이러한 고난을 통해 우리의 모든 죄과를 발견해 내는 것은 나쁜 것이 아니다. 욥은 하나님의 무거운 손 밑에서 자신이 후패되어감을 발견하고 있다. 썩는 물건 같다고 했다. 바울은 우리 겉사람이 후패해 간다고 했다. 시간이 지날수록 특히 주님의 징계 아래 있을 때 사람은 닳아 없어지는 것같이 후패하게 된다.

exposition

1-2절, 나의 눈이 이것을 다 보았고 나의 귀가 이것을 듣고 통달하였느니라 2 너희 아는 것을 나도 아노니 너희만 못한 내가 아니니라

욥은 '너희들이 아는 거 나도 다 알고 있다, 너희들의 말에는 새로운 것이 하나도 없다.' 고 말한다.

오늘날도 마찬가지다. 다른 사람은 모르고 자기만 잘 아는 줄 알고 이야기해 주는 사람들이 많은데 이것이 문제다.

3절, 참으로 나는 전능자에게 말씀하려 하며 하나님과 변론하려 하노라

욥은 '나는 너희들하고 말하고 싶지 않고 하나님과 말하고 싶다.' 고 한다.

4절, 너희는 거짓말을 지어내는 자요 다 쓸데 없는 의원이니라

지금까지 친구들이 말한 것을 보면 성경적으로 틀린 것이 하나도 없는 것 같다. 그러나 그것으로는 사람을 못 고친다. 인간의 영혼은 그를 지으신 하나님만이 고칠 수 있다. 사람은 고칠 수 없는 것이다. 시편 41편 4절에서 다윗은 "여호와여 나를 긍휼히 여기소서 내가 주께 범죄하였사오니 내 영혼을 고치소서"라고 했다. 우리의 영혼을 고칠 분은 우리를 지으신 하나님뿐이다. 욥의 친구들은 자기들의 지혜를 과시하려는 인상을 주었다. 자기들은 다 안다는 식으로 말했다. 욥을 다 알아서 고쳐주겠다는 것이다. 그러나 욥이 하고 싶은 말은 '인간의 영혼을 고칠 수 있는 분은 하나님 한 분이시다. 너희들은 쓸데없는 의원이다.' 라고 했다.

5절, 너희가 잠잠하고 잠잠하기를 원하노라 이것이 너희의 지혜일 것이니라

42장에 가서 결론적으로 하나님은 욥이 한 말이 친구들의 말보다 낫다고 하셨다. 이것을 기억하기 바란다.

욥은 친구들이 잠잠하기를 바랐다. 하나님께서는 '너희가 잠잠하다면 지혜자가 될 것이다.' 라고 말씀하시는 것이다.

6-7절, 너희는 나의 변론을 들으며 내 입술의 변명을 들어보라 7 너희가 하나님을 위하여 불의를 말하려느냐 그를 위하여 궤휼을 말하려느냐

친구들이 욥에게 권면한다고 한 말들은 다 불의이다. 왜 그런가? 그것은 욥이 죄를 지어서 징계받는 것이 아니기 때문이다. 그렇기 때문에 그렇게 말하는 것은 불의요 궤휼이다.

8절, 너희가 하나님의 낯을 좇으려느냐 그를 위하여 쟁론하려느냐

"하나님의 낯을 좇으려느냐". 이 말은 어려운 말인데 '너희가 하나님 편을 드는 것처럼 말하거나 너희들만 하나님을 위하는 것처럼 하지 말라' 는 것이다. "마치 하나님의 공의가 맑지 못하여 닦여질 필요가 있는 것처럼 너희가 하나님을 위하여 쟁론하려고 하느냐"는 말이다. 하나님의 주장은 이미 의로우시므로 그것을 지지하는 사람의 도움이 필요치 않다는 뜻이다.

9절, 하나님이 너희를 감찰하시면 좋겠느냐 너희가 사람을 속임같이 그를 속이려느냐

욥은 친구들이 자기를 속이고 있다고 생각한다. 욥의 말은 이런 뜻이다. "너희가 나를 편견으로 이렇게 취급하는데 나를 속이는 것같이 하나님도 속이겠느냐?" 그들은 하나님의 의로우심을 증거한다는 구실로 욥을 괴롭히면서 자신들은 당당한 것처럼 욥을 악한 자로 정죄하고 있는 것이다. 그러한 그들의 주장은 허위이며 거짓이다.

10-12절, 만일 가만히 낯을 좇을진대 그가 정녕 너희를 책망하시리니 11 그 존귀가 너희를 두렵게 하지 않겠으며 그 위엄이 너희에게 임하지 않겠느냐 12 너희 격언은 재 같은 속담이요 너희의 방어하는 것은 토성이니라

'낯을 좇는다' 는 말은 편파적으로 한 편을 드는 것을 말한다. 세 친구는 욥을 무시하고 하나님만 위하는 것처럼 하지만 사실 그렇게 하면 하나님이 그들을 책망하시리라고 한다. "그 존귀가 너희를 두렵게 하지 않겠으며"란 뜻은 이처럼 너희가 편파적이며 거짓으로 나를 대하다가 하나님을 뵙는다면 위엄과 존귀에 계신 하나님이 두렵지 않겠느냐는 것이다. "너희 격언은 재 같은 속담이요 너희의 방어하는 것은 토성이니라". 재는 다 타고 남은 것을 말한다. 토성은 전쟁에서 이길 수 없는, 힘이 없는 것을 말한다. 욥은 세 친구가 자신을 책망한 격언 같은 말들이 바람에 날아가는 재 같은 무가치한 속담이나 말들이라고 한다.

13절, 너희는 잠잠하고 나를 버려두어 말하게 하라 무슨 일이 임하든지 내가 당하리라

"나를 버려두어". 이 말은 굉장히 중요한 말이다. 왜 중요한가? 12절에서 친구들의 말이 다 무가치하다고 했다. '재 같은 속담이요 방어하는 토성 같다' 고 했다. 13절의 이 말은 '나는 너희의 말을 듣고 움직일 사람이 아니니까 나를 그냥 버려두라' 는 것이다. '더 이상 나를 속 썩이지 말고, 무슨 일을 당하든지 내가 당할 거니까 내버려두라.' 는 것이다. 이 말이 어떻게 보면 자기를 신뢰하는 것처럼 들리겠지만 실상은 그런 말이 아니다.

진정으로 영적인 사람이 되려면 하나님 앞에 독립적인 사람이 되어야 한다. 자신의 발로 자기가 서야 하는 것이다. 다윗이 그런 사람이었다. 시편 3편 6절에서 다윗은 "천만 인이 나를 둘러치려 하여도 나는 두려워 아니하리이다"라고 했다. 시편 27편 1-3절에서는 "여호와는 나의 빛이요 나의 구원이시니 내가 누구를 두려워하리요 여호와는 내 생명의 능력이시니 내가 누구를 무서워하리요 나의 대적, 나의 원수 된 행악자가 내 살을 먹으려고 내게로 왔다가 실족하여 넘어졌도다 군대가 나를 대적하여 진 칠찌라도 내 마음이 두렵지 아니하며 전쟁이 일어나 나를 치려 할찌라도 내가 오히려 안연하리로다"라고 했다. 다윗은 절대 흔들리지 않는다는 것이다.

욥은 '하나님 앞에서 내 자신의 문제는 내가 해결할 일이다.' 라고 한 것이다. 이것이 욥의 답변이다. 어떤가? 누가 뭐라고 하면 금방 그 말에 속아 넘어가서 이리저리 헤매고 다니는 것은 어린 아이의 신앙이다. 성숙하고 건강하고 온전한 신앙인이 되려면 욥이 말하는 것처럼 '무슨 일을 당하든지 내가 해결한다.' 는 정신이 있어야 한다. 그럴 때에 그 사람은 주님 앞에 서는 것이다. 어린 아이 같다는 것은 무엇인가? 그 특징이 바람에 흔들리는 것이다. 에베소서 4장의 말씀처럼 교훈의 풍조에 밀려 요동하는 것이다. "이는 우리가 이제부터 어린 아이가 되지 아니하여 사람의 궤술과 간사한 유혹에 빠져 모든 교훈의 풍조에 밀려 요동치 않게 하려 함이라"(엡 4:14). 그러면 성숙한 사람의 표시는 무엇인가? 교훈의 바람이나 파도에 밀리지 않고 하나님 앞에 서 있는 것이다.

우리는 이러한 사람을 하나 만날 때 너무 기쁘다. 그런 사람 하나가 이 지구상에 서 있을 때 금 은 보화를 얻은 것 같다. 우리가 그렇게 기쁘다면 하나님은 얼마나 기쁘시겠는가? '여기에 교회의 기둥이 하나 서 있다.' 라고 하실 것이다. 그런 사람은 그 누구도 속일 수가 없고 넘어뜨릴 수가 없다.

14절, 내가 어찌하여 내 살을 내 이로 물고 내 생명을 내 손에 두겠느냐

이런 말도 굉장히 강한 표현이다. 고통을 참기 위해서 자기 이빨로 자기 살을 물고 자기 생명을 애지중지해서 모험을 하지 못하겠느냐는 뜻이다.

15-16절, 그가 나를 죽이시리니 내가 소망이 없노라 그러나 그의 앞에서 내

행위를 변백하리라 16 사곡한 자는 그의 앞에 이르지 못하나니 이것이 나의 구원이 되리라

이 말씀은 히브리어이기 때문에 잘 이해를 해야 한다. 원문을 번역하면 "그가 나를 죽이실지라도"이다. 즉 나는 그분을 절대적으로 믿는다는 말이다. "그가 나를 죽이실지라도 이것이 나의 구원이 되나니 그 이유는 사곡한 자는 그의 앞에 이르지 못하기 때문이다". 이렇게 번역에서 차이가 난다. 욥은 모든 문제를 친구들의 말을 듣고 해결할 것이 아니고, 자신이 죽음에 이를지라도 자신의 간절한 마음은 옳고 그름이 아니라 죽기 살기라는 것이다. 자신의 생명을 담보로 하여 결전을 벌이고 있다는 것이다. 신앙이란 이렇게 절대적인 것이다. 그렇게 가볍게 지식적으로 이렇고 저렇고 말하는 것이 아니라는 말이다.

우리의 신앙은 하나님 앞에 목숨을 내놓고 가는 문제이다. '너희들 말은 나한테 하나도 도움이 안 되는 말이다.' 라고 하는 것은, '너희 말이 겉으로 들을 때는 다 그럴듯하지만 사실 그런 게 아니다. 회개를 하면 조금 낫게 되는 그런 상황이 아니다.' 라는 말이다. 지금 욥은 죽을지라도 하나님 앞에서 일을 처리하고 싶다는 것이다. 자기가 믿어서 어떤 상황에서도 서겠다는 것이다. 많은 사람들이 왜 그러한 지식적인 말을 하는가? 죽을까봐 두려워서이다. 그런데 욥은 '내가 죽을지라도 하나님을 믿겠다.' 는 신앙을 갖고 있다.

많은 사람들이 하나님께서 친절하게 대우해 주실 때는 잘 믿는다. 그런데 하나님이 자신을 적대하신다고 생각할 때는 믿기를 어려워한다. 그러나 욥은 하나님이 자기를 죽이신다 할지라도 자신은 하나님을 믿는다고 했다.

친구 사이도 어떤 사이가 좋은 사이인가? 서로 잘해줄 때는 나 좋은데 나를 힐뜯고 힘들게 하는 것 같을 때 생각이 달라진다면 좋은 사이가 아니다. 상황이 그렇게 돼서 그런 것이지 그 친구는 그렇게 하려고 한 것이 아니다. 그 마음은 변한 게 하나도 없다. 그런데 그 친구를 신뢰하지 못하는 것이다.

여러분, 하나님이 변하실 리가 있겠는가? 그럴 리 없다. 욥의 상황이 꼭 그와 같았다. 그러나 욥은 그렇다 할지라도 하나님을 믿고 죽겠다는 것이 그의 신앙이었다. 그러면 어떤 친구가 좋은 친구인가? 그렇다 하더라도 그럴 리 없다고 생각하고 믿는 사람이 좋겠는가, 아니면 그 행위와 벌어진 상황을 판단하고 '아, 이 친구는 틀렸네.' 라고 하는 것이 좋겠는가? 그러면 하나님은 어떠시겠는가?

여러분의 신앙이 이렇게 욥의 신앙 정도까지 도달해 있다면 얼마나 좋겠는가! 한 사람이라도 이런 사람이 나온다면 얼마나 좋겠는가!

17-18절, 너희는 들으라 내 말을 들으라 나의 설명을 너희 귀에 담을지니라 18 보라 내가 내 사정을 진술하였거니와 내가 스스로 의로운 줄 아노라

욥은 하나님 앞에 의롭다고 자신하는 사람이다. 바울이 이러한 사람이었다. '나는 아무의 은이나 금이나 의복을 탐한 적이 없고 내 손으로 일을 해서 살았고 내가 옳고 흠 없게 행하였는데 여러분이 그 증인이다.' 라고 했다. '사람이 어떻게 흠이 없을 수 있는가' 라는 식으로 말하는 사람이 되지 말아야 한다. 적어도 하나님 앞에서 '나는 지금까지 남의 돈 뺏으려고 살지 않았어, 누구한테 해를 끼치려고 살지 않았어.' 라는 양심의 증거가 속에 있어야 좋은 것이다. 바울이 그랬다. 그는 범사에 양심을 따라 살았다고 했다. "바울이 공회를 주목하여 가로되 여러분 형제들아 오늘날까지 내가 범사에 양심을 따라 하나님을 섬겼노라 하거늘"(행 23:1). 어떻게 그런 말을 할 수 있는가? 그렇게 살아야 좋고 정상이다. 그리스도인은 그래야 정상이다.

19-28절, 나와 변론할 자가 누구이랴 그러면 내가 잠잠하고 기운이 끊어지리라 20 오직 내게 이 두 가지 일을 행하지 마옵소서 그리하시면 내가 주

의 얼굴을 피하여 숨지 아니하오리니 21 곧 주의 손을 내게 대지 마옵시며
주의 위엄으로 나를 두렵게 마옵실 것이니이다 22 그리하시고 주는 나를
부르소서 내가 대답하리이다 혹 나로 말씀하게 하옵시고 주는 내게 대답하
옵소서 23 나의 불법과 죄가 얼마나 많으니이까 나의 허물과 죄를 내게 알
게 하옵소서 24 주께서 어찌하여 얼굴을 가리우시고 나를 주의 대적으로
여기시나이까 25 주께서 어찌하여 날리는 낙엽을 놀래시며 마른 검불을 따
르시나이까 26 주께서 나를 대적하사 괴로운 일들을 기록하시며 나로 나의
어렸을 때에 지은 죄를 받게 하시오며 27 내 발을 착고에 채우시며 나의 모
든 길을 살피사 내 발자취를 한정하시나이다 28 나는 썩은 물건의 후패함
같으며 좀먹은 의복 같으니이다

이것은 욥이 너무 고통스러운 가운데서 하나님께 탄식하는 말이다. 다윗의 시편을 읽든지 욥기를 읽든지 한 가지 발견할 수 있는 공통점이 있는데, 그것은 모든 상황을 가지고 하나님 앞에 나아가는 것이다. 이것이 참으로 인상적이다. '하나님, 저한테 왜 이러세요.' 이러한 말이 괜찮은 것이다. 하나님을 경외하는 마음만 있으면 괜찮은 것이다. 그 자세가 너무나 좋은 자세이다. 23절에서 말하지 않았는가? "나의 불법과 죄가 얼마나 많으니이까 나의 허물과 죄를 내게 알게 하옵소서". 키 포인트는 여기에 있다. 이것이 욥의 신앙이다. 여러분, 우리 스스로 우리의 죄를 알 수 있을 것 같은가? 친구들이 말해 준다고 알 수 있을 것 같은가?

요한복음 16장에 보면 성령께서 오시면 죄에 대하여 우리를 심판하신다고 했다. "그가 와서 죄에 대하여, 의에 대하여, 심판에 대하여 세상을 책망하시리라"(요 16:8). 사람이 알려줘서 아는 죄는 속에서 그렇게 뼈저리게 느껴지지 않는다. 성령께서 어느 날 우리 자신을 알려주고 우리의 죄를 깨닫게 해주실 때에야 비로소 '아! 내가 죄인이구나!' 라고 깨닫게 되는 것이다. '아! 내가 잘못했구나' 라고 깨달을 때에라야 진정한 회개가 있게 된다.

사람들은 하나님을 모른다. 성령이 우리를 회개하게 하신다. 욥에게는 이런 고난을 통해서 느끼게 하시고 깨닫게 하시는 것이다. 이 모든 것은 성령이 하시는 것이다. '아, 내가 잘못했구나!' 하며 깊이 깨닫고 회개의 눈물을 흘리게 하는 분은 성령이시다. 사람의 충고가 통할 것 같은가? 사람이 나를 지적해서 변화가 될 것 같은가? 변화되지 않는다. 그것은 종이칼이기 때문이다. 안 된다. 진짜 칼이라야 잘라지든지 쪼개어지든지 한다. 성령의 검이 우리 속을 찌를 때에라야 거기서 거꾸러지는 것이다. 하나님만이 치료자이시고 하나님만이 우리를 고치신다.

다윗도 기도를 이렇게 했다. "자기 허물을 능히 깨달을 자 누구리요 나를 숨은 허물에서 벗어나게 하소서"(시편 19:12). 사람들은 성령의 역사가 아니고는 자기 죄를 죄로 여기지 아니하고 가볍게 여긴다. 그러나 성령이 우리 안에서 역사하시면 죄에 대하여 통절하게 깨닫게 된다. 그리고 회개하게 된다. 시편 38편 2-5절에서 "주의 살이 나를 찌르고 주의 손이 나를 심히 누르시나이다 주의 진노로 인하여 내 살에 성한 곳이 없사오며 나의 죄로 인하여 내 뼈에 평안함이 없나이다 내 죄악이 내 머리에 넘쳐서 무거운 짐 같으니 감당할 수 없나이다 내 상처가 썩어 악취가 나오니 나의 우매한 연고로소이다"라고 했다. 성령께서 그 사람의 죄악을 가르쳐 주셨기 때문에 이러한 고백이 나올 수 있는 것이다. 시편 51편 3절, "대저 나는 내 죄과를 아오니 내 죄가 항상 내 앞에 있나이다". 51편 17절, "하나님의 구하시는 제사는 상한 심령이라 하나님이여 상하고 통회하는 마음을 주께서 멸시치 아니하시리이다".

나는 이 욥기를 말하면서 여러분이 여기서 뭔가 인상을 받기 바란다. 하나님의 말씀은 시편도 필요하고 잠언도 필요하고 욥기도 필요하다. 물론 창세기, 출애굽기 등등이 다 필요하다. 이러한 말씀이 없으면 우리는 주님 앞에 온전케 될 수 없고 영적인 길을 갈 수 없다. 우리에게는 말씀이 절대적으로 필요하다. "주의 말씀은 내 발에 등이요 내 길에 빛이니이다"(시편 119:105). 주님의 말씀이 없으면 우리가 길을 어떻게 갈 수 있겠는가? 그 말씀 앞에서 우리를 비추고 그 말씀을 통해서 길을 얻고 갈 수 있는 것이다.

욥기 14장

preview

'여인에게서 난 사람' 이란 그의 연약성을 강조하는 말이다. 구약에서 여인은 더욱 불결한 자로 표현되었다(레 12:2-5). 욥의 두 가지 비관은 인생의 사는 날이 오래지 못하다는 것과 그 삶이 괴롭다는 것이다. 이렇게 미약한 인생을 간과하시지 않고 하나님이 어찌 살피시냐는 말이다. 이 역시 비관하는 말이지만 욥은 그래도 살아계신 하나님께 드린 말이다. 누가 깨끗한 것을 더러운 것 가운데서 낼 수 있느냐고 하였다. 이는 자신이 불결한 인생임을 말하고 있다. 깨끗함이란 하나님이 요구하시는 순전함에 이르지 못한다는 뜻으로 말했다.

5절은 하나님이 사람의 인명의 한계를 정하셨다는 말씀이다. 6절은 품꾼같이 쉬다가 마치게 하여 달라고 한다. 품꾼이 일을 마치고 즐거이 집에 돌아가는 것처럼 죽게 하여 달라고 한다. 10-11절은 육신의 생명에 대한 것이다. 로마서 8장 10절에 "몸은 죄로 인하여 죽은 것이나"라고 하였다. 육신의 생명은 지나치게 존중하면 안 된다. "하늘이 없어지기까지 잠을 깨지 못한다"는 것은 종말의 우주의 파괴와 인간의 부활의 개념의 근거가 은은히 비치는 말씀이다. 사람이 죽어 소멸되는 것을 물이 바다에서 줄어지고 하수가 잦아서 마르는 것 같다고 하였다. 13절은 음부의 중간기와 부활의 소망을 말한다. "나를 음부에 감추시며 주의 진노가 쉴 때까지 나를 숨기시고"란 그는 죽을 것이나 하나님은 그를 음부로 보내시며 일정한 기간을 정하시고 그 기한이 지나면 다시 살아 하나님과 만나게 될 것이라는 말이다. 14절도 난해한 구절이다. 놓이기를 기다린다는 말은 죽음을 뜻한다고 본다. 15절은 음부에 가서 일정기간이 지난 후 부활로 부르실 때 대답하여 올라간다는 뜻이다. 16절은 죄악의 느낌이 강한 것을 말한다.

18-19절의 말씀에서 산이나 바위는 영구부동한 것인데, 부동의 것들이 무너졌다는 것은 욥의 견고한 소망이 무너졌다는 것을 비유적으로 한 말이다. 21절에는 아들이 존귀하게 되어도 죽으면 알지 못한다고 한다. 죽으면 아들이 잘되는 것도 보지 못하고 감각이 없게 된다는 말이다. 시편 6편 5절도 "사망 중에서 주를 기억함이 없나니 음부에서 감사할 자 누구리이까"라고 한다.

이 장도 계속적으로 욥이 하는 말이다. 우리가 욥기를 보면서 생각되는 것은 우리 인생에서 누구도 고난을 피할 수가 없다는 것이다. 누구에게나 크고 작은 고난이 있게 된다. 그런데 그렇게 고난당하는 사람들은 반드시 욥기를 공부해야 한다. 고난당하는 사람들에게 가장 위로가 되는 참된 가르침과 표준이 되는 것이 욥기이기 때문이다.

욥기를 공부하면서 여러분들은 그리스도인에게 정해진 인생이 고난의 인생이라는 것을 알게 될 것이다. 특별하게 고난당하는 사람이 따로 있는 것이 아니다. 그리스도인이라면 고난의 삶을 살게 되어 있다. 왜냐하면 예수 그리스도께서 고난의 사람이시기 때문이다. 이사야 53장 3절에 "그는 멸시를 받아서 사람에게 싫어 버린 바 되었으며 간고를 많이 겪었으며 질고를 아는 자라"고 했다. 그분은 간고를 많이 겪었고 질고를 아는 자이다. '간고를 많이 겪었으며'를 영어성경으로 보면 'a man of sorrows(슬픔의 사람)'이다. 그분의 인생은 고난으로 점철된 인생이다. 그러다 보니까 우리가 나사렛 예수를 따르는 사람으로서 고난을 피할 수가 없는 것이다.

사도행전 14장 22절에서 사도 바울도 "우리가 하나님 나라에 들어가려면 많은 환난을 겪어야 할 것이라"고 했다. 이것은 사도 바울이 루스드라와 이고니온에서 돌로 맞은 후에 거의 죽었다가 살아나 일어나서 다시 다른 성으로 가서 복음을 증거하면서 제자들에게 했던 말이다. 그리스도인들은 이 고난과 가까워야 한다. 평안한 나날도 있지만 고통의 나날이 많은 것이 그리스도인의 인생이다. 심지어 베드로 사도는 베드로 전서 4장 1절에서 고난으로 갑옷을 입으라고 했다. "그리스도께서 이미 육체의 고난을 받으셨으니 너희도 같은 마음으로 갑옷을 삼으라". 이것은 현재 고난을 받고 있지 않다고 해도 고난받는 사람처럼 살으라는 것이다.

그런데 또 고난을 받는다고 다 유익을 얻는 것이 아님을 알아야 한다. 중요한 것은 고난을 받을 때 어떤 자세로 받는가이다. 그 고난받는 자들의 가장 적합한 모델은 어디에서 볼 수 있는가? 그것은 구약 성경에서 욥이 가장 잘 보여주고 있다. 그러므로 우리는 욥기를 잘 공부할 필요가 있다.

exposition

1-2절, 여인에게서 난 사람은 사는 날이 적고 괴로움이 가득하며 2 그 발생함이 꽃과 같아서 쇠하여지고 그림자같이 신속하여서 머물지 아니하거늘

고난 속에서 욥이 탄식하고 독백하는 내용이다. 인간의 연약성과 그

짧은 인생에서도 매일매일 괴로움으로 가득하다는 말이다. 이 고백에서 우리는 비로소 욥의 인생과 고난이 일치된 것을 발견한다. 이전의 욥은 고난을 마치 이웃처럼 대했다면 이제는 고난을 자신의 것으로 받아들이는 것을 본다. 그것이 "여인에게서 난 사람은 사는 날이 적고 괴로움이 가득하며"의 뜻이다. 이렇게 고난의 옷을 입기까지 오랜 과정이 필요했던 것이다. '사는 날이 적고' 란 인간 생명의 짧고 덧없음을 말한다. 욥은 여기서 생명의 날을 달이나 년수로 계산하지 않고 날로 계산한다. 이 날 수는 우리가 생각하는 것보다 짧다.

3절, 이와 같은 자를 주께서 눈을 들어 살피시나이까 나를 주의 앞으로 이끌어서 심문하시나이까

'그렇게 연약하고 짧은 인생, 괴로움 많은 인생을 그냥 놔두시지 어떻게 일일이 살피십니까' 라고 탄식하는 것이다. 이러한 어려움과 징계 속에 밀어넣는 것은 그를 하나님 앞으로 이끌어서 심문하시는 것 같다고 말한다.

4절, 누가 깨끗한 것을 더러운 것 가운데서 낼 수 있으리이까 하나도 없나이다

인생은 어차피 하나님이 원하시는 순수함, 순전함, 깨끗함, 거룩함 등을 낼 수 없다고 말한다. 왜냐하면 모든 인생은 더럽기 때문이다. 인간 본성에서 나오는 죄악성을 말하고 있다. 이 말은 욥이 하나님께 '인간의 연약함과 더러움, 결점투성이인데 자신의 죄악을 너무 극난석으로 눈여겨 보지 말아 달라' 는 단원이라고 본다. 욥의 친구들은 욥이 스스로 의롭게 여긴다고 했으나 욥의 자아에 대한 인식은 그렇게 피상적이지 않았다. 그는 인간의 부패를 깊이 알고 있었다.

5절, 그 날을 정하셨고 그 달 수도 주께 있으므로 그 제한을 정하여 넘어

가지 못하게 하셨사온즉

'그 달 수가 주께 있다'는 것은 인생의 모든 삶의 때와 시간은 하나님께 달려있다는 뜻이다. 그러므로 그 제한을 넘어가지 못한다.

6절, 그에게서 눈을 돌이켜 그로 쉬게 하사 품꾼같이 그 날을 마치게 하옵소서

모든 인생의 날수가 주님께 달려서 그 제한을 넘어가지 못하는데 제발 연약한 인생에게서 눈을 돌이키시라는 것이다. 품꾼은 일을 마치고 즐거운 마음으로 집으로 돌아가지 않는가! 그렇게 마치게 해달라는 말이다. 자기의 인생이 너무 힘드니까 이제 평안하게 쉬면서 이 고난을 마치고 싶다는 것이다. 욥은 차라리 이 고난에서 벗어나는 길로서 죽음을 선택하고 있다.

7절, 나무는 소망이 있나니 찍힐지라도 다시 움이 나서 연한 가지가 끊이지 아니하며

너무 극심한 고통 가운데 있는 욥은 차라리 나무가 낫겠다는 생각이 든다. 너무나 힘든 인생을 살다보면 시냇물 속에서 자유롭게 헤엄쳐 다니는 물고기를 볼 때도 '네가 나보다 낫구나. 너는 자유롭게 헤엄쳐 다니는데 나는 이게 뭐냐.'라는 생각이 들게 된다. 마당에 누워 있는 개를 보아도 '네가 나보다 팔자가 낫다.'는 생각이 드는 것이다. 고통을 심하게 당하는 사람은 이러한 탄식을 하게 된다. 여기서 욥은 자신의 처지보다 도끼로 찍힐지라도 다시 움이 나서 가지가 돋는 나무가 더 낫다는 생각이 드는 것이다.

8-9절, 그 뿌리가 땅에서 늙고 줄기가 흙에서 죽을지라도 9 물 기운에 움이 돋고 가지가 발하여 새로 심은 것과 같거니와

나무에 대해서 더 자세히 말하고 있다. "흙에서 죽을지라도 물 기운에

움이 돋고 가지가 발하여 새로 심은 것과 같거니와". 죽음에 대한 깊은 묵상은 결국 부활의 소망으로 이끈다.

10절, 사람은 죽으면 소멸되나니 그 기운이 끊어진즉 그가 어디 있느뇨

이것은 인간의 영혼을 말하는 것이 아니라 그냥 인간의 육신을 말한다. 만일 이것을 인간의 전인적인 것으로 본다면 욥은 아예 부활 신앙까지 잃어버린 상태로 보여지게 된다. 그러나 욥은 육신적인 고통, 육신적인 생명과 죽음에만 국한해서 그러한 호소를 하는 것이다. '기운이 끊어져 죽으면 그 사람이 소멸되고 없지 않느냐' 는 것이다.

11절, 물이 바다에서 줄어지고 하수가 잦아서 마름같이

물이 바다에서 줄어드는 수가 있고 강물도 마르는 수가 있다.

12절, 사람이 누우면 다시 일어나지 못하고 하늘이 없어지기까지 눈을 뜨지 못하며 잠을 깨지 못하느니라

이 말씀도 이해하기가 어렵다. 이러한 말씀들은 성경 전체를 볼 때 우주의 종말과 파괴, 새 하늘과 새 땅의 노래, 인간의 부활의 개념 등의 은은한 암시이다. 구약시대에는 이것이 분명하지 않다. 그렇지만 그런 암시가 들어 있다. "하늘이 없어지기까지". 요한 계시록을 보면 결국 옛 하늘과 옛 땅이 없어지지 않는가! 이것을 구약 성경에서 암시하고 있는 것이다. "눈을 뜨지 못하며 잠을 깨지 못하느니라". 이것 또한 인생이 다시 부활한다는 것을 은은히게 말하고 있는 것이다.

13절, 주는 나를 음부에 감추시며 주의 진노가 쉴 때까지 나를 숨기시고 나를 위하여 기한을 정하시고 나를 기억하옵소서

"음부에 감추시며"는 사람이 일단 이 땅을 떠나면 주님이 재림하실 때까지 음부에서 기다리게 되는 것을 말한다. "주의 진노가 쉴 때까지".

이 구절도 상당히 이해하기가 어려운 구절이다. 죽음으로써 자신의 현재의 고통을 없애 달라, 자기를 숨겨 달라, 나를 기억해 달라는 하소연이다. 그리고 사후의 소망을 묵상하는 장면이다. 죽음에 대한 깊은 생각은 사후의 소망으로 이끌어준다.

14절, 사람이 죽으면 어찌 다시 살리이까 나는 나의 싸우는 모든 날 동안을 참고 놓이기를 기다렸겠나이다

"사람이 죽으면 어찌 다시 살리이까". 이것도 욥에게 부활의 신앙이 없다는 것이 아니다. 그는 다만 현재 육신적인 죽음만을 가지고 말하고 있는 것이다. 욥은 이 지점에서 자신의 죽음을 생각하고 있다. 죽음의 고난을 당하고 있는 셈이다. "나는 나의 싸우는 모든 날 동안". 자기의 인생이 모두 싸우는 날이라고 말한다. "놓이기를 기다렸겠나이다"라는 말은 차라리 죽음으로써 이 모든 고통에서 벗어나겠다는 뜻이다. 고통이 너무 심하다 보니 죽음이 차라리 놓임을 얻는 길이라는 마음이 든 것이다. 놓인다는 것은 이 세상을 떠나는 것을 말한다.

15절, 주께서는 나를 부르셨겠고 나는 대답하였겠나이다 주께서는 주의 손으로 지으신 것을 아껴 보셨겠나이다

결국 주님은 때가 될 때 재림하실 것이고 모든 성도들을 부르실 것이고 성도들은 다시 대답할 것이다. 그것이 부활이다. 부활로 대답해서 하나님 앞에 서겠다는 것이다.

16절, 그러하온데 이제 주께서 나의 걸음을 세시오니 나의 죄를 살피지 아니하시나이까

"나의 걸음을 세시오니". 이것은 하나님께서 자기를 너무 주의하시고 한 가지 한 가지를 자세히 살펴서 징계하시는 것같이 느껴진다는 말이다.

17절, 내 허물을 주머니에 봉하시고 내 죄악을 싸매시나이다

하나님께서 욥의 허물이나 죄악을 다 없애지 않고 가지고 계셔서 그것을 하나하나 살피신다고 생각하는 것이다. 욥은 자신의 죄와 허물을 기억하셔서 이런 환경을 주시는가 하고도 생각해 보는 것이다.

18-19절, 무너지는 산은 정녕 흩어지고 바위는 그 자리에서 옮겨가고 19 물은 돌을 닳게 하고 넘치는 물은 땅의 티끌을 씻어 버리나이다 이와 같이 주께서는 사람의 소망을 끊으시나이다

산은 요동치 않는 특징이 있다. 바위도 견고한 것을 뜻한다. 그런데 그러한 산이 흩어지고 바위가 옮겨진다는 것이다. 돌도 계속 씻어지면 닳아지고 많은 물에 의해 땅의 먼지도 씻어지는 것처럼 하나님은 사람의 소망을 끊으신다는 말이다. 욥은 너무 심한 고통을 계속 당하다 보니 거의 절망적인 상태에 빠져 있다. 사도 바울도 고린도 후서 1장에 살 소망이 끊어지는 고난을 당한 적이 있다.

20절, 주께서 사람을 영영히 이기셔서 떠나게 하시며 그의 얼굴 빛을 변하게 하시고 쫓아 보내시오니

하나님이 사람을 영영히 이기신다고 말한다. 지금 욥은 완전히 힘이 빠져서 이제 완전히 끝나는 것처럼 말하고 있다. 그렇게 되면 떠나는 것이고 얼굴 빛은 흙빛으로, 사망의 빛으로 변하고 결국 죽는다는 말이다. '쫓아 보내신다' 는 것은 죽는다는 의미이다. 이 지점에서 욥은 자신의 죽음을 깊이 생각하고 있다. 14장에 와서 욥은 고통을 깊이 받아들이고 죽을 것이라고 생각하며 죽음의 고통과 아픔을 호소하고 있다.

21절, 그 아들이 존귀하나 그가 알지 못하며 비천하나 그가 깨닫지 못하나이다

'그렇게 고통 가운데 쫓아 보내시는데 아들이 잘 되면 뭐하냐?' 라는 것이다. 죽은 다음에는 아들이 잘 되는 것도 모르고 비천하게 되는 것도 알지 못한다. 죽은 다음에는 잘 되는 것도 아무 소용 없고 못 되는 것도 알지 못하지 않느냐는 말이다.

22절, 오직 자기의 살이 아프고 자기의 마음이 슬플 뿐이니이다

자신의 죽음에 대한 슬픔과 고통을 호소하는 말이다. 죽는다는 것은 힘든 일이다. 따라서 살아 있는 동안 회개하여 깨끗한 양심을 갖고 죽어가는 것의 슬픔과 고통에 맞서 우리를 도울 위로를 쌓아두는 것은 지혜로운 일이다.

욥기 15장

preview

엘리바스가 처음에는 은유적으로 말하면서 좀 유하게 나오더니 이번에는 다소 과격하게 나온다. 그는 욥의 말이 허황되고 바람 같은 지식이라고 했다. 실상 욥은 신앙을 떠난 것이 아니었다. 엘리바스가 한 "네가 하나님 경외하는 일을 폐하여 하나님 앞에 묵도하기를 그치게 하는구나"라는 말은 엘리바스가 욥의 깊은 심리를 이해하지 못한 채 그의 말을 신앙을 떠나서 헤매는 사람의 말로 들은 것이다. 다만 욥은 그의 재난의 원인을 몰라서 허덕이는 것뿐이었다. 엘리바스는 욥을 대단히 오해하는 말을 했다. 그는 5-6절에서 욥을 외식자로 간주하였다. "네 입이 네 죄악을 반성하여"라고 한다. 6절에서 엘리바스는 욥이 죄인인 것을 확신하고 그의 말이 죄인인 것을 증거한다고 하였다.

11절에서 엘리바스는 친구들의 말이 하나님의 위로의 말이라고 말해준다. 위로이며 온유하게 하시는 말씀이라고 한다. 12절은 친구들을 통하여 하나님이 위로하시는데 너는 왜 위로를 받아들이지 않고 하나님을 반항하는 마음을 먹고 그 마음을 어기어 하나님께 반항하는 태도를 보이느냐고 한다. 14-16절은 인간의 전적인 부패를 말한다(total depravity of man). 엘리바스는 욥의 말을 스스로 의롭다고 하는 말로 듣는다. 욥도 사람의 전적인 부패를 말했다(9:20, 14:4). 다만 욥은 자신이 당한 고난이 그의 어떤 특수한 범죄 때문이 아니라는 것뿐이다. 거룩한 자들은 천사들을 의미한다. 하나님 앞에서는 거룩한 천사들도 부끄러움을 느낀다. 맑은 하늘도 그분 앞에는 깨끗하다고 말할 수 없다. 엘리바스는 욥에게 하나님 앞에서 스스로 낮추고 그 자신을 부끄럽게 여길 것을 설득하고 있다.

17절에서는 엘리바스가 욥에게 자기 말을 잘 들으라고 한다. 자기는 계시를 보았다고 한다. 엘리바스는 하나님을 대적하는 완고한 마음을 지닌 사람들에 대한 심판의 경고로서 많은 말을 한다(17-35절). 친구들은 욥이 하나님을 대적하는 자로 보이는 것이다. 여기서 우리는 욥과 이들의 말의 차이를 발견한다. 욥은 언제나 하나님 중심적이고 하나님이 들으시게 말한다. 그러나 이 친구들은 욥에게 말한다. 그것이 사실은 지식이다. 머리에서 나오는 말인 것이다.

우리는 말할 때나 설교할 때나 하나님을 중심으로 해야 하고 하나님을 의지해야 한다. 하나님을 바라보아야 한다. 18절에서 엘리바스는 인과응보적 자기의 주장이 열조부터 전승해 내려온 것이라고 하며 자신의 말을 강화시켜 나간다.

19절은 엘리바스의 고향을 말하는 것 같다. 지혜의 고향인 데만을 논하면서 그 고장의 지혜는 외인에 의해 혼합되거나 오염되지 않은 순수한 지혜임을 강조한다. 이렇게 자신의 말에 무게를 주려고 시도하는 말들은 다 문제가 있는 것임을 알아야 한다.

성도들은 다만 하나님의 말씀을 단순하게 말해내는 것으로 족하다. 자신의 말에 힘을 실으려고 이 말 저 말 끌어다 보탤 필요가 없다. 20절은 다시 인과응보설을 말한다. 그것이 그 열조의 전승이라고 한다. 악행하는 자의 햇수는 정해져 있다고 한다. 그 햇수가 지나면 그 악의 보응을 받는다고 했다. 21절에는 악인이 평안할 때 놀라운 소리가 홀연히 임한다고 하였다. 이것이 악인의 운명이다. 엘리바스는 욥의 재난과 어려움이 악인의 운명이라고 말해주려는 것이다. 22절은 어두운 가운데서 재난을 당하는 사정을 말한다. 그런 상태에서 벗어나지 못하고 칼날에 죽임을 당하는 것 같은 비참한 최후만 남아 있다고 한다. 즉 욥이 현재의 고난에서 회복될 가능성이 없다는 이야기이다. 고난 중에 있는 친구에게 매우 가혹한 말이다.

23절은 욥 같은 악인은 유랑하고 걸식하다가 결국 죽고 만다는 말이다. 25절은 세 친구의 욥에 대한 편견이다. 욥은 하나님을 대적하여 전능자를 배반한 것이 아니었다. 26절에서 친구들은 욥이 교만하여 누터운 무장을 갖추고 적진에 돌진하는 것처럼 하나님을 대적하였다고 한다. 29-35절은 악인은 1) 그 재산이 증가되지 않고 2) 늘 소망 없는 자리에서 살고 있고 3) 나무 가지가 불에 마르듯이 쇠잔해지고 4) 성공하기 전에 쇠퇴하며 5) 불의를 계획적으로 산출하며, 악한 행동을 하고 마음에 남을 속이는 일을 궁리한다는 말이다.

exposition

1절, 데만 사람 엘리바스가 대답하여 가로되

데만 사람 엘리바스는 4장에서 친구들 중에 맨 처음 나온 사람이나, 여기 다시 두 번째 등장하고 있다.

2절, 지혜로운 자가 어찌 헛된 지식으로 대답하겠느냐 어찌 동풍으로 그 품에 채우겠느냐

'지혜로운 자'는 욥을 말한다. 만일 욥이 지혜로운 사람이라면 그렇게 헛된 지식으로 대답했겠냐는 말이다. 엘리바스는 욥의 이야기가 헛된 지식이라고 말한다. 그리고 바람 같다고 했다.

3절, 어찌 유조치 아니한 이야기, 무익한 말로 변론하겠느냐

'유조치 아니한' 이란 아무런 유익이 없는 것을 말한다. 아무 소용이 없는 이야기라는 것이다. 엘리바스에게는 욥의 이야기가 전부 무익하고 쓸모없고 헛되고 바람 같은 헛된 지식으로 들리는 것이다.

4절, 참으로 네가 하나님 경외하는 일을 폐하여 하나님 앞에 묵도하기를 그치게 하는구나

엘리바스라고 하는 사람은 욥이 하는 말을 듣고 '네가 하나님 경외하는 일을 폐하고 있다' 고 말한다. 욥은 자기가 하나님께 죄를 지어서 징계를 받는다고 생각하지 않았다. 오히려 의인이 고난을 받고 악인은 잘되고 평안하더라는 것이 욥의 말 속에 들어 있다. 자기는 그렇게 징계를 받을 만큼 죄를 짓지 않았다고 은연중에 말하고 있는 것이다. 엘리바스는 철저히 율법적인 사람이다. 잘못한 사람은 죄를 받고 잘한 사람은 복을 받는다는 상선벌악(賞善罰惡)의 사상을 갖고 있는 것이다. 그런 엘리바스가 욥의 말을 듣다 보니까 '네가 그렇게 말하면 하나님을 경외하는 일을 폐하는 거야, 그럼 누가 하나님을 경외하겠어.' 라고 말하게 되는 것이다.

하나님께 묵도하는 것도 마찬가지이다. '너는 지금 하나님을 명상하고 앙망하는 것을 그치게 하고 있는 거야.' 라고 엘리바스는 욥에게 말하고 있다.

5절, 네 죄악이 네 입을 가르치나니 네가 간사한 자의 혀를 택하였구나

욥이 하는 말이 다 죄악된 말이라고 했다. 잘못된 말을 하니 다 죄라고 말한다. "간사한 자의 혀를 택하였구나". 이것은 욥이 외식한다는 뜻이다.

6절, 너를 정죄한 것은 내가 아니요 네 입이라 네 입술이 너를 쳐서 증거하느니라

엘리바스는 욥에게 '지금 내가 너를 정죄하는 것 같지만 그것이 아니고 네가 지금까지 하는 모든 말들이 너를 정죄하는 말이야.' 라고 한다.

7절, 네가 제일 처음 난 사람이냐 산들이 있기 전에 네가 출생하였느냐

'네가 창조된 모든 피조 세계보다 먼저 있었느냐? 왜 그렇게 잘 아는 척 하느냐?' 라고 욥에게 말하는 것이다.

8절, 하나님의 모의를 네가 들었느냐 지혜를 홀로 가졌느냐

'삼위일체 하나님이 창조하기 전에 협의가 있었다고 하지 않았느냐? 네가 거기에 참여 했느냐? 지혜를 너 홀로 가졌느냐?' 라고 말하고 있다.

9절, 너의 아는 것이 무엇이기로 우리가 알지 못하겠느냐 너의 깨달은 것이 무엇이기로 우리에게는 없겠느냐

욥이 친구들의 말을 듣고 '너희들이 한 말은 나에게 전혀 유익이 되지 않는다. 너희들이 아는 것 내가 다 아는 것이다.' 라고 했었다. "너희 아는 것을 나도 아노니 너희만 못한 내가 아니니라"(13:2). "너희는 거짓말을 지어내는 자요 다 쓸데 없는 의원이니라"(13:4). 그런데 엘리바스 또한 욥이 안다고 하는 것을 자신도 다 안다고 말한다. 피차 같은 이야기를 주고받고 있는 것이다.

10절, 우리 중에는 머리가 세기도 하고 연로하기도 하여 네 부친보다 나이 많은 자가 있느니라

나이가 많으면 경험이 많게 되니까 아는 것도 많게 되는 법이다. 욥의 친구들 중에는 욥보다 나이 많은 사람도 있는데도 친구들의 말을 하나도 듣지 않고 있으니 엘리바스가 답답해진 것이다. 그래서 욥에게 '제발 말 좀 들으라.' 고 하는 것이다.

11절, 하나님의 위로와 네게 온유하게 하시는 말씀을 네가 어찌 작다 하느냐

엘리바스는 이렇게 욥을 책망하는 말을 하면서도 위로한답시고 최선을 다해 온유하게 말을 해 주고자 한다. 자신들이 해주는 말이 하나님의 위로와 온유함으로 해주는 말이라고 설명한다. '그런데 너는 이런 말을 잘 안 듣고 이런 이야기를 너무 작게 여기는 것 같다.' 고 말하는 것이다. 그래서 자기의 말이 굉장히 중요하다는 것을 강조해 주고 싶은 것이다.

12-13절, 어찌하여 네가 마음에 끌리며 네 눈을 번쩍여 13 네 영으로 하나님을 반대하고 네 입으로 말들을 내느냐

엘리바스는 친구 욥이 하나님을 반대하고 있다고 생각한다.

14절, 사람이 무엇이관대 깨끗하겠느냐 여인에게서 난 자가 무엇이관대 의롭겠느냐

'사람은 누구나 할 것 없이 죄인이 아니냐, 왜 이렇게 말이 많으냐?' 라는 것이다. 인생의 보편적인 죄성을 언급한다. 욥 역시 그러한 인간의 보편적 죄성에서 벗어날 수 없지 않느냐는 말이다.

15-16절, 하나님은 그 거룩한 자들을 믿지 아니하시나니 하늘이라도 그의 보시기에 부정하거든 16 하물며 악을 짓기를 물 마심같이 하는 가증하고 부패한 사람이겠느냐

하나님은 거룩한 천사든 하늘이든 믿지 않으신다고 한다. 하나님 외의 모든 것은 다 부정하다고 한다. 하물며 악을 짓기를 물 마시듯 하는 부패한 사람이 어찌 거룩하고 의롭다 하느냐는 말이다. 이 모두가 엘리바스의 말인데 굉장히 영적인 말같이 들린다. 하나도 틀린 말이 없는 것 같다.

17절, 내가 네게 보이리니 나를 들으라 내가 본 것을 설명하리라

이렇게 말하면서 엘리바스는 이제 '네게 보여주겠다' 고 말한다. 이것은 하나의 계시를 보여주겠다는 말이다. 말로 가르침을 주고 뭔가 깨닫게 해주려고 애를 쓰다가 이제 계시를 말해주겠다는 것이다.

18절, 이는 곧 지혜로운 자들이 그 열조에게서 받아 숨기지 아니하고 전하여 온 것이라

엘리바스가 자기의 말에 권위를 싣기 위해서 '열조 때부터 내려온 지혜로운 조상들에게서 온 것을 네게 알려 주겠다.' 고 말한다.

19절, 이 땅은 그들에게만 주셨으므로 외인은 그들 중에 왕래하지 못하였었느니라

'이 땅' 은 데만이다. 엘리바스는 데만 사람인데, '데만' 은 '지혜의 땅', '현인들이 사는 땅' 을 의미한다. 그 지혜는 그 땅에서 순수하게 보존된 지혜이고 그 땅에서 난 사람이 엘리바스라는 것이다. '전통적으로 조상으로부터 지혜를 전수받았고 또 자기가 힘을 다해 말해 주는데 사기 말이 믿을 만하지 않느냐.' 는 것이다.

20절, 그 말에 이르기를 악인은 그 일평생에 고통을 당하며 강포자의 햇수는 작정되었으므로

지금까지 열조들, 현인들에게서 배운 것에 의하면 '악인은 일평생에 고통을 당한다', '강포자의 햇수는 작정되었다' 는 것이다.

21절, 그 귀에는 놀라운 소리가 들리고 그 형통할 때에 멸망시키는 자가 그에게 임하리니

악인이 어떤 때는 잘 되었지만 어느 날 일평생의 고통이 시작되고 놀라운 소리가 들리게 되고 형통할 때 멸망시키는 자가 그에게 임하게 된다는 것을 말하고 있다.

22절, 그가 어두운 데서 나오기를 바라지 못하고 칼날의 기다림이 되느니라

엘리바스는 욥에게 '네가 한동안 평안하고 좋았지만 하나님은 결국 이렇게 너를 심판하신다.' 고 말해주고 있다. 친구 엘리바스는 욥이 '왜 이렇게 징계를 당하고 고통을 당하는가' 를 생각하면서 '네가 잘 몰라서 그렇지 네가 죄인이기 때문이야' 라고 하는 것이다.

23절, 그는 유리하며 식물을 구하여 이르기를 어디 있느냐 하며 흑암한 날이 가까운 줄을 스스로 아느니라

죽을 날이 가깝다는 말이다. 이것이 엘리바스가 욥에게 해주고 싶은 말이다.

24절, 환난과 고통이 그를 두렵게 하며 싸움을 준비한 왕처럼 그를 쳐서 이기리니

욥에 대해서 하는 말이다. 사람이 고난의 깊이를 알지 못한 채 위로나 권면을 하다 보면 차갑고 날카로운 말을 하게 된다.

25절, 이는 그 손을 들어 하나님을 대적하며 교만하여 전능자를 배반함이니라

엘리바스는 욥이 교만하여 하나님을 대적하고 전능자를 배반하고 있다고 생각한다. '네가 왜 손을 들어 하나님을 대적하고 있느냐? 너는 왜 교만하여 전능자를 배반하고 있느냐?' 고 하는 것이다. 어디에다 근거를 두고 이렇게 말하는가? 친구들이 듣기에는 욥의 말이 하나님을 배반하는 것으로 들렸던 것이다.

26-27절, **그는 목을 굳게 하고 두터운 방패로 하나님을 치려고 달려가나니 27 그 얼굴에는 살이 찌고 허리에는 기름이 엉기었고**

지금은 욥이 이런 상태가 아니지만 잘 나갈 때는 이랬다는 말이다.

28-30절, **그는 황무한 성읍, 사람이 살지 아니하는 집, 돌 무더기가 될 곳에 거하였음이니라 29 그는 부요하지 못하고 재산이 항상 있지 못하며 그 산업이 땅에서 증식하지 못할 것이며 30 흑암한 데를 떠나지 못하리니 불꽃이 그 가지를 말릴 것이라 하나님의 입김에 그가 떠나리라**

엘리바스는 죄인의 말로에 대해서 말하고 있다.

31절, **그는 스스로 속아 허망한 것을 믿지 말 것은 허망한 것이 그의 보응이 될 것임이라**

욥에게 스스로 속지 말고 허망한 것을 믿지 말라는 권면을 하고 있다. 그렇게 되면 결국 '허망한 것이 너의 보응이 된다' 고 말한다.

32절, **그의 날이 이르기 전에 그 일이 이룰 것인즉 그 가지가 푸르지 못하리니**

죄가 없는 의인이라면 원래 그 사람이 살 수 있는 연한이 있어서 그 때까지 살게 되겠지만, 죄가 있으면 그 전에 허망한 일에 보응이 되거나 죽거나 하는 일이 이른다는 것이다. 나무가 다 자라지도 않아서 끝난다는 말이다.

33절, 포도열매가 익기 전에 떨어짐 같고 감람 꽃이 곧 떨어짐 같으리라
이것이 악인의 결과라는 말이다.

34절, 사곡한 무리는 결실이 없고 뇌물을 받는 자의 장막은 불탈 것이라
죄인이나 경건치 않은 자들은 결실이 없다는 말인데, 욥이 그렇다는 말이다.

35절, 그들은 악한 생각을 배고 불의를 낳으며 마음에 궤휼을 예비한다 하였느니라
"악한 생각을 배고 불의를 낳으며". 이것은 불의를 계획적으로 산출한다는 뜻이다. "마음에 궤휼을 예비한다"는 것은 그 마음에 남을 속이는 일을 예비한다는 뜻이다. 이것이 악한 자들의 행동이고 그런 악한 사람들은 성공하기 전에 실패하고 끝나 버린다는 것을 말해 주고 있다.

욥기 16장

preview

14장과 마찬가지로 욥의 애가의 두 번째 부분이다. 욥은 친구들의 냉혹한 가르침과 대우에 반대하고 있다. 욥의 처지가 매우 비참한 것을 말하고 있다. 그는 자신의 결백을 지키며 하나님의 의로우신 심판을 기대한다. 엘리바스의 말은 계속 같은 류의 말을 반복하고 있다. 욥은 말한다. "이런 말은 내가 많이 들었다." 그들은 욥이 권고를 받아들이지 않자 같은 종류의 말을 계속 반복한다. 욥은 그런 말 자체를 고통스러워 한다. 그들은 욥에게 무례한 태도를 계속 취했다. 욥은 그들의 허망한 말이 끝나기를 바랐다. 허망한 말이라면 처음부터 꺼내지 않는 것이 좋고 빨리 끝내면 좀 낫다. 욥이 생각하기에 엘리바스는 근거 없는 말을 하고 있다. "네가 무엇이 격동되어서 이같이 대답하는가?"라고 한다. 욥은 친구들이 역지사지 해줄 것을 구하고 있다. "가령 너희 마음이 내 마음 자리에 있다 하자". 우리는 옳은 말을 할 것이 아니라 상대방의 고통스러워하는 이유를 알아서 위로를 줄 수 있어야 한다. 무조건 내 생각으로 상대방을 설득시켜 교정하려고 할 때마다 실수하는 것이다.

exposition

1-2절, 욥이 대답하여 가로되 2 이런 말은 내가 많이 들었나니 너희는 다 번뇌케 하는 안위자로구나

욥은 하나도 위로가 되지 않는다고 말한다. 친구들은 위로한다고 하지만 고통만 주는, 더욱 비참하게 만드는 위로자라고 말한다.

3-4절, 허망한 말이 어찌 끝이 있으랴 네가 무엇에 격동되어 이같이 대답하는고 4 나도 너희처럼 말할 수 있나니 가령 너희 마음이 내 마음 자리에 있다 하자 나도 말을 지어 너희를 치며 너희를 향하여 머리를 흔들 수 있느니라

계속해서 욥과 친구들은 주고받는 말을 하고 있다. 장군 멍군을 하고 있는 것이다. 욥은 '역지사지해보자. 그러면 나도 너희를 향하여 머리를 들 수 있다.' 고 말한다.

5절, 그래도 입으로 너희를 강하게 하며 입술의 위로로 너희의 근심을 풀었으리라

'너희들은 나에게 위로도 안 되고 근심도 해결해 주지 못하는데 나 같으면 너희들을 강하게도 하고 위로도 해 주고 근심도 풀어줄 수 있었을 것이다.' 라는 것이다.

6절, 내가 말하여도 내 근심이 풀리지 아니하나니 잠잠한들 어찌 평안하랴

욥이 이렇게 말하는 이유가 무엇인가? 말을 좀 하면 자기 속에 근심이 풀릴까 해서이다. 그러나 말해도 근심이 풀리지 않으니 소용이 없다는 것이다. 그렇다고 가만히 있어도 평안이 없다.

7절, 이제 주께서 나를 곤고케 하시고 나의 무리를 패괴케 하셨나이다

'나의 무리' 는 가족을 말한다. 욥은 자신의 고난이 하나님으로 말미암았다고 말한다. 욥이 시험받음으로 그의 가족도 멸망했다는 것이다.

8절, 주께서 나를 시들게 하셨으니 이는 나를 향하여 증거를 삼으심이라 나의 파리한 모양이 일어나서 대면하여 나의 죄를 증거하나이다

지금 자기가 어렵게 된 모양이 사람들에게 잘못된 것처럼 보이게 만들었다는 뜻이다. 심한 고난이 자신을 초라하고 쇠퇴하게 만들었다는 뜻이다.

9절, 그는 진노하사 나를 찢고 군박하시며 나를 향하여 이를 갈고 대적이 되어 뾰족한 눈으로 나를 보시고

하나님이 뾰족한 눈으로 자신을 보시는 것 같고 진노하심으로 자기를 찢고 이를 갈고 대적하시는 것 같다고 말한다. 이런 말을 듣는 친구들은 더욱 욥이 잘못하고 있다고 확신하게 되는 것이다.

10절, 무리들은 나를 향하여 입을 벌리며 나를 천대하여 빰을 치며 함께 모여 나를 대적하는구나

'무리들' 은 친구들이다. 욥의 이런 모습은 고난당하신 그리스도의 모습과도 일치한다. 소위 어린 양같이 잠잠히 어떤 대우든 받아들이지 못하고 불평이 웬 말이냐고 하게 되는 것이다. 따라서 지식이 많은 사람들은 사람을 돕기가 어렵다.

11절, 하나님이 나를 경건치 않은 자에게 붙이시며 악인의 손에 던지셨구나

'경건치 않은 자' 는 역시 친구들이다

12절, 내가 평안하더니 그가 나를 꺾으시며 내 목을 잡아던져 나를 부숴

뜨리시며 나를 세워 과녁을 삼으시고

하나님이 자기에게 그러신다는 것이다. 자신이 하나님의 과녁처럼 되어 그분이 목을 잡아던져 부숴뜨리시고 자신을 꺾으셨다고 말한다.

13절, 그 살로 나를 사방으로 쏘아 인정 없이 내 허리를 뚫고 내 쓸개로 땅에 흘러나오게 하시는구나

하나님이 이렇게 하실 수가 있겠는가? 어쨌든 욥은 자신의 고난이 너무 힘들다는 것을 말하고 있다.

14절, 그가 나를 꺾고 다시 꺾고 용사같이 내게 달려드시니

이 고난은 한 번 오고 끝나는 것이 아니라 오고 또 오고, 맞고 또 맞는 것이다. 이런 체험이 없다면 아직 고난의 궤도에 이른 것이 아니다. 하나님이 아직 봐 주고 계시는 것이다. 어느 날 여러분들 삶에서 '이거 힘드네, 큰일났네, 이거 어려운데, 지나갈 줄 알았는데 또 오네.' 하는 것을 겪게 될 것이다. 숨도 고르지 않았는데 겹쳐서 또 오는 것이다. 그렇게 될 때 그리스도인의 궤도에 오른 것이고 단련받을 만하게 되었다는 것을 알라. 누가 어린아이를 군대에 보내겠는가? 곡식도 물기만 가득한데 누가 그것을 타작하겠는가? 물이 바짝 마르고 익어야, 통통하게 살이 쪄야 타작하는 것이다. 나올 것도 없는데 왜 치겠는가?

어떤 사람은 '그렇게 변명의 말을 하지 말고 그냥 받으면 되지 왜 그리 말이 많아?' 라고 하겠지만, 이것이 연약한 인간이다. 욥만큼만 고난을 받아들여도 잘 하는 것이다. 그런데 많은 사람들이 욥과 같이 하나님을 경외하면서 고난을 받는 사람에게 잘못되었다고 말해주기를 좋아한다. 그럼 욥에게 잘못했다고 하는 욥의 친구들이 말이 경험적이고 성경적인가? 또 연륜적인가? 그렇다. 그러나 문제는 그러한 말이 욥에게는 위로가 전혀 안 된다는 것이다. 그리고 욥에게 해당되지도 않는 말이라는 것이다. 하나님께서 욥에게 주시는 말씀이 아닌 것이다. 다 자기 나름대로의 옳은 말을 한 것이다. 그런 말이 다른 데는 참고가 될지 모르지만 지금 욥에게 필요한 말은 아니다. 서로 어긋나는 것이고 맞지 않는 것이다. 그런데도 친구들은 욥에게 딱 맞는 말이라고 확신시키려고 하는 것이다.

결국 42장에서 욥의 친구들은 하나님께 책망을 받게 된다. 하나님은 욥의 친구들이 왜 잘못했다고 하셨는가? 그것은 그들이 너무 옳기 때문이다. 그리고 다른 사람을 너무 확신시키려고 했기 때문이다. 나는 여기서 여러분이 뭔가를 배우기 바란다. 어떤 성질의 말이 영적인 말인가? 하나님을 아는 사람들의 말은 어떤 말인가? 고난을 당한 사람에 대하여 우리가 돕는다고 하면서 함부로 행하지 말아야 하고 또 쉽게 단정하지 말아야 한다는 것을 욥기를 통해 배우기 바란다. 그것은 곧 고난을 당하고 징계를 당하는 자를 향해서 너무 쉽게 '니 이래서 이렇고 저래서 저런 거야.' 라고 말해 줄 수 있는 게 아니라는 것이다.

15절, 내가 굵은 베를 꿰어매어 내 피부에 덮고 내 뿔을 티끌에 더럽혔구나

욥 자신은 이제 다 끝났다는 것을 비유로 말하고 있다.

16절, 내 얼굴은 울음으로 붉었고 내 눈꺼풀에는 죽음의 그늘이 있구나

욥은 지금 힘들고 슬프며 너무나도 가슴 아파하고 있다. "내 얼굴은 울음으로 붉었고". 많은 눈물을 흘렸다는 것이다. 이렇게 큰 고난을 당하는 욥은 슬픈 것이다. 어떤 사람들은 '그냥 슬퍼하지 왜 힘들다고 하느냐' 고 한다.

욥기를 읽으면서 최소한 우리들이 배울 수 있는 것은, 아무리 주님을 경외하고 주님을 사랑하는 사람이라 하더라도 어려울 때 '주님, 나는 너무 힘들어요, 눈물이 나요, 너무 고통스러워요' 라고 할 수 있다는 것이다. 그런 면에서 욥의 친구들은 너무 매정하다. 하나님도 인생이 연약함을 이해하시고 체휼하시는 분이다. "우리에게 있는 대제사장은 우리

연약함을 체휼하지 아니하는 자가 아니요 모든 일에 우리와 한결같이 시험을 받은 자로되 죄는 없으시니라"(히 4:15).

17절, 그러나 내 손에는 포학이 없고 나의 기도는 정결하니라

그렇게 슬프고 마음이 아프며 다 죽게 되었지만, 그럼에도 욥은 '나는 정결한 기도를 드리고 있다.' 고 간증한다. 적어도 욥은 자신이 하나님 앞에 악이 없고 기도에 있어서 정직하고 깨끗함을 주장한다.

18절, 땅아 내 피를 가리우지 말라 나의 부르짖음으로 쉴 곳이 없게 되기를 원하노라

그렇게 되면 하나님의 아들, 그리스도처럼 이 땅이 그 피를 받을 것이라고 한다("땅아 내 피를 가리우지 말라"). "나의 부르짖음으로 쉴 곳이 없게 되기를 원하노라". 욥은 부르짖고 싶어한다.

19절, 지금 나의 증인이 하늘에 계시고 나의 보인이 높은 데 계시니라

구약 성경은 중보자 되시는 하나님의 아들 그리스도에 대해서 은은하게 비춰주는 역할을 한다. '나의 보인' 은 중보자를 의미한다. 욥은 하나님이 자신을 너무 힘들게 하셨다고 느낀다. 그런데다가 친구들은 상처에다 고춧가루 뿌리는 것같이 더욱 힘들게 한다고 생각되었다. 이럴 때 욥은 중보자가 있었으면 좋겠다고 고백하는 것이다. 나의 고통을 좀 완화시켜줄 사람이 있었으면 좋겠다는 것이다.

예를 들어, 부부가 다툼이 심할 때 '누가 좀 도와줄 수 없을까? 나하고 내 아내하고 어떻게 해야 통할까?' 하는 생각을 하게 된다. 부부 간의 문제나 부모 자식 간의 문제는 여간 힘들지 않으면 이런 생각까지 안 한다. '네가 뭔데 우리 가정 문제를 가지고 그래?' 라고 하는 것은 아직 절박하지 않다는 뜻이다. 그런데 욥은 그런 갈망이 생긴 것이다. 죄인이 극도로 고통 속에 있다 보니까 '가만 있어봐. 하나님과 죄인 사이에 중보자가 있어야 해.' 하는 것이다. 하나님과 죄인 사이에 인자 예수가 필요하다는 것을 여기서 넌즈시 비춰주고 있다.

욥과 친구들의 모든 대화 중에서 다이아몬드 같은 중심이 되는 말씀이 바로 여기에 있다. 여기서 우리는 이 모든 문제를 해결할 수 있는 중보자 예수 그리스도를 대망할 수 있게 된다. 예수 그리스도의 필요성에 관한 말씀이 바로 여기에 있다.

20-21절, 나의 친구는 나를 조롱하나 내 눈은 하나님을 향하여 눈물을 흘리고 21 사람과 하나님 사이에와 인자와 그 이웃 사이에 변백하시기를 원하노니

'변백한다'는 것은 방법을 강구해주는 것을 말한다. "나의 친구는 나를 조롱하나 내 눈은 하나님을 향하여 눈물을 흘리고". 계속하는 말이지만 욥은 비록 불평과 원망이 있어도 하나님을 향하고 있다. 19절과 상통되는 구절이다.

22절, 수년이 지나면 나는 돌아오지 못할 길로 갈 것임이니라

이 땅에 있을 때, 죽기 전에 간격을 좁혀줄 중보자 되시는 어떤 분이 있으면 좋겠다는 말이다.

우리는 욥과 그의 친구들의 차이점을 볼 수 있다. 친구들은 자신이 아는 것, 경험한 것, 소위 봤다는 것을 가지고 욥을 설득시켜서 그 말을 듣게 하려는 의지가 있다. 그것이 영적인가? 예를 들어, 어떤 형제나 자매가 어려움을 당할 때 내가 아는 것, 들은 것, 체험한 것 등 많은 것들을 가지고 '위로를 받아봐.' 라고 하는 것이 좋은 것인가? 좋은 것이 아니다. 이것이 그리스도인들이 쉽게 빠질 수 있는 함정이다. 너무나 옳은 말이고 틀린 말이 없지만 좋은 것이 아니다.

반면 욥이 '나도 너희 같은 위치에 있으면 할 수 있어.' 라고 했는데, 욥이 이렇게 말하는 것이 표준에 이른 것인가? 그렇지는 않다. 그러니

하나님이 보실 때는 친구들보다 욥이 낫다. 하나님께서 욥기 마지막 부분에서 그렇게 확증해 주셨기 때문이다.

그러면 욥과 친구들의 차이는 무엇인가? 욥의 대화 속에는 하나님이 들어 있다. "하나님, 저한테 왜 그러세요?" "하나님, 저 좀 살려 주세요."라며 슬피 우는 것이다. 욥은 하나님 앞에서 울며 모든 것을 토로할 수 있는 사람이다. 그리고 무엇보다 중요한 것은 중보자이신 구주가 필요하다는 계시가 있었다. 엘리바스는 자기가 뭘 봤다고 했지만 뭘 보았는지 우리가 알 수 없다. 그러나 욥은 봤다고 하지 않지만 참된 그리스도인의 복음의 신앙에 가장 근접한 말을 하고 있다. 누가 복음에 가깝고 하나님과 가까운가? 무엇이 영적이고 참되게 아는 것인가? 무엇이 참된 지식이며 참된 경험인가? 생각해보시기 바란다.

어떤 환경이나 상황에서도 하나님께 나아가서 하나님께 호소하고 하나님께 '하나님, 도와 주세요.' 라고 기도하며, 너무 힘들 때 그냥 하나님 앞에서 슬피 우는 사람, 이 사람이 바로 욥이다. 무엇이 더 좋은가? 욥기의 말씀을 읽으면서 '아, 친구가 이렇게 말했구나. 욥이 이렇게 말했구나.' 하고 끝날 것이 아니라 여기서 우리는 과연 하나님을 경외하는 사람들의 본질, 하나님이 인정하는 사람들의 본질이 무엇인가를 깨달아야 한다. 욥, 다니엘, 노아와 같은 사람들은 하나님이 인정한 사람들이다. 구약에서 가장 의인으로 인정된 사람들이다. 벌써 말투에서부터 다르다. 하나님이 기뻐하시는 사람들의 언사, 성품, 본질이 무엇인가를 우리는 욥기를 통해 배울 수 있다. 고난을 당할 때, 정말 힘들 때, 사망의 골짜기를 지날 때, 언제나 욥의 고난을 생각해 보아야 한다. '아, 욥이 그렇게 했지, 인내하면서 참았지' 하면서 하나님 앞에 있을 때 성도들은 욥처럼 칭찬을 받고 하나님의 유익과 축복을 받게 되는 것이다. "보라 인내하는 자를 우리가 복되다 하나니 너희가 욥의 인내를 들었고 주께서 주신 결말을 보았거니와 주는 가장 자비하시고 긍휼히 여기는 자시니라"(약 5:11).

욥기 17장

preview

욥은 그에게 퍼부은 친구들의 심한 책망을 비판한다. 그는 자신을 죽어가고 있는 자로 여기면서("나의 기운이 쇠하였으며 나의 날이 다 하였고 무덤이 나를 위하여 예비되었구나"), 하나님이 보증물을 주시기를 간청한다.

보증물이란 법적 용어로 보증인의 담보물이다. 하나님이 욥의 보증인이 되시고 친히 보증물을 제시해주셔서 자기의 의로움을 확증해주시기를 바란다. 5절에서 욥같이 의로운 사람도 친구들이 너무 날카롭게 말하는 것을 듣고는 적개심이 대단히 발동하였음을 본다. 우리는 여기서 인간이 한계를 본다. 인간은 아무리 의로운 사람이라도 별수 없다고나 할까?

정직자는 놀란다는 것은 어떤 상황이 있을 때 정직한 자들은 놀라운 반응을 보인다. 그러나 사곡한 자들은 분을 낸다. 사곡한 자란 욥을 곡해하고 비난하는 친구들을 말한다. 10절에서 욥은 친구들 중에 지혜자가 없다고 말한다. 그의 친구들더러 돌아갔다가 다시 오라고 한다. 12

절은 욥이 회개하면 밝은 전망이 있을 것이라고 하지만 사실은 헛된 상상일 뿐이라는 말이다. 17장에서 욥은 거의 절망 상태에 이른 자신을 토로한다.

exposition

1-2절, 나의 기운이 쇠하였으며 나의 날이 다 하였고 무덤이 나를 위하여 예비되었구나 2 나를 조롱하는 자들이 오히려 나와 함께 있으므로 내 눈이 그들의 격동함을 항상 보는구나

여기서 욥은 자신의 기운이 쇠하여져서 '나의 일생은 다 끝났다' 라고 말한다. 자기 육신의 남은 인생에 대해 별로 소망이 없게 느끼고 있다. '나를 조롱하는 자들' 은 욥의 친구들을 말한다. 항상 그들이 욥에 대해서 격동한다고 했다.

3절, 청컨대 보증물을 주시고 친히 나의 보주가 되옵소서 주 외에 나로 더불어 손을 칠 자가 누구리이까

욥이 친구들과 다른 점은 모든 상황을 항상 하나님께 가져가는 것이다. 친구들도 하나님을 얘기는 하지만, 그들이 말하는 하나님은 그들의 지식 속에 있는 하나님, 교리 속에 있는 하나님이다. 그런데 욥은 의지하는 하나님, 간구하는 하나님으로 하나님을 상대하는 것이다. 이것이 친구들과 다른 점이다.

'보증물' 이라고 하는 것은 법적인 용어로 담보물이다. 욥은 하나님이 담보물이 되어 주시고 보주가 되어달라고 간구한다. '보주' 는 보증이다. "주 외에 나로 더불어 손을 칠 자가 누구리이까". 이것은 무슨 뜻인가? 어쨌든 욥은 하나님께 호소를 하고 있고 자기에 대하여 격동하는 자들인 친구들을 향해 약간 격동하고 있다.

4절, 주께서 그들의 마음을 가리워 깨닫지 못하게 하셨사오니 그들을 높이지 아니하시리이다

주님이 친구들의 마음을 가리웠다고 말한다. 마음을 어두워지게 해서 진리를 깨닫지 못하게 하셨다는 것이다. 그래서 하나님은 그들을 높이지 아니하실 것이라고 한다.

5절, 친구를 지적하여 해를 받게 한 자의 자식들은 눈이 멀지니라

욥의 친구들, 엘리바스, 빌닷, 소발이 계속 자신을 공격하고 자신에 대해 격동하니까 욥도 그들을 향해 약간 격동된 것이다. "친구를 지적하여". 친구들이 욥을 지적하고 있다는 말이다. "해를 받게 한 자의 자식들은 눈이 멀지니라". 다소 공격적인 말을 한다. 이 말씀에서 볼 때 욥같이 경건한 사람도 인간의 한계가 있다는 것을 느끼게 된다. 이런 점에서 우리는 위로를 받는다.

6절, 하나님이 나로 백성의 이야기거리가 되게 하시니 그들이 내 얼굴에 침을 뱉는구나

경건한 사람은 언제나 그렇다. 의롭고 경건하고 참된 길을 걸어가고자 하는 사람들은 항상 사람들의 이야기거리가 되고 사람들의 침 뱉음을 당한다. 조롱을 받게 된다. 바울의 말에 의하면, 만물의 찌끼와 천사와 사람들의 구경거리가 되고 싶지 않다면 주님의 종이 될 수 없는 것이다. "내가 생각건대 하나님이 사도인 우리를 죽이기로 작정한 자같이 미말에 두셨으매 우리는 세계 곧 천사와 사람에게 구경거리가 되었노라" (고전 4:9). "또 수고하여 친히 손으로 일을 하며 후욕을 당한즉 축복하고 핍박을 당한즉 참고 비방을 당한즉 권면하니 우리가 지금까지 세상의 더러운 것과 만물의 찌끼같이 되었도다" (고전 4:12-13).

하나님의 종들은 어둠의 세력을 상대하기 때문에 진리를 선포하는 사람에게는 당연히 그런 것이 몰려오게 되어 있다.

7절, 내 눈은 근심으로 하여 어두워지고 나의 온 지체는 그림자 같구나

욥은 근심이 많다. 큰 시련과 기력의 쇠함으로 눈이 어두워지고 육체는 그림자같이 되었다.

8절, 정직자는 이를 인하여 놀라고 무죄자는 사곡한 자를 인하여 분을 내나니

욥기나 전도서는 지혜서다. 이런 말씀을 통해서 그리스도인의 삶을 사는 지혜를 배우게 된다. 사람은 언제나 두 종류가 있다. 하나는 정직자고 또 하나는 사곡한 자이다. "정직자는 이를 인하여 놀라고". 이것은 친구들이 욥을 공격하는 상황을 정직한 자들이 볼 때 '왜 그럴까?' 하고 놀란다는 것이다. '사곡한 자' 는 누구인가? 그러한 상황을 엉뚱하게 해석하는 사람이다. 이 세상에는 그런 자들이 지금도 존재한다. 사물과 일들을 엉뚱하게 자신의 생각으로 해석하고 보는 것이다. 그리고 그것을 주장한다.

9절, 그러므로 의인은 그 길을 독실히 행하고 손이 깨끗한 자는 점점 힘을 얻느니라

아무리 욕을 먹고 사람들이 조롱해도 의인은 길을 독실히 걸어가고 힘을 점점 얻는다.

10절, 너희는 다 다시 올지니라 내가 너희 중에서 지혜자를 찾을 수 없느니라

욥이 친구들에게 내게 다시 와서 말해보라는 것이다. 이 친구들은 욥에게 계속해서 지혜의 말을 해주겠다고 했지만 욥은 '아니다' 면서 너희들은 지혜가 없다 한다. 엘리바스는 자신이 지혜의 땅에서 왔고 지혜자라고 하지만 욥은 아니라고 한다.

11절, 나의 날이 지나갔고 내 경영, 내 마음의 사모하는 바가 다 끊어졌구나

욥은 육신의 약함과 질병의 한계가 왔다 생각하고 이제 내 마음의 사모하는 바도 끊어지고 나의 앞으로 하고 싶은 의도, 경영, 계획도 다 없어졌다고 한다.

12-13절, 그들은 밤으로 낮을 삼고 빛이 어두운 데 가깝다 하는구나 13 내 소망이 음부로 내 집을 삼음에 있어서 침상을 흑암에 베풀고

이것은 어쨌든 욥이 자신의 육신의 상태가 거의 끝나서 음부로 내 집을 삼고 침상을 흑암에 베풀고 싶다고 한다.

14절, 무덤더러 너는 내 아비라, 구더기더러 너는 내 어미, 내 자매라 할진대

욥은 그저 죽어서 흙으로 돌아가고 싶다고 말한다.

15-16절, 나의 소망이 어디 있으며 나의 소망을 누가 보겠느냐 16 흙 속에서 쉴 때에는 소망이 음부 문으로 내려갈 뿐이니라

이제 욥은 자기 육신의 한계가 거의 다다랐고 죽음에 도달했다면서 그런 하소연을 하고 있다.

욥기 18장

preview

빌닷의 두 번째 질문이다. 그는 첫 번째처럼 전통에 입각하여 욥에게 권고한다. 그의 어조는 과격하고 냉혹하다. 2절의 '말을 찾는다'는 변명할 말을 하려고 더듬는다는 것을 뜻한다. 빌닷의 생각은 욥이 쓸데없이 말을 찾고 더듬어가면서 많이 한다는 것이다. 그는 욥의 말이 끝나기를 기다리는 데 지루함을 느꼈다. 빌닷은 사연을 듣기 전에 덤비는 단기적인 인물이다. 빌닷은 3절에서 욥이 자기들을 짐승이라고 말하였다고 생각한다. 지나치게 자존심이 강하고 교만한 사람은 상대의 말한 것을 크게 무시하는 것으로 여기는 특징이 있다. 욥은 다만 엘리바스와 친구들이 악하고 지혜가 없는 자라고 비난한 것뿐이다(16:11, 17:4, 10).

빌닷은 욥이 하나님께서 자기를 찢는다고 하였지만 사실은 자기가 스스로를 찢는다고 한다. 욥이 분을 내며 의롭다고 주장하는 말 등이 스스로를 찢는 행위라는 말이다. 빌닷의 공격은 친구들 중 가장 가혹한 것이었다.

exposition

1-2절, 수아 사람 빌닷이 대답하여 가로되 2 너희가 어느 때까지 말을 찾겠느냐 깨달으라 그 후에야 우리가 말하리라

여기서 '너희'는 욥을 가리킨다. '말을 찾는다'는 것은 욥이 변명할 말을 찾는다고 생각하는 것이다. 즉 불필요하게 여러 말을 한다는 말이다. 빌닷이라는 친구는 아직 욥이 깨달을 것을 깨닫지 못했다고 생각한다. 정말 깨닫는 말을 해야 우리가 그 후에 말할 것이라고 한다.

3절, 어찌하여 우리를 짐승으로 여기며 부정하게 보느냐

욥은 친구들에 대해서 짐승이라고 말한 적은 없다. 욥이 여러 가지 말로 그들에 대해 '어리석다, 지혜가 없다'라는 식으로 말했지만 짐승이라고는 말하지 않았다. 이렇게 교만한 사람들, 지나치게 자존심이 강한 사람들은 상대가 말한 것을 크게 무시하는 것으로 여겨 상대방의 말을 과대포장해서 공격하는 특징이 있다.

4절, 너 분하여 스스로 찢는 자야 너를 위하여 땅이 버림을 당하겠느냐 바위가 그 자리에서 옮기겠느냐

빌닷이라는 친구는 욥이 스스로 너무 속상해서 '스스로 찢는 자'라고 말했다. 땅이나 바위가 부동한 것처럼 자연법칙은 불변하는 게 있다고 말한다. 욥에게 무엇을 말해주려고 하냐면 '땅이 버림을 당할 리가 없고 바위가 그 자리를 옮길 리가 없는 것처럼 네가 그렇게 스스로 찢고 잘못하고 악을 행하면 반드시 고난이 오는 것이다.'라고 하는 것이다. '그렇게 큰 고난이 네게 오는 것은 네가 잘못했기 때문인데 이것은 변함없는 사실이다.'라는 말이다.

5-14절, 악인의 빛은 꺼지고 그 불꽃은 빛나지 않을 것이요 6 그 장막 안의 빛은 어두워지고 그 위의 등불은 꺼질 것이요 7 그 강한 걸음이 곤하여지고 그 베푼 꾀에 스스로 빠질 것이니 8 이는 그 발이 스스로 그물에 들어가고 얽는 줄을 밟음이며 9 그 발뒤꿈치는 창애에 치이고 그 몸은 올무에 얽힐 것이며 10 그를 동일 줄이 땅에 숨겼고 그를 빠뜨릴 함정이 길에 베풀렸으며 11 무서운 것이 사방에서 그를 놀래고 그 뒤를 쫓아올 것이며 12 그 힘은 기근을 인하여 쇠하고 그 곁에는 재앙이 기다릴 것이며 13 그의 백체가 먹히리니 곧 사망의 장자가 그 지체를 먹을 것이며 14 그가 그 의뢰하던 장막에서 뽑혀서 무서움의 왕에게로 잡혀가고

빌닷이 욥을 가르치는 말을 시적으로 표현했다. 즉 악인의 운명에 대한 것이다. 악인이 있는데 악을 행하기 때문에 빛이 꺼지고, 불꽃이 빛나지 않고 어두워지고, 등불이 꺼지고, 강한 걸음이 곤해지고, 베푼 꾀에 스스로 빠지고, 발꿈치가 창애에 치이고, 무서운 것이 사방에서 놀라게 하고, 백체가 먹힐 것인데 곧 사망의 장자가 그 지체를 먹을 것이며, 의뢰하던 장막에서 뽑혀 무서움의 왕에게로 잡혀간다고 했다. 다 욥에 대하여 하는 말이다.

'그 의뢰하던 장막' 이란 욥의 건강했던 몸을 말한다. "무서움의 왕에게로 잡혀가고"는 소위 세상 사람들이 말하는 저승사자한테 잡혀간다는 것의 시적 표현이다.

15-21절, 그에게 속하지 않은 자가 그 장막에 거하리니 유황이 그 처소에 뿌려질 것이며 16 아래서는 그 뿌리가 마르고 위에서는 그 가지가 찍힐 것이며 17 그의 기념이 땅에서 없어지고 그의 이름이 거리에서 전함이 없을 것이며 18 그는 광명 중에서 흑암으로 몰려 들어가며 세상에서 쫓겨 날 것이며 19 그는 그 백성 가운데서 아들도 없고 손자도 없을 것이며 그의 거하던 곳에는 한 사람도 남은 자가 없을 것이라 20 그의 날을 인하여 뒤에 오는 자가 앞선 자의 두려워하던 것같이 놀라리라 21 불의한 자의 집이 이러하

고 하나님을 알지 못하는 자의 처소도 그러하니라

15절부터는 악인은 가족적으로 멸망할 것을 말한다. 아들도 없고 손자도 없을 것이며 한 사람도 남은 자가 없을 것이라고 한다. "뿌리가 마르고 위에서는 그 가지가 찍힐 것이며". 뿌리는 본인을 의미하며 가지는 그 자손을 말한다. 지금 욥이 당한 환경에 대하여 빌닷이라는 친구는 악인의 결과는 결국 이렇게 된다고 말한다. 즉 빌닷은 욥이 악인이라고 확신하여 말하고 있는 것이다. '너는 죄를 많이 지었고 잘못을 많이 했기 때문에 이런 상황을 당하는 것이다.' 라고 말해주고 있다.

욥기 19장

preview

욥은 불친절한 빌닷의 말을 되받아친다. 2절의 번뇌케 한다는 것은 마음을 고문한다는 뜻이다. 그들은 욥을 학대하고도 부끄러운 줄을 모른다고 했다(3절). "내 살을 먹고도 부족하니"(21절)란 '그만큼 괴롭혔으면 됐지 얼마나 더 괴롭혀야 하느냐'는 말이다. 23절에서 욥은 "나의 말이 곧 기록되었으면"이라고 한다. 후대 사람들에게라도 기억되기를 바라는 것이다. 욥은 적어도 자기의 고난의 원인이 죄가 아니라는 것은 확신했다. 그것에 대하여 그는 친구들보다 계시가 있었기에 기록해서 후대에 전하기 바랐다. 사실은 이래서 진리는 더욱더 앞으로 나아가는 것이다.

exposition

1-2절, 욥이 대답하여 가로되 2 너희가 내 마음을 번뇌케 하며 말로 꺾기를 어느 때까지 하겠느냐

마음을 심히 어렵게 한다, 고문한다는 뜻이다.

3-4절, 너희가 열 번이나 나를 꾸짖고 나를 학대하고도 부끄러워 아니하는구나 4 내가 과연 허물이 있었다 할지라도 그 허물이 내게만 있는 것이니

열 번이나 나를 꾸짖었다고 하는데, 이는 많은 회수를 말하는 것이다. 세 친구는 번갈아가며 욥을 공격하고 냉대하였다. 위로하는 게 아니라 도리어 괴롭히는 입장이 되었다.

5-6절, 너희가 참으로 나를 향하여 자긍하며 내게 수치될 행위가 있다고 증명하려면 하려니와 6 하나님이 나를 굴하게 하시고 자기 그물로 나를 에워싸신 줄은 알아야 할지니라

'나에게 수치될 행위가 있는지 너희들이 찾아본다고 하더라도 나를 이렇게 굴복하게 하시고 나를 에워싸신 분은 하나님이시다.' 라고 한다. 하나님이 이렇게 나에게 하셨다는 것이다.

7절, 내가 포학을 당한다고 부르짖으나 응답이 없고 간구할지라도 신원함이 없구나

하나님이 자기의 기도를 들어주시지 않는다는 것이다. 하나님은 욥과 같이 의로운 사람이 자신의 어려운 처지를 고하며 부르짖는다고 해서 다 응답해 주시지는 않는다는 것을 알 수 있다.

8절, 그가 내 길을 막아 지나지 못하게 하시고 내 첩경에 흑암을 두셨으며

하나님께서 그렇게 하셨다는 것이다. 하나님께서 욥의 가는 길을 막아서 지나지 못하게 하셨다고 한다.

9-12절, 나의 영광을 벗기시며 나의 면류관을 머리에서 취하시고 10 사면으로 나를 헐으시니 나는 죽었구나 내 소망을 나무 뽑듯 뽑으시고 11 나를 향하여 진노하시고 원수같이 보시는구나 12 그 군대가 일제히 나아와서 길을 수축하고 나를 치며 내 장막을 둘러 진 쳤구나

하나님께서 자신을 이렇게 대하신다고 생각하는 것인데 좀 지나친 얘기다. 하나님을 경외하고 정직하여 악에서 떠나 있고 정말 하나님을 사랑하는 욥이 고난을 당하면서 이런 말을 할 수 있다는 것이 쉽게 납득이 되지 않는다. 이것은 하나의 자기 탄식이다. 이런 말을 안 할 수 있으면 좋겠지만 그런 고난의 과정에서 너무 어려움을 당하다보니 하나님을 향해 불평 섞인 탄식이 나오는 것이다. 어떻게 보면 하나님께 불평 불만을 하는 것이다. 우리는 이런 말을 들으면서 은혜를 받는다. 여러분은 성도에게 너무 높은 표현을 요구하지 말라. 이것이 우리가 여기서 배워야 할 점이다.

13-14절, 나의 형제들로 나를 멀리 떠나게 하시니 나를 아는 모든 사람이 내게 외인이 되었구나 14 내 친척은 나를 버리며 가까운 친구는 나를 잊었구나

모든 사람이 욥에게서 등을 돌린 이유는 욥이 거지가 되었기 때문이다. 욥에게도 많은 사람들이 있었고 욥이 시험을 받기 전에는 존경도 하고 가까이 했으나 이제 모두 떠나고 그들이 마치 외인같이 되었다고 말한다.

15-16절, 내 집에 우거한 자와 내 계집 종들은 나를 외인으로 여기니 내가 그들 앞에서 타국 사람이 되었구나 16 내가 내 종을 불러도 대답지 아니

하니 내 입으로 그에게 청하여야 하겠구나

이제 종들을 불러도 그들이 대답도 안 한다. 그래서 간청해야만 하는 처지가 된 것이다.

17절, 내 숨을 내 아내가 싫어하며 내 동포들도 혐의하는구나

그 아내도 욥을 인정하지 않고 그의 동포들도 의심하고 욥을 사랑하지 않는다.

18-19절, 어린 아이들이라도 나를 업신여기고 내가 일어나면 나를 조롱하는구나 19 나의 가까운 친구들이 나를 미워하며 나의 사랑하는 사람들이 돌이켜 나의 대적이 되었구나

"나의 가까운 친구들이 나를 미워하며 나의 사랑하는 사람들이 돌이켜 나의 대적이 되었구나". 욥의 친구들을 말한다. 돈이 많고 권력이 있으면 많은 사람들이 다가오고 따른다. 그러나 돈이 없어지면 따르지 않는다.

20절, 내 피부와 살이 뼈에 붙었고 남은 것은 겨우 잇꺼풀 뿐이로구나

피골이 상접했다는 뜻이다.

21-22절, 나의 친구야 너희는 나를 불쌍히 여기라 나를 불쌍히 여기라 하나님의 손이 나를 치셨구나 22 너희가 어찌하여 하나님처럼 나를 핍박하느냐 내 살을 먹고도 부족하냐

이 말을 욥이 했다는 것이 믿어지는가? '너희들이 하는 짓은 나를 먹는 것이다. 너희들이 하나님이냐? 하나님이 나를 치셨는데 너희들도 나를 치는 것인가?'

23-24절, 나의 말이 곧 기록되었으면, 책에 씌어졌으면, 24 철필과 연으

로 영영히 돌에 새겨졌으면 좋겠노라

지금 욥은 책을 쓰고 싶어한다. 친구들하고 얘기를 하다 보니 친구들의 말은 완전히 엉터리이고 욥 자신의 말은 쓸모 있는 말이라고 스스로 생각했다. 그래서 자신의 말을 다 기록해서 책을 썼으면 좋겠다는 것이다. 어쨌든 친구들의 말보다는 욥의 말이 더 나았다. 그러나 욥은 나중에 회개하게 된다. 그래도 하나님은 욥의 이런 상태를 인정하신다. 야고보 사도는 고난당하는 자들에게 욥의 인내를 배우라고 했다.

25절, 내가 알기에는 나의 구속자가 살아 계시니 후일에 그가 땅 위에 서실 것이라

욥의 신앙이 좋다는 것은 살아계신 하나님, 중보자, 보증인을 늘 바라본다는 것이다. 욥은 자기 스스로는 도저히 자신의 문제를 해결할 수 없다고 한계를 느낀다. 그러나 그의 친구들은 한 번도 그것을 느낀 적이 없다. 욥에 대하여 뭔가 말해주려는 마음만 가득하다. 자기들의 말만 잘 들으면 욥이 바뀔 것이라고 생각한다. 이 친구들은 경험이 많고 지식이 많다. 그래서 이렇게 저렇게 욥을 가르쳐서 바꿔주고 싶은 것이다.

그런데 욥은 하나도 듣지 않는다. 그러면서 욥은 '너희들 참 답답하다, 너희들 말이 하나도 내게 도움이 안 된다, 쓸모 있는 말이 하나도 없다, 차라리 내 말을 책으로 썼으면 좋겠다.' 라고 한다. 그리고 중요한 것은 '내가 힘들고 어려워서 이런 말을 해도 나는 스스로 내 일을 해결하지 못한다. 나에게는 기대하고 바라보고 앙망하고 의지하는 한 분이 있다.' 는 그의 신앙이다.

26절, 나의 이 가죽, 이것이 썩은 후에 내가 육체 밖에서 하나님을 보리라

욥은 부활의 소망을 가지고 있다. 자기의 육신은 썩지만 육체 밖에서 구주 하나님을 볼 것이라는 소망을 갖고 있는 것이다.

27절, 내가 친히 그를 보리니 내 눈으로 그를 보기를 외인처럼 하지 않을 것이라 내 마음이 초급하구나

욥은 그리스도의 재림을 간절히 소망한다. '초급하다' 는 것은 마음이 초조하고 힘들다는 뜻이다.

28-29절, 너희가 만일 이르기를 우리가 그를 어떻게 칠고 하며 또 이르기를 일의 뿌리가 그에게 있다 할진대 29 너희는 칼을 두려워할지니라 분노는 칼의 형벌을 부르나니 너희가 심판이 있는 줄을 알게 되리라

욥의 친구들이 욥을 어떻게 칠꼬 하며 모든 일의 뿌리가 욥에게 있다면서 함부로 비평하고 판난한다면 그에 대한 심판이 반드시 있다는 것을 알라는 것이다. 사람들에 대한 비판과 훼방의 말들은 심판을 불러들이게 된다. 그리므로 굉장히 위험한 것이다.

요즈음 그리스도인들을 보면 너무 두려워함이 없다. 교회생활이나 신앙생활이 아무것도 아닌 게 아니다. 하나님은 살아계시다. 하나님은 축복할 자를 축복하시고 심판할 자를 심판하신다. 그런데 어떤 사람들은 심판을 부른다.

그러므로 입술의 말이 얼마나 중요한지 모른다. 정말 두려워해야 한다. 매사를 두려워 떨어야 한다. 하나님을 섬길 때 말을 함부로 해서는 안 된다. 어떤 사람이 행하는 것을 보면 참 복되게 여겨진다. 그런 사람은 축복을 부른다. 그런데 어떤 사람은 내가 봐도 심판에 나아가는 말을 한다. 아주 위험한 데로 걸어간다.

아프리카 사람들은 에이스, 말라리아 등의 질병을 겁내지 않는다. 왜냐하면 그런 질병에 걸린 사람들이 너무 많기 때문이다. 몽골에 가보면 고혈압, 중풍 같은 질병에 대하여 우리나라 사람들보다 겁이 없는 것 같다. 그들은 고기나 그 기름을 지나치게 많이 먹는다. 한국의 그리스도인들은 권위에 대한 두려움이 없다. 하나님을 경외하지 않는다. 어떻게 길을 가면 심판을 초래하게 되는지를 모른다.

베드로 전서 4장 17절에 "하나님의 집에서 심판이 시작되었으니"라고 했다. 하나님은 행정이 있으신 분이다. 모세는 가나안 땅에 못 들어갔다. 그것이 하나님의 행정이고 하나님의 심판이다. "이는 너희가 신 광야 가데스의 므리바 물 가에서 이스라엘 자손 중 내게 범죄하여 나의 거룩함을 이스라엘 자손 중에서 나타내지 아니한 연고라 내가 이스라엘 자손에게 주는 땅을 네가 바라보기는 하려니와 그리로 들어가지는 못하리라 하시니라"(신 32:51-52). 이것이 심판이다.

신약시대에도 하나님의 행정이 있다. 사도행전에서 아나니아와 삽비라가 밭을 판 값의 얼마를 감추고 성령을 속인 죄로 죽임을 당했다. 고린도 전서 11장을 보면 고린도 교회에 편당이 있었다. 바울은 고린도 성도들에게 '너희가 하나님의 교회를 업신여겼다' 고 했다. 그러므로 고린도 교회에 하나님의 심판이 있었던 것이다. "이는 먹을 때에 각각 자기의 만찬을 먼저 갖다 먹으므로 어떤이는 시장하고 어떤이는 취함이라 너희가 먹고 마실 집이 없느냐 너희가 하나님의 교회를 업신여기고 빈궁한 자들을 부끄럽게 하느냐 내가 너희에게 무슨 말을 하랴 너희를 칭찬하랴 이것으로 칭찬하지 않노라"(고전 11:21-22). "주의 몸을 분변치 못하고 먹고 마시는 자는 자기의 죄를 먹고 마시는 것이니라 이러므로 너희 중에 약한 자와 병든 자가 많고 잠자는 자도 적지 아니하니"(고전 11:29-30).

다윗은 어떠했는가? 회개하면 하나님이 용서는 하신다. 다윗이 우리아의 아내를 범하고 우리아를 전쟁터의 사지에 몰아넣었을 때, 하나님께서는 나단 선지자를 통해서 칼이 네 집에서 떠나지 않을 것이라고 하셨다. 그 이후로 다윗은 끝까지 어려움을 당했다. 이것이 하나님의 행정이다. 이 나라 한국의 그리스도인들이 하는 것을 보면 축복된 길이 무엇인지 잘 모르는 것 같다. 말을 함부로 해서는 안 된다. 매사에 조심해야 한다.

여러분들은 하나님을 기쁘시게 하는 사람들이 되기를 바란다. 골로새서 1장 10절에도 범사에 하나님을 기쁘시게 하라는 말이 있다. "주께 합당히 행하여 범사에 기쁘시게 하고 모든 선한 일에 열매를 맺게 하시며 하나님을 아는 것에 자라게 하시고". 에베소서 5장 10절에도 하나님을 기쁘시게 할 것이 무엇인지 시험해 보라는 말씀이 있다. "주께 기쁘시게 할 것이 무엇인가 시험하여 보라". 하나님을 기쁘시게 할 수가 있는 것이다.

고린도 전서 10장 22절에는 "그러면 우리가 주를 노여워하시게 하겠느냐 우리가 주보다 강한 자냐"라는 말씀이 있다. 히브리서 12장 29절에서는 "우리 하나님은 소멸하는 불이심이니라"고 했고, 시편 7편 12절에서는 "사람이 회개치 아니하면 저가 그 칼을 갈으심이여 그 활을 이미 당기어 예비하셨도다"라고 했다.

오늘날 그리스도인들은 은혜의 하나님, 모든 것을 용서해 주시는 하나님만 아는 것 같다. 조심하고 두려워 떠는 것이 너무나 부족하다. 그러므로 성도들이 다듬어지지 않는다. 정말 조심해야 한다. 그리스도인의 생활 정말 두려워하며 해야 한다.

욥기 20장

preview

소발의 두 번째 질문은 엘리바스나 빌닷의 그것과 별다를 바 없다. 다 인과응보설에 근거한 권고이다. 소발은 짧게 말하지만 그 어조가 상당히 강력하다. 악인의 흥함은 매우 짧고 결국 멸망한다는 것이다. 소발은 여러 가지 예를 들어 악인의 상황을 제시한다. 악인은 몸에 병이 들고 양심에 고통을 느끼며 가산이 탕진되며 치욕스런 평판을 얻는다고 말한다. 소발의 문제는 무엇인가? 욥이 악인이라는 증거가 없는데도 단지 그가 재앙을 당했다는 것을 근거로 그가 틀림없이 악인이라고 단정한 것이다.

exposition

1-2절, 나아마 사람 소발이 대답하여 가로되 2 그러므로 내 생각이 내게

대답하나니 이는 내 중심이 초급함이니라

소발이라는 사람은 나아마 사람인데 가장 연소한 사람이다. 젊은 사람이라 성격이 급하다.

3절, 내가 나를 부끄럽게 하는 책망을 들었으므로 나의 슬기로운 마음이 내게 대답하는구나

소발은 자기 자신을 슬기롭다고 말한다.

4-5절, 네가 알지 못하느냐 예로부터 사람이 이 세상에 있어 옴으로 5 악인의 이기는 자랑도 잠시요 사곡한 자의 즐거움도 잠간이니라

소발이라는 사람은 악인도 이기는 수가 잠간 있다고 했다. 사곡한 자, 외식하는 자의 즐거움도 잠간은 있다. '욥 너도 잠간은 이기는 자랑을 맛봤지?' 라고 하는 것이다. 따라서 욥이 원래 악한 자라는 것을 말해 주고 싶은 것이다.

6-7절, 그 높기가 하늘에 닿고 그 머리가 구름에 미칠지라도 7 자기의 똥처럼 영원히 망할 것이라 그를 본 자가 이르기를 그가 어디 있느냐 하리라

소발은 악인의 번영을 나무에 비한다. 나무가 높고 하늘에 닿고 구름에 미칠지라도 잠시 후에는 자기의 똥처럼 없어진다고 말한다. 매우 지나친 비유이다.

8-9절, 그는 꿈같이 지나가니 다시 찾을 수 없을 것이요 밤에 보이던 환상처럼 쫓겨가리니 9 그를 본 눈이 다시 그를 보지 못할 것이요 그의 처소도 다시 그를 보지 못할 것이며

여기서는 꿈과 같은 환상에 비한다. 허상으로서 잠이 깨면 없어지듯 없어진다는 말이다. 악인들은 잠시 번영하는 것 같지만 결국은 다 환상처럼 실제가 없다는 것이다.

10절, 그의 자녀들이 가난한 자에게 은혜를 구하겠고 그도 얻은 재물을 자기 손으로 도로 줄 것이며

불의하게 얻은 재물은 다 없어지고 자녀들이 심지어 가난한 자들에게 동냥을 하게 된다고 한다. 불의하게 얻은 재물은 오래 남아 있지 않게 된다는 뜻이다.

11-14절, 그 기골이 청년같이 강장하나 그 기세가 그와 함께 흙에 누우리라 12 그는 비록 악을 달게 여겨 혀 밑에 감추며 13 아껴서 버리지 아니하고 입에 물고 있을지라도 14 그 식물이 창자 속에서 변하며 뱃속에서 독사의 쓸개가 되느니라

악인들은 그 건강도 한창 번창할 때에는 기골이 청년같이 강장하고 기세가 좋을지라도 오래 살지 못하고 죽는다고 한다. 악인이 악을 좋아하는 것을 좋아하는 음식을 먹는 것에 비한다. 미식물들은 맛있게 먹지만 먹은 사람의 뱃속에서 독이 되어 죽게 된다는 말이다. 욥의 가족이 그렇다는 것이다.

15-16절, 그가 재물을 삼켰을지라도 다시 토할 것은 하나님이 그 배에서 도로 나오게 하심이니 16 그가 독사의 독을 빨며 뱀의 혀에 죽을 것이라

아주 엄청난 말을 쏟아내고 있다. 이 젊은 친구가 욥한테 할 말, 못할 말을 다 하고 있다. 온갖 저주를 다 퍼붓고 있다. 먹었던 식물을 토하는 것처럼 악인은 재물을 모으지만 도로 다 토해내고 잃어버리게 된다는 말이다.

17-18절, 그는 강 곧 꿀과 엉긴 젖이 흐르는 강을 보지 못할 것이요 18 수고하여 얻은 것을 도로 주고 삼키지 못할 것이며 매매하여 얻은 재물로 즐거워하지 못하리니

악인은 돈을 벌어봤자 가나안 땅 같은 풍요로움을 누리지 못하게 된다고 한다. 수고하여 얻은 것도, 매매하여 얻은 것도 누리지 못하게 될 것이라고 말하고 있다.

19절, 이는 그가 가난한 자를 학대하고 버림이요 자기가 세우지 않은 집을 빼앗음이니라

욥이 가난한 자를 학대하고 자기가 세우지 않은 집을 빼앗아서 재산을 모았다고 말한다.

20절, 그는 마음에 족한 줄을 알지 못하니 그 기뻐하는 것을 하나도 보존치 못하겠고

악인은 탐심 때문에 많이 얻어도 족한 줄을 모른다는 말이다. 욥이 과거에 마음에 족한 줄을 알지 못했었다는 것이다. 따라서 그 기뻐하는 것을 보존하지 못한 것이라고 한다.

21-23절, 남긴 것이 없이 몰수히 먹으니 그런즉 그 형통함이 오래지 못할 것이라 22 풍족할 때에도 곤액이 이르리니 모든 고통하는 자의 손이 그에게 닿으리라 23 그가 배를 불리려 할 때에 하나님이 맹렬한 진노를 내리시리니 밥 먹을 때에 그의 위에 비같이 쏟으시리라

악인이 재물을 모으고 형통해도 오래가지 못한다는 말을 반복적으로 하는 것이다. 풍족할 때에도 곤액이 이르고 배를 불리려 할 때 하나님이 맹렬한 진노를 내리실 것이라고 한다. 밥 먹을 때 갑자기 하나님이 진노를 쏟으셔서 망한다는 것이다.

24-26절, 그가 철 병기를 피할 때에는 놋활이 쏘아 꿸 것이요 25 몸에서 그 살을 빼어 낸즉 번쩍번쩍하는 촉이 그 쓸개에서 나오고 큰 두려움이 그에게 임하느니라 26 모든 캄캄한 것이 그의 보물을 위하여 쌓이고 사람이 피우지 않은 불이 그를 멸하며 그 장막에 남은 것을 사르리라

한 가지 벌을 피하면 또 다른 것이 뒤따라온다는 말이다. 철병기를 피하면 놋활이 쏘아 꿸 것이라고 한다. 이 젊은 소발이라는 친구는 아직 욥이 센 말을 못 들어서 정신을 못 차렸다고 생각했는지 있는 말 없는 말을 다 쏟아부어 욥을 굴복시키려 하고 있다.

27절, 하늘이 그의 죄악을 드러낼 것이요 땅이 일어나 그를 칠 것인즉

욥은 하늘과 땅이 그의 변호자라고 했으나 소발은 하늘과 땅이 다 욥을 칠 것이라고 한다.

28-29절, 그 가산이 패하여 하나님의 진노하시는 날에 흘러가리니 29 이는 악인이 하나님께 받을 분깃이요 하나님이 그에게 정하신 산업이니라

소발이라는 친구는 욥이 악인이기 때문에 완전히 재산을 몰수당하고 망했다고 하면서 '아직도 정신 못 차리느냐' 는 식으로 아주 거칠게 말하고 있다. 이 친구들의 의도는 욥을 돌이키려고 하는 것이다. '잘못했으니 회개하면 하나님이 복을 주실 텐데.' 하면서 처음에는 좋게 이야기를 시작하다가 욥이 받아들이지 않으니까 점점 세게 말하면서 욥을 강하게 몰아붙이는 것이다.

욥기 21 장

preview

21장은 소발의 거친 발언에 대한 욥의 대답이다. 우선 3절에서 욥은 "나를 용납하여 말하게 하라"고 하면서 그의 겸손을 보여준다. 4절의 '원망'은 수심이나 근심으로 번역되어야 맞다. 욥은 고난으로 인하여 원망하기보다는 난제를 알지 못하여 근심한 것이다. 그러나 그는 그러한 미궁에 빠져 있을 때라도 하나님을 신뢰하였다.

초급하다는 것은 초조하다는 말이다. 6절에서 욥은 그가 어찌 열 자녀나 잃고 그러한 불행을 당했는데 답답하고 두렵지 않겠느냐고 말한다. 7절에서는 악인이 잘되는 것은 어찌된 일이냐고 묻는다. 13절에서는 악인도 잘되다가 경가간에 죽는 사람이 있다고 한다. "소고와 수금으로 노래하고 피리 불어 즐기며 그 날을 형통하게 지내다가 경가간(in a moment)에 음부에 내려간다"는 말은 악인이 즐겁고 형통하게 살다가 장기간 병으로 고생도 안 하고 평안하게 죽는 것을 말한다.

7-16절에서 악인들이 형통한 예를 들었다. 1) 장수하고 세력을 삽으며 2) 후손들이 잘되고 3) 집이 평안하고 4) 산업이 잘되며 5) 자녀들

이 많고 6) 희락이 있고 7) 잘 살다가 평안히 죽는다는 것 등이다. 16절의 '악인의 계획' 이란 '악인의 인생관' 이라는 말이다. 17-26절의 말씀은 하나님의 섭리의 불가해성을 논하는 말이다.

27절에서 '궤휼' 이란 책략을 뜻한다. 허구한 책략이다. 상상하는 방침이라는 뜻도 있다. 친구들은 욥을 악인으로 규정하고 그래서 고난을 받는 거라고 몰아간다는 말이다. 그것이 그들의 책략이라는 뜻이다. 29절은 잘못된 종교인들보다 차라리 여행자들, 객관적인 사람들의 견해가 더 나은 경우가 많다는 말이다. 33절은 그는 골짜기의 흙덩이를 달게 여기고 그 앞선 자가 무수함같이 모든 사람이 그 뒤를 좇으리라고 하는데, 이는 그가 묻힌 것을 만족하게 생각한다는 뜻이다. 후반절은 장례행사가 성대함을 가리킨다. 그의 시신에 앞선 자와 뒤따르는 자가 무수하다고 하였다.

exposition

1-2절, 욥이 대답하여 가로되 2 너희는 내 말을 자세히 들으라 이것이 너희의 위로가 될 것이니라

욥은 전혀 그 말을 받아들이지 않는다. 내 말이나 자세히 들으라 한다. 욥의 생각은 하나님 앞에서의 생각이다. 따라서 그들의 말이 잘못된 것을 안다.

3절, 나를 용납하여 말하게 하라 내가 말한 후에 또 조롱할지니라

욥은 친구들에게 내 말하는 것을 용납하라고 겸손히 말한다. 그렇지만 욥은 그들의 말을 다 조롱하는 것으로 여길 뿐 결코 받아들이지 않았다.

4절, 나의 원망이 사람을 향하여 하는 것이냐 내가 어찌 초급하지 아니하겠느냐

욥은 '원망'이라고 했다. 하나님에 대하여 원망 섞인 말을 했다는 것이다. 그런데 너희들한테 하는 것은 아니라고 말한다. 욥이 여기서 자신의 모든 말이 하나님을 향한 것이라고 하는 것은 매우 의미가 있다. 그 친구들은 자기들이 아는 것으로 욥과만 상대하지만, 욥은 그 모든 처지에서 하나님을 생각하며 하나님 앞에서, 하나님께 아뢰는 식으로 말하는 것이다. 즉 욥의 사상에는 하나님이 있다. 그러나 친구들의 사상에는 교리나 옳고 그름의 관념만 있지 살아계신 하나님이 없다. 여기서 '원망'이란 말은 원문에서 근심에 가깝다. '초급하다'는 말은 초조하다는 뜻이다.

5절, 너희는 나를 보아라, 놀라라, 손으로 입을 가리우라

욥은 친구들에게 나를 보고 좀 놀래 보라고 한다. 자신이 그런 범죄를 저지르지 않았는데 이러한 재난을 만나게 된 것에 대하여 놀라라고 하는 말이다. 그리고 더 이상 말하지 말고 입을 막으라고 한다.

6절, 내가 추억하기만 하여도 답답하고 두려움이 내 몸을 잡는구나

어찌 열 자녀나 잃고 그러한 엄청난 불행을 당했는데 답답하고 두렵지 않겠느냐는 것이다.

7절, 어찌하여 악인이 살고 수를 누리고 세력이 강하냐

친구들에게 묻고 있다. 너희들 말대로라면 악인은 다 벌 받고 죽어야 하는데 장수도 하고 세력도 강하고 떵떵거리며 살지 않더냐는 말이다. 7-18절에서는 악인이 잘되는 이유가 무엇인지 친구들에게 묻고 있다.

8-9절, 씨가 그들의 앞에서 그들과 함께 굳게 서고 자손이 그들의 목전에

서 그러하구나 9 그 집이 평안하여 두려움이 없고 하나님의 매가 그 위에 임하지 아니하며

악인들의 자손들이 세상에서 번영하고 잘되고 평안하며 두려움이 없고 하나님의 매가 그 위에 임하지 않더라는 것이다.

10절, 그 수소는 영락없이 새끼를 배게 하고 그 암소는 새끼를 낳고 낙태하지 않는구나

그들의 말에 의하면 악인의 수소나 암소는 새끼를 배어서도 안 되고 귀여운 새끼를 잘 낳아서도 안 된다. 그러나 실제로 인생살이에서 보면 악인들의 소유인 짐승들도 새끼를 잘 배고 낙태도 안 하고 잘 낳더라는 말이다.

11절, 그들은 아이들을 내어보냄이 양 떼 같고 그 자녀들은 춤 추는구나

악인의 집이 즐거워하는 모습을 그린 것이다.

12-13절, 그들이 소고와 수금으로 노래하고 피리 불어 즐기며 13 그 날을 형통하게 지내다가 경각간에 음부에 내려가느니라

'경각간' 이란 아주 짧은 순간이라는 뜻이다. 악인들이 일생을 형통하게(소고와 수금으로 노래하고 피리 불어 즐기며) 지내다가 죽을 때도 장기간 앓아 고생고생하다 죽는 게 아니라 짧게 앓고 죽더라는 말이다.

14절, 그러할지라도 그들은 하나님께 말하기를 우리를 떠나소서 우리가 주의 도리 알기를 즐겨하지 아니하나이다

그러면서도 그들은 '하나님, 우리를 떠나세요. 우리는 하나님이 필요 없어요.' 하며 주의 도리 알기를 즐기지 않는다고 한다.

15절, 전능자가 누구기에 우리가 섬기며 우리가 그에게 기도한들 무슨

이익을 얻으랴 하는구나

그 악인들은 '전능자가 누구기에 우리가 섬기며 우리가 그에게 기도한들 무슨 이익을 얻겠냐' 고 한다는 것이다.

16절, 그들의 복록이 그들의 손으로 말미암은 것이 아니니라 악인의 계획은 나와 판이하니라

그러한 악인들의 인생관은 나와는 다르다는 것이다.

17-18절, 악인의 등불이 꺼짐이나 재앙이 그들에게 임함이나 하나님이 진노하사 그들을 곤고케 하심이나 18 그들이 바람 앞에 검불같이, 폭풍에 불려가는 겨같이 되는 일이 몇 번이나 있었느냐

악인들이 등불이 꺼지고 재앙이 그들에게 임하고 하나님이 진노하여 그들을 곤고케 하시고 그들이 바람 앞에 검불같이, 폭풍에 불려가는 겨같이 되는 것을 몇 번이나 봤냐는 것이다.

19절, 하나님이 그의 죄악을 쌓아 두셨다가 그 자손에게 갚으신다 하거니와 그 몸에 갚으셔서 그로 깨닫게 하셔야 할 것이라

만일 여러분의 말대로라면 왜 하나님이 죄를 자식들에게 돌리는가? 그 사람 본인한테 재앙을 내려서 그 사람이 깨닫게 하는 게 맞지 않느냐는 것이다.

20절, 자기의 멸망을 자기의 눈으로 보게 하시며 전능자의 진노를 마시게 하셔야 할 것이니라

자기가 악한 사람이니까 자기의 멸망을 자기 눈으로 보게 해야 할 것 아니냐는 것이다.

21-26절, 그의 달 수가 진하면 자기 집에 대하여 무슨 관계가 있겠느냐

22 그러나 하나님은 높은 자들을 심판하시나니 누가 능히 하나님께 지식을 가르치겠느냐 23 어떤 사람은 죽도록 기운이 충실하여 평강하며 안일하고 24 그 그릇에는 젖이 가득하며 그 골수는 윤택하였고 25 어떤 사람은 죽도록 마음에 고통하고 복을 맛보지 못하였어도 26 이 둘이 일반으로 흙 속에 눕고 그 위에 구더기가 덮이는구나

어떤 사람은 너무 잘 산다. 왜 잘 사는지 모른다. 기운도 좋고 기력도 좋고 평강하고 안일하고 그릇에는 젖이 가득하고 골수는 윤택하다. 어떤 사람은 죽도록 마음에 고통하고 고생고생하며 살고 복을 맛보지 못한다. 그런데 결국 둘 다 일반으로 죽더라는 것이다. 그 사람이 왜 그런지 어떻게 알겠는가? 욥의 말 속에는 인간이 잘 모르는 부분들이 있지 않는가 하고 반문하는 것이다. 이 점이 욥이 친구들과 다른 점이다. 친구들은 정답을 가지고 욥을 확신시키려 하고 있다. 오래된 사람들의 말을 가지고, 자신들의 경험을 가지고, 배운 지식을 가지고 말이다. 그러나 욥은 당하는 고난 속에서 혼란스러운 시간을 보내고 있다.

27절, 내가 너희의 생각을 알고 너희가 나를 해하려는 궤휼도 아노라

욥이 '너희들이 무슨 생각을 하는지 내가 안다. 너희들이 나를 공격하려 하고 무너뜨리려고 하는 것도 다 안다.' 고 한다. 욥이 자신의 형편에 대하여 혼란스럽고 잘 모르지만 적어도 그 친구들의 말이 아닌 것은 안다.

28절, 너희의 말이 왕후의 집이 어디 있으며 악인의 거하던 장막이 어디 있느뇨 하는구나

'왕후의 집' 이란 예전에 욥이 살던 집이 왕후의 집처럼 좋은 집이었다는 것이다. 친구들은 욥이 과거에 호화롭게 살던 집이 왕후가 살던 집 같다고 했고(20:6-7), 또 그의 잘 살던 장막이라고 했다(8:22, 15:34). 그런데 이제는 욥의 장막이 악인의 거하던 장막이라고 하는 것이다.

29-30절, 너희가 길 가는 사람들에게 묻지 아니하였느냐 그들의 증거를 알지 못하느냐 30 악인은 남기워서 멸망의 날을 기다리움이 되고 멸망의 날을 맞으러 끌려 나감이 된다 하느니라

너희는 악인들이 처참하게 멸망한다고 하는데 어떤 사람은 악인으로 살았지만 주변 사람들이 그의 장례를 엄청 잘 지내 주더라는 것이다. 나쁜 짓을 한 사람의 장례를 대단하게 치러주고 무덤에 호위병까지 있더라는 것이다. '이런 일들을 너희들은 어떻게 해석할 것이냐?' 하고 욥은 친구들에게 말하고 있다.

31-34절, 누가 능히 그의 행위를 면박하며 누가 능히 그의 소위를 보응하랴마는 32 그를 무덤으로 메어 가고 사람이 그 무덤을 지키리라 33 그는 골짜기의 흙덩이를 달게 여기고 그 앞선 자가 무수함같이 모든 사람이 그 뒤를 좇으리라 34 이러한즉 너희의 위로가 헛되지 아니하냐 너희의 대답은 거짓 뿐이니라

이것이 무슨 말인가? 간단하게 말하면 나도 저렇게 죽고 싶다는 말이다. "골짜기의 흙덩이를 달게 여기고"라는 말은 아주 적절한 곳에 묘자리를 쓴다는 것이다. 인생을 멋있게 마감하니까 많은 사람이 그 뒤를 따르고 싶어한다는 것이다.

욥의 친구들은 욥에게 무엇을 확신시켜 주려고 했는가? 악을 행했고 사곡하게 행했고 남의 재산까지 빼앗아 부자가 되는 잘못을 범했기 때문에 하나님이 벌하는 것이니 회개하라는 것이다. 이것을 확신시키기 위해 이렇게도 말하고 저렇게도 말하고 거칠게도 말했는데, 욥은 '내 말 좀 들어보라.' 하면서 '이 세상에 있는 이런 일들을 어떻게 해석하겠느냐?' 고 말한다. 인생이 세상사를 다 알지 못한다는 것이다.

소위 영적이다, 하나님을 안다 하는 사람은 정답을 갖고 있지 않은 사람이다. 정답은 없다. 우리가 모르는 것이 너무 많다. 정답처럼 말하지 말라! 함부로 정의하고 규정하지 말고 권고하지 말라! 그래야 실수가 적다. 모든 것은 하나님의 주권에 달려 있다. 어떻게 우리가 알 수 있는가? 친구들의 실수는 정답을 다 알고 있는 것처럼 말하는 것이다. 욥의 친구들은 욥이 모르고 있다고 생각하고 욥을 자기들의 경험과 지식으로 설득시키려고 했다.

내가 젊은 시절, 사역을 시작할 때 나는 뭔가를 알아야 한다고 생각했다. 그래서 사람들한테 문제가 생기면 만물박사 내지 재치문답 박사처럼 정답을 주려고 애썼다. 그리고 그들에게 도움이 되었을 거라고 생각하며 돌려보냈다. 그런데 그 다음에 또다시 동일한 문제를 가지고 오는 것이었다. 그때 해결이 안 되었느냐고 물어보니 무슨 말씀을 하셨었느냐고 말하는 것이었다. 전혀 도움이 안 된 것이었다. 열 번, 스무 번 해도 전혀 도움이 안 되는 것이었다. '나는 정답을 준 것 같은데 왜 이 사람은 도움을 받지 못하는가?' 매우 고민이 되었다. 결국 세월이 지나면서 깨닫게 되는 것은 우리는 한 사람의 문제도 왜 그런 일이 생기는지 모른다는 것이다. 그것을 우리가 어떻게 아는가? 우리는 하나님이 아니다. 따라서 우리는 잘 모른다. 그럼 어떻게 해야 하는가? 어렵지만 욥처럼 하나님께 나가야 한다.

그런 모든 과정이 끝날 때 결국 욥은 어떻게 알았는가? 하나님이 알려 주심으로 알게 되었다. 하나님이 빛을 주신다. 욥은 여기서 원망스런 말을 했어도 직접적으로 하나님을 향한 원망은 하지 않았다. 자기의 근심, 견딜 수 없는 어려움을 호소할 뿐 결코 하나님을 원망하지 않았다. 그렇게 그 고통을 견디면서 욥은 알고 싶었다. 이 과정에서 내가 배워야 할 게 무엇이고 하나님은 왜 나에게 이런 환경을 주셨을까? 욥이 모를 때에는 말이 많았다. 그러나 나중에 가서야 알았다. 마지막 부분에 가면 하나님이 나타나신다. 그때서야 욥은 자기가 무지했음을 알았다. 이 무지한 자가 이치를 가렸다고 했다. 전에는 귀로만 들었었는데 이제는 내가 눈으로 본다고 했다. 내가 재 가운데서, 티끌 가운데서 회개한다고 했다. 그때서야 욥은 알았다. 그 누구도 어려움에 빠진 성도를 돕기 어려운 것은 바로 이 때문이다.

요즈음 심리학이나 상담학이 발달해서 그것을 가지고 사람들의 문제 해결을 도울 수 있다고 자만하는 분들에게 말하겠다. 제발 욥의 친구들처럼 좀 배웠다고 정답을 주려는 실수를 하지 말라. 나는 그것들이 전혀 필요없다거나 그것들을 배우지 말라는 것이 아니다. 다만 사람을 돕는 것이 결코 쉬운 일이 아니라는 것을 말해주고 싶다. 사람은 하나님으로부터 오는 빛이 있어야 한다. 빛이 있어야 비로소 깨닫는다. 사역은 안다고 되는 것이 아니다. 무엇을 알려주면 금방 빛을 보고 깨달아서 세워지고 온전케 될 것 같지만 결코 그렇게 되지 않는다. 그래서 우리는 기도해야 한다. 하나님의 긍휼이 필요하다. 우리는 욥기를 통해 많은 대화 내용을 읽게 되는데, 자세한 내용은 모른다 하더라도 욥의 친구들의 실수가 있다는 것은 알 수 있다. 우리는 그 실수의 성분을 알아야 한다. 욥은 고난을 통해 어떤 과정을 거치는 성분이 있다. 친구들의 실수의 성분과 욥의 어떤 과정을 거친 성분은 다르다.

한 사람은 어쨌든 자기의 어려움을 가지고 주님께 나아갔다. 주님을 바라고 의지했다. 너무나 어려워서 주님께 한탄한 것이다. 그래도 자기를 도우실 분, 구속자, 중보자를 찾는 면이 있다. 주님께 호소하고 매달렸다. 어쨌든 주님을 찾은 것이다. 그런데 이 친구들은 무엇을 했는가? 주님을 찾은 것이 아니다. 그들은 사리, 경우, 도리만 있으면 된다고 생각했다. 어떤 경험과 지식, 자기들이 알고 있는 전통과 교리 등만 있으면 된다고 생각했다. 그래서 '우리가 너에게 해주는 말이 옳은 말인데 왜 듣지 않는가?' 하며 몰아붙였다. 그러나 그런 말들이 욥에게는 하나도 도움이 되지 않았다.

특히 하나님을 섬기는 사람들에게 이것을 이해하는 것은 굉장히 중요하다. 사람들의 문제를 그냥 들어주고 기도하고 주님께서 빛을 비추시도록 하는 것이 낫다. 하나님이 답이시다. 시편에서도 다윗의 신앙은 모든 것을 가지고 하나님께 나아가는 것이다. 욥기에서 보는 것도 그렇다. 욥이 다른 사람들과 다른 점이 그것이다. 심지어 원망스런 마음이 있어도 하나님께 호소하듯이 그 문제를 가지고 하나님께 나아간다. 모든 답은 하나님께 있다. 하나님은 그런 사람에게 빛을 비추신다. 하나님께 열려 있고 틈이 있으니 빛을 비출 수 있고 하나님이 답을 주실 수 있다. 지식으로 가득한 사람은 하나님께 닫혀 있는 사람이다. 자신은 절대 틀릴 수 없다고 하는 사람은 막혀 있는 사람이다. 다 안다고 하는 지식으로 꽉 막혀 있는데 그 사람한테 어떻게 빛이 들어오겠는가?

욥은 하나님을 향해 뚫려 있다. 그의 말 속에는 하나님께 묻는 성분이 들어 있다. 잘 모르겠다는 성분도 있다. 이렇게 열려 있는 사람이 가능성이 있는 사람이다. 하나님께 항상 열려 있으니까 어느 날 하나님의 빛이 임하는 것이다. 하나님께 열려 있는 삶을 사는 것이 얼마나 중요한지 아는가? 절대 내가 안다는 것으로 생활하지 말라! 하나님이 가르쳐 주시는 것으로, 하나님께 열어놓고 항상 하나님을 바라보는 자세로, 내가 틀릴지 모른다는, 늘 하나님으로부터 빛 비춤을 받아들이는 자세로 살아야 한다. 그런 사람이 늘 새로운 빛을 받을 수 있는 사람이다. 이렇게 할 수 있다면 얼마나 좋겠는가?

욥기 22장

preview

1절은 하나님의 절대성, 하나님은 사람의 부축을 받으실 필요가 없으시다는 것을 말한다. 사람은 하나님께 유익되지 못한다. 사람이 의로운들 전능자에게는 기쁨이 되지 못한다. 24절, "네 보배를 진토에 버리고 오빌의 금을 강가의 돌에 버리라". 우리에게는 하나님이 우리의 보배가 되셔야 한다. 우리는 어떠한 일이 있어도 돈 때문에 하나님을 버려서는 안 된다. 우리는 때때로 하나님과 돈을 놓고 경중을 따지는 때가 있다. 직장보다 주일을 지키는 것을 중요시해야 한다.

십일조에 대한 나의 견해를 말해보겠다. 오늘날 십일조에 대하여 한국 교회 안에 논란이 심한 것이 사실이다. 이에 대한 나의 대답과 생각은 단순명료하다. 이 구절이 그 답이라고 생각한다. "네 보배를 진토에 버리고 오빌의 금을 강가의 돌에 버리라". 신약 누가복음 14장 33절에는 "자기의 모든 소유를 다 버리지 않으면 내 제자가 되지 못하리라"고 하였다. 십일조가 신약적이냐 구약의 율법적 실행이냐를 떠나서 그것이 최소한의 물질을 주님께 드려 섬기는 것이라고 볼 때 그 실행 자체를 문제삼을 것이 없다고 본다. 삭개오는 주 예수님을 영접하고서 재산 절반을 팔아 가난한 자들에게 나누어주겠다고 했다. 주님은 젊은 관원에게 "네 모든 재물을 다 팔아 가난한 자들에게 나누어 주고 나를 좇으라"고 하셨다. 그러므로 물질을 드리는 것에 관하여 추상적인 견해를 가지고서 율법이 철폐되었다고 하면서 십일조를 드리지 않는 가운데 오히려 돈을 사랑하는 데 빠진 경우가 많다. 어떤 사람이 교리를 잘 모르더라도 주님을 사랑하므로 주님을 위해 재물을 드린다면 그것을 누가 나무랄 수 있겠는가?

또한 아브라함과 멜기세덱의 이야기가 율법이 주어지기 전의 이야기라는 것을 알아야 한다. 아브라함의 믿음의 발자취를 따르는 것이 신약의 믿는이들이라면 응당 십일조를 드려야 한다. 신약의 사역자들도 십일조를 드려야 한다(민 18:26). 멜기세덱은 아론 계통의 제사장이 아니고 영원한 제사장으로서 그리스도를 상징하는 분이고 그분이 아브라함에게서 십일조를 받으셨으니 우리 성도들은 십일조를 드리는 일을 율법이라고 치부하여 버리는 일이 없어야 한다.

주 예수님도 제자들에게 십일조 드리는 일을 버리지 말라고 말씀하셨다(마 23:23). 또한 십일조는 하나님의 축복을 받는 일 중 하나이다(히 7:6-7). 멜기세덱은 아브라함에게서 십일조를 취하고 그 약속 얻은 자를 위하여 복을 빌었다. "폐일언하고 낮은 자가 높은 자에게 복 빎을 받느니라". 이 일을 다만 기복신앙이라고 치부하지 않기를 바란다. 말라기 3장 10절에도 온전한 십일조를 드리는 자를 크게 축복하시겠다는 말씀이 있다. "만군의 여호와가 이르노라 너희의 온전한 십일조를 창고에 들여 나의 집에 양식이 있게 하고 그것으로 나를 시험하여 내가 하늘 문을 열고 너희에게 복을 쌓을 곳이 없도록 붓지 아니하나 보라".

세계적으로 큰 부자가 된 존 록펠러는 첫봉급이 150불이었는데, 그 돈을 어머니에게 가져왔을 때 십일조 드리는 것을 가르쳤다. 나중에 한 달 백만불 수입이 되었을 때도 여전히 그것의 십일조를 드렸다고 한다.

누가복음 6:38, "주라 그리하면 너희에게 줄 것이니 곧 후히 되어 누르고 흔들어 넘치도록 하여 너희에게 안겨 주리라 너희의 헤아리는 그 헤아림으로 너희도 헤아림을 도로 받을 것이니라". 주지 않으면 받지 못한다. 고린도 후서 9장에서 주님께 드리는 것은 심는 것과 같다고 하였다. "적게 심는 자는 적게 거두고 많이 심는 자는 많이 거둔다 하는 말이로다"(6절), "심는 자에게 씨와 먹을 양식을 주시는 이가 너희 심을 것을 주사 풍성하게 하시고"(10절).

사도행전 20장에서는 주는 자가 받는 자보다 복이 있다고 하였다. 이러한 복이 무슨 복인지 모르지만 복이 있다는 것은 틀림없다. 주님의 장사를 위해 향유 옥합을 드린 마리아도, 자기 소유 전부인 두 렙돈을 드린 과부도 다 주님의 칭찬을 받았다. 성도들은 물질이 가는 곳에 마음이 있다는 것을 알아야 한다. 한국 교회의 십일조 실행을 두고 말이 많은데, 나는 성도들이 재물을 드리는 문제보다는 근본적으로 그 물질을 교회가 어떻게 사용하는가에 초점을 맞추어야 한다고 본다. 성경에서 성도들이 드리는 연보는 주로 가난한 자들이나 복음을 위해 사용된 점을 염두에 두어야 할 것이다.

exposition

1-3절, 데만 사람 엘리바스가 대답하여 가로되 2 사람이 어찌 하나님께 유익하게 하겠느냐 지혜로운 자도 스스로 유익할 따름이니라 3 네가 의로운들 전능자에게 무슨 기쁨이 있겠으며 네 행위가 온전한들 그에게 무슨 이익이 있겠느냐

욥의 세 친구 중에 제일 연장자인 엘리바스가 욥에게 하나님의 절대성과 하나님의 초월성을 가지고 다시 욥에게 권면을 하고 있다. '사람은 하나님께 유익하게 할 수 없다' 는 뜻이 되겠다. 아무 것도 할 수 없는 것이 인간이라는 말이다. 욥의 세 친구들 중 일리가 없는 말을 한 사람은 아무도 없다. 그런데 그들은 진리를 진리답게 하나님의 말씀으로 말하지 않았다. 그러한 사람들의 특징은 정확하지 않으면서 아주 그럴듯하게 말씀을 단정한다는 것이다. 사람이 너무나 미력한 존재라는 것은 맞다. 그러나 사람은 하나님께 유용하고 하나님을 기쁘시게 할 수도 있다. 하나님께 사람이 전혀 무익하다고 말할 수는 없다는 것이다. 하나님은 절대적으로 높이면서 사람은 아무것도 아니라고 하는 것이 영적으로 합당한 말은 아니다. 자신이 스스로 그렇게 고백하는 것은 옳고 좋은 말이다. 그러나 남에게 그렇게 말하는 것은 성도의 자세가 아니다.

여기서 '네가 의롭다 한들 하나님께 무슨 기쁨이 되겠느냐? 하나님은 절대적이고 초월하신 분인데 사람이 좀 의롭다 한들 하나님이 뭐가 그렇게 크게 기쁘시겠나?' 라고 말한다. 그런데 그렇지 않을 수도 있다. 하나님은 우리의 의로운 행동, 이 땅에서의 의로운 행실을 하는 자녀들을 보고 기뻐하실 수 있다. 자신을 낮추고 비하하는 것은 옳고 선하지만 다른 사람에 대해 그렇게 말하는 것은 선하지 않다.

바울은 디모데에게 하나님의 말씀을 옳게 분변하라고 했다. "네가 진리의 말씀을 옳게 분변하며"(딤후 2:15). 그는 목수가 나무를 자를 때 나무결을 따라 반듯하게 잘라야 하는 것처럼 하나님의 말씀을 그렇게 바르게 잘라야 한다고 말했다. 사람을 아무것도 아닌 존재로 말하면 하나님을 높이는 것이 되고 하나님의 절대성을 보호하고 보전하는 말이 될 것 같지만, 거기에 온전치 못한 부분이 있다.

4절, 하나님이 너를 책망하시며 너를 심문하심이 너의 경외함을 인함이냐

하나님이 욥을 책망하고 심문하고 계시다는 것이다. 즉 욥이 받고 있는 재난이 하나님의 책망과 심문이라고 하는 말이다. 이러한 말도 무리한 말이다. 성도가 고난을 받는다고 해서 그것이 모두 하나님의 심판이나 책망이라고 볼 수는 없다.

5절, 네 악이 크지 아니하냐 네 죄악이 극하니라

엘리바스는 욥의 악이 크고 죄악이 극하다고 말한다. 이 말도 무리가 있는 말이다. 엘리바스는 욥의 죄악이 크므로 환난이 크게 임한 것이라고 단정하여 말하고 있다.

6-7절, 까닭 없이 형제의 물건을 볼모 잡으며 헐벗은 자의 의복을 벗기며 7 갈한 자에게 물을 마시우지 아니하며 주린 자에게 식물을 주지 아니하였구나

엘리바스는 이제 구체적으로 욥의 큰 악과 극한 죄악을 열거하기 시작한다. 그렇게 큰 재난이 임한 것은 이런 죄악을 범한 결과가 아니냐고 확정하여 말하고 있다. 까닭없이 형제의 물건을 볼모 잡으며 헐벗은 자의 의복을 벗겼다고 한다. 또 갈한 자에게 물을 마시우지 않고 주린 자에게 먹을 것을 주지 않았다는 것이다. 이것은 재난의 결과를 보고 추론한 엘리바스의 추측일 뿐이다. 그는 병든 환자에게 약을 잘못 처방해주는 의사와 같다(박윤선). 하나님의 말씀의 사역자들은 조심해야 한다. 개인 상담이나 목양시, 심지어 설교의 말씀을 전할 때도 잘못 하면 성도들을 오도할 수 있기 때문이다.

8-11절, 권세 있는 자가 토지를 얻고 존귀한 자가 거기서 사는구나 9 네가 과부를 공수로 돌아가게 하며 고아의 팔을 꺾는구나 10 이러므로 올무들이 너를 둘러 있고 두려움이 홀연히 너를 침범하며 11 어두움이 너로 보지 못하게 하고 창수가 너를 덮느니라

이 말은 욥이 이렇게 가난한 사람에게 주지 않고 불쌍한 사람들을 먹이지 않고 목마른 자들에게 마실 것을 주지도 않으면서 돈을 모아 치부

했다는 것이다. 그래서 결국 권세가 있게 되고 토지도 얻고 존귀한 자가 되었다는 것이다. '네가 과부를 공수로 돌아가게 하고 고아의 팔을 꺾지 아니하였느냐? 하나님은 고아와 과부의 하나님이시니 고아와 과부를 멸시하면 하나님께 죄를 짓게 되는데 네가 그렇게 한 것이 아니냐? 그렇기 때문에 하나님이 너에게 올무를 놓으시고 두려움이 홀연히 너를 덮지 않았느냐?' 라고 하는 것이다.

12절, 하나님이 높은 하늘에 계시지 아니하냐 보라 별의 높음이 얼마나 높은가

이 엘리바스는 하나님의 초월성, 높으신 하나님, 존귀하신 하나님을 분명히 믿는다. 그러나 그는 하나님을 알되 깊이 알지 못한다. 따라서 나름대로 지식을 전하고 있다. 전혀 일리없는 말을 하고 있는 것은 아니다.

13-15절, 그러나 네 말은 하나님이 무엇을 아시며 흑암 중에서 어찌 심판하실 수 있으랴 14 빽빽한 구름이 그를 가리운즉 그가 보지 못하시고 궁창으로 걸어다니실 뿐이라 하는구나 15 네가 악인의 밟던 옛적 길을 지키려느냐

엘리바스는 욥의 말을 오해하고 있다. 욥이 이런 말을 했다고 오해하고 있다. '사람은 하나님이 하시는 일을 모른다. 악인일지라도 반드시 벌을 받지는 않더라.' 고 하니까, 엘리바스가 '왜 하나님이 모르신다고 말하느냐?' 하는 것이다. 어떤 교리를 붙잡고 있는 사람들은 사람들의 말을 들을 때 자기가 가지고 있는 교리 체계로 상대방의 말을 이해한다. 이러한 욥의 친구들의 대화를 깊이 연구하면 오늘날 잘못된 신앙을 가진 자들, 이단들의 사고를 이해하는 데 매우 도움이 된다. 욥이 한 말은 그런 말이 아닌데 엘리바스는 자기의 기존관념으로 욥의 말을 해석하여 답을 내리고 있다.

16절, 그들은 때가 이르기 전에 끊어버리웠고 그 터는 하수로 인하여 함몰되었느니라

이 엘리바스와 욥의 친구들은 인과응보설 사상을 가지고 있다. 그래서 생각이 율법적이다. 죄를 지으면 그 죄에 대한 벌을 받고 선한 일을 행하면 복을 받는다는 율법적 사고를 갖고 있는 것이다. 16절은 어쩌면 노아 홍수 때를 말하는 것 같다. 당시 땅에 죄악이 관영한 고로 하나님의 심판을 받았던 것이다.

17-20절, 그들이 하나님께 말하기를 우리를 떠나소서 하며 또 말하기를 전능자가 우리를 위하여 무엇을 하실 수 있으랴 하였으나 18 하나님이 좋은 것으로 그 집에 채우셨느니라 악인의 계획은 나와 판이하니라 19 의인은 보고 기뻐하고 무죄자는 그들을 비웃기를 20 우리의 대적이 끊어졌고 그 남은 것이 불사른 바 되었다 하느니라

악인들이 잘못되었을 때, 16절처럼 끊쳐지고 함몰되었을 때, 그들은 '우리를 위하여 하나님이 무엇을 하실 수 있느냐' 고 말하지만 악인들은 결국 망하게 되고 의인들은 그것을 보고 기뻐한다는 것이다. 상선벌악의 하나님을 강조하는 것이다.

21절, 너는 하나님과 화목하고 평안하라 그리하면 복이 네게 임하리라

결국 엘리바스가 권하는 것은 욥은 죄를 지었고 악인의 길을 걸어가는 자이기 때문에 회개하고 돌이켜서 하나님과 화목하면 하나님께서 복을 주신다는 것이다.

22-23절, 청컨대 너는 그 입에서 교훈을 받고 그 말씀을 네 마음에 두라 23 네가 만일 전능자에게로 돌아가고 또 네 장막에서 불의를 멀리 버리면 다시 흥하리라

이 모든 말이 다 옳은 말이다 엘리바스의 말은 진세직으로 나쁜 말이 아니다. 일리 있는 말이 많다. 그런데 욥에게 해당되지 않은 것뿐이다.

24-26절, 네 보배를 진토에 버리고 오빌의 금을 강가의 돌에 버리라 25 그리하면 전능자가 네 보배가 되시며 네게 귀한 은이 되시리니 26 이에 네가 전능자를 기뻐하여 하나님께로 얼굴을 들 것이라

'회개하고 하나님과 화목하면 된다. 그러니 모든 불의를 버리라, 하나님께로 돌이키라, 그리고 네 보배를 진토에 버리라, 이 모든 것을 버려야 하나님이 네 보배가 되신다.' 옳은 말이다. 매우 일리 있는 말이다. 다만 욥에게 해당되지 않을 뿐이다.

27-28절, 너는 그에게 기도하겠고 그는 들으실 것이며 너의 서원한 것을 네가 갚으리라 28 네가 무엇을 경영하면 이루어질 것이요 네 길에 빛이 비취리라

회개하고 돌이켜서 하나님과 화목하면 네가 경영하는 것이 다 이루어지고 너의 앞길에 빛이 비추일 것이라고 말한다.

29-30절, 네가 낮춤을 받거든 높아지리라고 말하라 하나님은 겸손한 자를 구원하시느니라 30 무죄한 자가 아니라도 건지시리니 네 손이 깨끗함을 인하여 그런 자가 건지심을 입으리라

엘리바스의 후반부의 말은 다 일리 있는 말이다. 여기서 내가 여러분에게 한 가지 말하고 싶은 것이 있다. 엘리바스의 말이 다 틀린 것은 아니다. 그 중에는 하나님이 하시고 싶으신 말씀도 있다. 그의 태도가 틀렸으니까 그의 말은 다 버려야 하는 것이 아니다. 그 속에 옳은 말이 있다. 옳은 말은 누구의 말이든지 다 참고할 필요가 있다. 현재 욥에게 적용될 수 없는 말이긴 하지만 일반적으로는 옳은 말을 하고 있다.

"네 보배를 진토에 버리고 오빌의 금을 강가의 돌에 버리라 그리하면 전능자가 네 보배가 되시며 네게 귀한 은이 되시리니 이에 네가 전능자를 기뻐하여 하나님께로 얼굴을 들 것이라"(24-26절). 내 마음에 주님 외에 다른 보배를 갖고 있다면 주님이 나의 보배가 되실 수 없다. 나의 보배를 버릴 때 주님이 나의 보배가 되신다.

오늘날 나의 염려는 신앙에 관하여 뭘 안다고 하지만 행하지 않는 것이다. 정말 하나라도 귀한 말씀에 순종하고 그렇게 행하는 것이 부족한 시대에 살고 있다. 그러면 어떤 것에서부터 우리가 뒤집어져야 하고 돌이켜야 하고 바뀌어야 하는가? 바로 물질 문제이다. 이것이 우리에게 있어서 가장 근저에 있는 문제이다. 가난한 나라에 가면 성도들이 순수하고 뜨겁다. 그리고 순종을 잘 한다. 그런데 부유한 나라에 가면 다르다. 무엇이 그들을 그렇게 만드는가? 물질이다. 부유한 나라에 갈수록 물질의 위력이 더 세다. 가난한 나라는 돈이 있으나 없으나 사는 것이 크게 차이가 없으므로 물질이 그렇게 큰 위력을 발휘하지 못한다. 그러나 부유한 나라는 돈이 없으면 못 살 것같이 하면서 산다. 물질의 위력이 그만큼 큰 것이다. 그래서 재물을 강하게 붙잡고 있다. 그리스도인들도 마찬가지다. 그러다보니 그것을 진토에 버릴 수가 없는 것이다. 그러므로 그들의 마음에는 주님이 멀다. 물질이 있는 곳에 마음이 있는 법이다.

우리가 어떻게 늘 신선하게 그리스도인 생활을 할 수 있는가? 한 가지라도 제대로 해야 한다. 나는 정말 주님께 아낌없이 드리는 사람을 하나님이 축복하시는 것을 보았다.

여러분은 엘리야를 알 것이다. 엘리야가 사르밧 과부에게 갔을 때 그 때가 가뭄 때이다. 엘리야가 사르밧 과부에게 가서 '나에게 떡 하나 만들어 달라'고 했을 때, 사르밧 과부는 지금 통 속에 남아 있는 약간의 밀가루와 병 속에 남아있는 약간의 기름으로 아들과 떡을 만들어 먹고 죽으려 하던 참이었다. 엘리야가 사르밧 과부에게 '그것을 먼저 내게 가져오면 통 속에 밀가루와 병에 기름이 떨어지지 않을 것이다.'라고 하자 그 말을 믿고 그렇게 했다. 그 결과 가뭄이 끝날 때까지 그 통속에

가루가 끊이지 않고 병에 기름이 끊이지 않았다고 성경에 기록되어 있다. 재물을 드린다는 게 결코 쉽지 않다. 그런데 사르밧 과부는 그렇게 한 것이다.

또한 우리의 재물을 드리는 것과 복음 전파는 관계가 있다. "불의의 재물로 친구를 사귀라"(눅 16:9). 교회에 드려지는 재물은 복음 전파와 관련이 있는 것이다. 마리아가 옥합을 깼을 때 주님은 "내가 진실로 너희에게 이르노니 온 천하에 어디서든지 이 복음이 전파되는 곳에는 이 여자의 행한 일도 말하여 저를 기념하리라"고 하셨다(마 26:13). 이렇게 향유옥합이 깨어지는 것과 복음이 전파되는 것은 밀접한 관계가 있다.

욥기 23장

preview

1, 2절의 원망이란 말은 히브리어로 수심이나 애소를 뜻하지 불신을 포함한 원망을 뜻하는 말이 아니다.

3절의 욥의 태도는 "내가 어찌하면 하나님 발견할 곳을 알꼬 그리하면 그 보좌 앞에 나아가서"였다. 지식주의자들이나 율법주의자들의 위험이 무엇인가? 그들은 하나님께 나아갈 필요를 느끼지 않는다. 왜 그런 환경이 임하였는지 이미 다 안다는 것이다. 4-6절은 욥이 모든 난제와 억울한 일들을 가지고 하나님께 호소하는 것만이 유일한 길이라고 확신하는 것이다. 시편 11편 1절에서 "내가 여호와께 피하였거늘 너희가 내 영혼더러 새같이 네 산으로 도망하라 함은 어찜인고"라고 했다. 모든 난제를 가지고 하나님께 나아가는 것이 성도가 주님에게서 배울 수 있는 유일한 길이요 성숙의 길이다. 미리 확정한 지식이나 율법이나 다른 사람이 말해놓은 것으로 정답을 삼지 말라! 당신 자신이 직접 하나님께 일을 가지고 나아가라!

6절의 뜻은 무엇인가? "그가 큰 권능을 가지고 나로 더불어 다투실까? 아니라 도리어 들으시리라". 사람들은 하나님을 엄위한 분으로만 안다. 그러나 그분은 그러한 분이 아니다. 마태복음 25장에서 한 달란트 받았던 자는 주님을 두려워하여 그것을 감추어 두었다고 했다. 여러분이 실수할까봐 주님을 위해 어떤 일도 하지 않고 이를 남기는 일을 추구하지 않은 것을 자랑으로 여겨서는 안 된다. 7절의 '거기서'란 그때, 곧 기도를 들어주시는 때를 말한다. 욥은 주님이 우리가 변론하는 기도를 들으실 수 있는 분이라고 하였다. 10절, "나의 가는 길을 오직 그가 아시나니". 욥은 자신이 하나님을 알 수 없을지라도 그분이 자기를 아신다고 하였다. 그분이 혹독한 시련을 겪게 하셨고 단련하신 후에는 정금같이 나오리라고 하였다.

12절의 '일정한 음식'을 70인 역에서는 '나의 가슴'이라고 번역했다. 나의 결정이라고 번역한 학자도 있다. 뜨거운 자신의 가슴의 결정보다 말씀을 더 사랑했다는 말이다. 13-15절은 사람이 한 세상 사는 동안 마음대로 되지 않는 일이 많다는 것이다. 그러므로 신자들은 그런 때에 하나님의 섭리로 오는 그 환경에 잘 순응하여 참아야 한다.

17절 말씀은 "이는 어두움이 오기 전에 내가 끊어지지 않았으며 그가 나의 얼굴 앞에서 어두움을 가리워주지 않으셨기 때문이다"고 했다. 이 뜻은 그의 낙심함과 두려워함의 원인이 그 당한 어두움이 오기 전에 죽지 않은 까닭이라는 것이다.

exposition

1-2절, 욥이 대답하여 가로되 2 내가 오늘도 혹독히 원망하니 받는 재앙이 탄식보다 중함이니라

엘리바스의 말에 대한 욥의 대답이다. 여기서 '원망'이란 앞에서 말했듯이 하나님을 믿지 못해서 저항하는 말이 아니라 마음의 답답함을 호소하는 것이다.

3절, 내가 어찌하면 하나님 발견할 곳을 알고 그리하면 그 보좌 앞에 나아가서

욥은 지금 하나님을 발견하지 못하고 있다는 것이다. 하나님 발견할 곳을 알면 그 보좌 앞에 나아갈 것이라고 한다.

4절, 그 앞에서 호소하며 변백할 말을 입에 채우고

보좌 앞에 나아가서 호소하고 변명하고 싶다는 말이다. "그 앞에서 호소하며 변백할 말을 입에 채우고". 욥은 하나님 앞에 할 말이 너무 많아 "말을 입에 채운다"고 한 것이다. 어떤 사람이 기도를 지속적으로 할 수 있고 오래도록 기도 생활을 할 수 있는가? 하나님을 유일한 신앙의 대상과 모든 문제의 해결자로 아는 사람이다.

5절, 내게 대답하시는 말씀을 내가 알고 내게 이르시는 것을 내가 깨달으리라

주님과 더 친밀하고 맑고 투명한 대화를 하기를 사모하는 말이다. 그러면 "내게 대답하시는 말씀을 내가 알고 내게 이르시는 것을 내가 깨달으리라"고 한다. 욥은 아직 자신의 상황을 분명히 이해하지 못하고 깨닫지 못하고 있다고 말한다.

이런 고통스런 환경에서 욥의 탄식은 어느 정도 자연스런 인간의 본성에서 나온 것이다. 생각해 보라. 자식을 열이나 잃었고 모든 재산을 잃었다. 그의 몸은 창이 나서 이곳저곳 성한 데가 없고 밤에 잠을 이룰 수도 없다.

욥은 잘 모르겠다고 하는데 욥의 친구들은 오히려 더 안다고 말한다. 친구들은 욥이 왜 그렇게 고난당하는지, 하나님이 왜 그렇게 하셨는지 욥에게 말해주고자 하는 맘으로 가득하다. 그럼에도 욥은 친구들의 이런저런 말을 접수하지 않는다. 욥이 잘 모르지만 친구들의 말이 아닌 것은 안다.

전도서를 강해할 때 내가 그런 말을 한 적이 있다. 전도서 7장 14절에서 "형통한 날에는 기뻐하고 곤고한 날에는 생각하라 하나님이 이 두 가지를 병행하게 하사 사람으로 그 장래 일을 능히 헤아려 알지 못하게 하셨느니라"고 했다. 사람들은 문제를 빨리 해결하고 싶어서 그 일을 알고 싶어한다. 그러나 하나님은 헤아려 알지 못하게 하셨다고 한다. 성도들은 잘 알지 못하는 혼란과 깊은 터널을 통과하면서 하나님에 대한 산 체험과 지식을 얻게 되는 것이다.

어떤 사람이 장래 일을 말해주면서 '너는 앞으로 이렇게 될 거야.' 라고 하는 등등의 말은 정상적인 신앙에 속한 것이 아니다. 소위 예언 같은 것인데, 그러한 것은 다 미신이다. 잘 모르는 것이 오히려 안전한 신앙이다. 왜 그럼 하나님이 모르게 하실까? 그 과정을 통해서 더욱 기도하고 하나님을 찾게 하려는 것이다. 하나님을 찾는 그 자체를 하나님은 기뻐하신다.

6-9절, 그가 큰 권능을 가지시고 나로 더불어 다투실까 아니라 도리어 내 말을 들으시리라 7 거기서는 정직자가 그와 변론할 수 있은즉 내가 심판자에게서 영영히 벗어나리라 8 그런데 내가 앞으로 가도 그가 아니 계시고 뒤로 가도 보이지 아니하며 9 그가 왼편에서 일하시나 내가 만날 수 없고 그가 오른편으로 돌이키시나 뵈올 수 없구나

욥은 주님이 우리가 변론하는 기도를 할 수 있는 분이라고 했다. 하나님은 심지어 우리의 변론하는 기도를 들으시는 분이다. 이런 말씀은 우리에게 기도할 용기를 준다. 욥은 이렇게 가보고 저렇게 가보아도 하나님이 보이지 않는다고 말한다. 성도들은 때로 답답하고 어두운 터널을 통과하는 때를 만난다. 이런 기간도 성도들에게 유익하므로 하나님께서 주시는 것이다. "그런데 내가 앞으로 가도 그가 아니 계시고 뒤로 가도 보이지 아니하며 그가 왼편에서 일하시나 내가 만날 수 없고 그가 오른편으로 돌이키시나 뵈올 수 없구나".

10절, 나의 가는 길을 오직 그가 아시나니 그가 나를 단련하신 후에는 내가 정금같이 나오리라

이것이 위대한 말이다. 그런데 어떤 사람은 이런 말씀을 가지고 고난받는 사람에게 가서 훈계한다. '당신이 이런 환경을 당한 것은 당신을 단련해서 정금같이 만들려고 주님이 주신 거야.' 라고 말하면 또 그런 말을 듣고 '아멘.' 하는 사람도 있다. 사람들은 정말 욥의 친구들처럼 답을 주기를 좋아한다. 또 사람들은 왜 그렇게 답을 듣기를 좋아하는지! 욥은 모른다고 했다. 그리고 오직 하나님만 아신다고 했다. "나의 가는 길을 오직 그가 아시나니". 욥의 신앙은 그분이 아는 것으로 만족한다는 것이다. 하나님에 대한 무한 신뢰이다.

11절, 내 발이 그의 걸음을 바로 따랐으며 내가 그의 길을 지켜 치우치지 아니하였고

욥은 그래도 간증할 것이 있다고 생각한다. 지금까지 주의 길을 따라오는 데 있어서 치우치지 않았기 때문이라는 것이다. 욥은 자신이 이것을 간증할 수 있다고 여기고 있다. 그분의 길을 바로 따랐고 치우치지 않았다는 것이다.

12절, 내가 그의 입술의 명령을 어기지 아니하고 일정한 음식보다 그 입의 말씀을 귀히 여겼구나

욥이 간증할 수 있는 것이 몇 가지 있다. 첫째는 내가 그래도 지금까지 주님을 따랐다는 점이다. 둘째로 주님의 말씀은 그 무엇보다 사랑했다는 점이다. 아침, 점심, 저녁 먹는 일정한 음식보다 말씀을 더 사랑했다고 말한다.

13-14절, 그는 뜻이 일정하시니 누가 능히 돌이킬까 그 마음에 하고자 하시는 것이면 그것을 행하시나니 14 그런즉 내게 작정하신 것을 이루실 것이라 이런 일이 그에게 많이 있느니라

욥은 그분이 왜 이런 환경을 주셨는지, 또 어떻게 하실 것인지는 잘 몰라도 그분이 뜻이 있다는 것을 안다. 그분의 뜻이 일정하시기 때문에 능히 그분의 뜻을 돌이킬 자가 없다는 것이 그의 믿음이다. 그 마음에 행하시고자 하는 것은 그분이 하나님이시고 작정하신 것이 있어서 이렇게 하시는 것이기에 그분이 이루실 것이라고 믿고 있다. 나에게 일어난 일 뿐 아니라 그런 일들이 많이 있다고 했다. '나는 그러한 하나님을 안다.' 고 고백한다. 이것이 욥이 갖고 있는 신앙이다.

15절, 그러므로 내가 그의 앞에서 떨며 이를 생각하고 그를 두려워하는구나

그분은 그분의 뜻대로 행하시는 분인데, 그것이 무엇인지는 잘 모르지만 그분이 한번 계획하시면 이루는 분이라서 욥은 두렵다는 것이다. 정말 체험 있는 사람의 말이다. 확실히 욥은 친구들보다는 신앙의 차원이 높다.

16-17절, 하나님이 나로 낙심케 하시며 전능자가 나로 두렵게 하시나니 17 이는 어두움으로 나를 끊지 아니하셨고 흑암으로 내 얼굴을 가리우지 아니하셨음이니라

여러분은 이미 사람들이 알고 있는 영적인 체험과 지식이 오히려 하나님을 만나는 데 있어서 방해가 된다는 사실을 생각해 본 적이 있는가? 그런데 오늘날 많은 사람들이 그러한 말로 사람들을 도울 수 있다고 생각한다. 그러나 가장 좋은 것은 모른다고 고백하는 것이다. 그리고 그로 하나님께 나아갈 수 있도록 도와주는 것이다.

욥은 적어도 그가 믿는 하나님이 어떤 분인가를 안다. 그러나 자기에게 임하는 여러 가지 일은 자세하게는 잘 모른다. 그럼에도 욥은 계속해서 그렇게 하나님을 추구하고 있다.

욥기 24장

preview

욥은 24장에서 인간 세상에 있는 불가해한 것들을 예로 들면서 사람이 하나님이 하시는 모든 일들을 알지 못한다고 했다. 부자의 횡포(24:1-12)와 악인의 악행을 하나님이 방치하신다는 것이다(24:13-25). 그에 반하여 욥의 세 친구들은 욥이 환난받는 이유를 분명하게 지적하고 회개를 촉구한다. 그 이유는 죄악을 범했기 때문이라는 것이다. 하나님은 죄악을 분명하게 심판하시는 분이나 반드시 죄인을 벌하고 의인에게는 평안하고 축복된 삶을 주시는 것으로 이해할 수는 없다는 것이 욥의 주장이다. 욥은 확실히 그 친구들보다 영적으로 앞선 견해를 갖고 있다. 욥이 의롭고 정직하며 하나님을 경외하는 자임은 1장에서부터 하나님이 인정하고 계신다. 그가 왜 이렇게 큰 징계를 받고 고난을 받는가에 대하여 친구들은 나름대로 분명한 판단을 갖고 욥을 권면하며 가르치려고 하지만 욥은 이를 절대로 받아들이지 않고 있다.

1절에서부터 욥은 사람이 하나님이 하시는 일에 대하여 모른다는 원칙을 말하고 있다. 1절은 정한 시기를 전능자는 알고 계신데 전능자를 아는 자들은 어찌하여 그 시기를 모르게 되어 있는가? 악인을 심판하시고 의인을 구원하시는 날을 '주의 날' 이라고 하는데, 이런 날을 하나님이 정하시고도 가르쳐 주시지 않음은 무슨 연고냐고 한다. 전도서 7장 14절은, "사람으로 그 장래 일을 능히 헤아려 알지 못하게 하셨느니라" 고 하였다. 하나님이 왜 그렇게 하시는가를 알지 못한다는 한 가지 사실만을 아는 것도 지혜이다. 이러한 지혜를 가진 자는 자기가 알지 못하는 일이 일어나도 욥처럼 하나님을 경배할 수 있고 신뢰할 수 있다. "주신 자도 여호와시요 취하신 자도 여호와시니 여호와의 이름이 찬송을 받으실지니이다" 하고 하나님을 경배할 수 있는 것이다.

그러므로 사람이 자기 조작으로 장래 일을 안다고 말하는 것은 다 진정한 신앙이 아니다. 마태복음 6장 34절도, "내일 일을 위하여 염려하지 말라"고 하였다. 신통하게 미래를 알려준다는 말에 속지 말라! 그런 말은 다 미신적인 말들이다. 우리는 시시로 주님을 의지하고 그 앞에 마음을 토하며 사는 것이 마땅하다(시 62:8). 그 이유는 무엇인가? 하나님은 우리 스스로 앞일을 알아서 처신하는 것을 원치 않으신다.

2절의 지계표는 나무나 돌로 땅의 한계를 표시하는 것으로서, 지계표를 이동하는 것은 율법에서 금지된 사항이다(신 19:14, 27:17). 지계표를 빼앗는 것은 땅을 빼앗는 것이고, 두 번째 악행은 남의 양떼 등 가축을 빼앗는 것이다.

4-12절은 악한 자들에게 착취당하는 가난하고 불쌍한 자들의 비참한 생활 양식을 그린다. 그런데 욥은 왜 당장에 그런 자들에 대한 신원이 이루어지지 않느냐고 말한다. 욥은 그것을 원망하는 것이 아니라 그분의 그러한 일이 불가해하고 오묘한 것이 아니냐고 말하는 것이다. 그것은 하나님께 원망이나 항의를 하는 불신앙이 아니라 오히려 견고한 신앙으로서 거리낌없이 하나님과 교제하는 교통인 것이다.

부사가 길을 다니는 동안 가난한 자들은 다니지도 못한다. 광야에 있는 것으로 연명한다. 가난한 자들은 부자들에게 노동이 착취를 당한나는 뜻이다.

13-17절은 극악한 자들의 행동을 말한다. 14절은 살인, 15절은 간음, 16절은 도적질이다. 광명의 길을 알지 못하고 새벽에 일어나서 가난하고 빈궁한 자를 죽인다.

18-21절은 욥의 생각이 아니고 친구들의 것을 인용한 것이다. '너희들의 주장대로라면 이러한 자들은 물 위에 빨리 흘러가고 멀지 않아서 망하게 된다는 것이고 또 세상에서 저주를 받아 포도원 길로 행하지 못하게 된다는 것이다.'

22-25절의 말씀은 욥의 주장인데 악인이 반드시 이 세상에서 벌을 받는 것은 아니라는 것이다.

22절은 '그러나'로 시작한다. 욥의 주장임을 확증한다. 여기서 강한 자란 불신앙으로 자신의 힘을 자랑하는 악인을 가리킨다. 이런 자도 하나님의 권능으로 보존하신다는 것이다. 23절은 의인이나 악인이나 다 같이 보호하시며 평안하게 하신다는 것이다.

25절은 단순한 인과응보설에 매달린 세 친구에게 보다 고차원적인 하나님의 섭리로 응답하는 욥의 말이 혹 한두 가지 사실에서 불합리한 점이 있다 해도 그의 주장을 근본적으로 허위라고 말할 수 없다는 것이다.

exposition

1절, 어찌하여 전능자가 시기를 정하지 아니하셨는고 어찌하여 그를 아는 자들이 그의 날을 보지 못하는고

욥이 말하고자 하는 것은 사람이 인간 세상에서 일어나는 모든 것을 다 이해하지 못한다는 것이다. 그러나 욥의 친구들은 욥이 왜 고난을 당하는가, 왜 재앙을 만났는가에 대해서 분명한 견해를 갖고 있다. 욥이 죄를 지었고 악을 행했기 때문에 하나님이 욥을 벌하시는 것이니 어서 회개하라는 것이 욥의 친구들의 일관적인 생각이다. 그러나 욥은 거기에 대해 찬성을 하지 않는다. 욥이 얘기하는 것은 사람이 다 알지 못한다는 것이다.

"그의 날을 보지 못하는고". '그의 날'은 구약 성경에서 큰 심판의 날이고, 오늘날로 말하면 그리스도께서 재림하시는 날이다. 그 날을 하나님께서는 사람에게 모르게 하셨다는 것이다. 인자의 날 하루를 보고자 해도 보지 못 한다는 말이다. '왜 하나님은 그분이 미래에 하실 큰일에 대해 알지 못하게 하셨는가?' 라는 뜻이다. 그러므로 '다 안다고 생각하지 말라.' 는 것이 욥의 일관된 생각이다. 이 점에 있어서 욥은 친구들보다 낫다.

무언가를 안다고 하는 사람은 알 것을 능히 알지 못하는 법이다(고전 8:1). 이미 영적인 세계와 모든 것을 '다 안다' 고 하기를 좋아하는 사람은 정작 알 것을 알지 못하는 사람이다. 정말로 모르는 사람도 있지만, 영적으로 진보했기 때문에, 자신을 신뢰하지 않기 때문에 모른다고 하는 사람도 있다. 그 사람은 여러 가지를 안다고 확신하는 사람보다 영적으로 진보한 사람임에 분명하다.

그래서 '언제 주님이 오신다.' '몇 월, 몇 일, 몇 시에 오신다.' '미래에 당신은 어떻게 될 것이다.' 는 식의 말들은 다 미신적인 것이다. 성경에서 말하는 바가 아닌 것이다. 성경은 앞일을 모르게 놔두었다.

2-4절, 어떤 사람은 지계표를 옮기며 양떼를 빼앗아 기르며 3 고아의 나귀를 몰아가며 과부의 소를 볼모 잡으며 4 빈궁한 자를 길에서 몰아 내나니 세상에 가난한 자가 다 스스로 숨는구나

욥이 왜 이런 얘기를 하는가 하면 '악한 사람들이 다 너희가 생각하는 것처럼 저주를 받고 고난을 당하고 재앙을 만나고 하나님의 심판을 당하는 그런 상태에 이르지는 않더라' 는 것을 말하려고 하는 것이다. '지계표' 는 고대에 땅의 경계를 정하고 구분하기 위해 사용되었던 말뚝이나 돌을 가리킨다. 이것을 옮긴다는 것은 자기 땅을 더 넓히겠다는 뜻이다. 이런 사람들은 나쁜 사람들이다. 고아는 부모가 없어 힘이 없으니 나귀를 빼앗긴다. 과부도 남편이 없어 약하다 보니 소를 빼앗긴다. 부자들이 악하게 폭력을 행사할 때 가난한 자들이 있을 곳이 없어 스스로 숨는다.

5절, 그들은 거친 땅의 들나귀 같아서 나가서 일하며 먹을 것을 부지런히 구하니 광야가 그 자식을 위하여 그에게 식물을 내는구나

고아나 과부같이 가난한 사람들이 거친 땅에서 들나귀처럼 살더라는 것이다. 일하면서 먹을 것을 부지런히 구하니 거친 광야가 그들에게 먹을 것을 주더라는 것이다.

6절, 밭에서 남의 곡식을 베며 악인의 남겨 둔 포도를 따며

"밭에서 남의 곡식을 베며 악인의 남겨 둔 포도를 따며". 이것이 가난한 사람들이 하는 일이다.

7절, 의복이 없어 벗은 몸으로 밤을 지내며 추위에 덮을 것이 없으며

부자들에게 탈취를 당하니 의복이 없어 벗은 몸으로 밤을 지내고 추위에도 덮을 것이 없다.

8절, 산중 소나기에 젖으며 가리울 것이 없어 바위를 안고 있느니라

소나기가 와도 집이 없어 길거리, 산중, 바위 아래에서 살더라는 것이다.

9-10절, 어떤 사람은 고아를 어미 품에서 빼앗으며 가난한 자의 옷을 볼

모 잡으므로 10 그들이 옷이 없어 벌거벗고 다니며 주리면서 곡식단을 메며

아직 어린 고아들이 옷 대신 볼모 잡혀 일터에서 일하는데 얻어먹지도 못하면서 남의 곡식단을 메고 일하고 심부름하더라는 것이다.

11절, 그 사람의 담 안에서 기름을 짜며 목말라하면서 술 틀을 밟느니라

불쌍하고 가난한 자들이 악한 부자들의 담 안에서 기름을 짜고 술 틀을 밟으면서 조금도 마시지 못하더라는 것이다.

12절, 인구 많은 성 중에서 사람들이 신음하며 상한 자가 부르짖으나 하나님이 그 불의를 보지 아니하시느니라

불쌍한 자들이 신음하며 부르짖는데도 하나님은 그냥 놔두시더라는 것이다. 북한만 보더라도 그렇게 굶어 죽는데도 하나님은 그냥 두신다. 악한 사람들은 반드시 벌을 받고 고난을 당해야 하는 것이라면 저 악한 사람들은 하나님이 왜 그냥 놔두시느냐는 것이다.

13절, 또 광명을 배반하는 사람들은 이러하니 그들은 광명의 길을 알지 못하며 그 첩경에 머물지 아니하는 자라

광명을 반대하는 자는 악인이다. 광명을 반대한다는 것은 악인들이 은밀하게 악을 행한다는 뜻이다. 첩경에 머무르지 않는다는 말은 정직함이 없다는 것이다. 악인은 어떤 일이든지 곧고 바르게 행하지 않고 구부러진 식으로 행한다. 앞에서는 웃으며 아무 문제가 없다고 하고 돌아가서 뒤에서는 악을 토하고 뒷말을 하는 사람들이 바로 첩경에 머물지 않는 자들이다.

14절, 사람을 죽이는 자는 새벽에 일어나서 가난한 자나 빈궁한 자를 죽이고 밤에는 도적같이 되며

악인들은 살인, 도적질을 하더라는 것이다. 그들은 새벽에 일어나서 힘이 없는 가난한 자, 빈궁한 자를 죽이는 일을 한다. 그들이 광명을 배반한 자들이다.

15-16절, 간음하는 자의 눈은 저물기를 바라며 아무 눈도 나를 보지 못하리라 하고 얼굴을 변장하며 16 밤에 집을 뚫는 자는 낮에는 문을 닫고 있은즉 광명을 알지 못하나니

살인이나 간음이나 도적질을 하는 사람들을 말한다. 이런 자들은 낮에 활동하지 않고 밤에 활동하니 광명을 알지 못한다.

17절, 그들은 다 아침을 흑암같이 여기니 흑암의 두려움을 앎이니라

그들에게는 아침이 오는 것이 오히려 흑암처럼 두렵다. 그들의 양심 속에서 흑암의 두려움을 알기 때문이다.

18절, 그들은 물 위에 빨리 흘러가고 그 산업은 세상에서 저주를 받나니 그들이 다시는 포도원 길로 행치 못할 것이라

18절부터는 욥의 견해라기보다는 친구들의 견해를 그대로 말해 보는 것이다. 도둑질하고 살인하고 간음하는 이런 사람들은 물이 흘러가는 것처럼 빨리 흘러가고 그들의 산업은 세상에서 저주를 받는다는 것이다. '포도원 길'이란 아주 좋은 길인데 악인은 그 길로 행치 못한다고 했다.

19절, 가뭄과 더위가 눈 녹은 물을 곧 말리나니 음부가 범죄자에게도 그와 같은 것인즉

가뭄은 눈 녹은 물을 속히 말리는데 마치 음부가 범죄자에게 그와 같다는 것이다.

20-21절, 태가 그를 잊어버리고 구더기가 그를 달게 먹을 것이라 그는 기

억함을 다시 얻지 못하나니 불의가 나무처럼 꺾이리라 21 그는 잉태치 못하므로 해산치 못한 여인을 학대하며 과부를 선대치 아니하는 자니라

너희들은 이런 악한 사람들이 다 저주를 받는다고 생각하지만 실은 그렇지 않다는 것이다.

22절, 그러나 하나님이 그 권능으로 강한 자들을 보존시키시니 살기를 바라지 못할 자도 일어나는구나

여기서 욥의 견해를 말한다. 너희들의 견해로는 그들이 물의 빨리 흘러감같이 그들의 산업이 저주를 받고, 다시는 포도원 길로 행치 못하고, 가뭄이 눈 녹은 물을 속히 말리듯 음부가 범죄자에게 그러하고, 구더기가 그를 먹고 다시는 결코 기어하지 못할 정도로 금방 없어지는 결과를 맞을 것이라 하는데, 그러나 하나님은 그의 전능하심으로 강한 자들을 보존시키신다는 것이다. 여기서 '강한 자들'은 도둑질하고 살인하고 악한 일을 하는 자들을 말한다. 하나님께서 그런 자들을 보전시키더라는 것이다.

23절, 하나님이 그들을 호위하사 평안케 하시나 그 눈은 그들의 길에 있구나

하나님이 그들을 호위하여 평안케 하시더라고 한다. 그러나 그들의 눈은 여전히 자기들의 길에 있다.

24절, 그들은 높아져도 잠시간에 없이지나니 낮아져서 범인처럼 제함을 당하고 곡식 이삭같이 베임을 입느니라

그렇다 하더라도 결과적으로는 그들도 다 멸망한다는 것이다. 욥의 견해는 악인이나 선인이나 결국에는 다 끝난다는 것이다.

25절, 가령 그렇지 않을지라도 능히 내 말을 거짓되다 지적하거나 내 말

이 헛되다 변박할 자 누구랴

친구들은 단순한 인과응보, 상선벌악 사상에 매여 있다. 그런데 욥은 보다 고차원적으로 우리 인간은 하나님이 하시는 일을 다 알지 못한다고 한다. 악인들이 왜 그렇게 강건하고 평안하게 잘 지내는가, 그리고 가난한 사람들은 왜 그렇게 가난하게 살아야 하는가, 그들은 부자들의 압제를 받으며 부자들의 집에서 기름이나 짜고 술틀이나 밟고 고생고생하며 사는데 왜 그런 상황에 하나님이 개입하지 않으시는가 하는 것이다. 그리고 욥은 이런 한두 가지 사실에 불합리한 점이 있다 하더라도 그의 말이 어찌 근본적으로 잘못되었다고 말할 수 있느냐면서 24장을 마친다.

욥기 25장

preview

세 친구의 마지막 질문이다. 이는 하나님이 눌린 자의 기도를 듣지 않으시고 악인의 횡포도 묵인하시는 이유가 무엇인지 알 수 없다는 욥의 지적에 대하여 전연 언급이 없고 다만 하나님의 존엄성과 인간의 비소성을 말하고 끝낸다.

욥의 말에 대한 빌닷의 대답은 이해하기가 쉽지 않다. 다 옳은 말이기 때문이다. 그러나 빌닷은 뭔가를 말했다. 그것이 25장의 내용이다. 빌닷의 말은 일리가 있는가? 틀린 것을 찾기 어렵다. 그러나 그 말은 이 단계에서 적절하지 않다. 빌닷은 사람이 하나님 앞에서 어떻게 정당할 수 있는가에 대하여 욥을 꺾으려는 생각이 아직도 남아 있다.

빌닷이 한편으로 욥의 말에 압도된 것은 사실이다. 그러면서도 욥이 옳지 않다는 것을 강조하고 끝내고자 하였다. 즉 빌닷의 문제는 그의 주장을 끝까지 꺾지 않는다는 점이다.

그는 우주의 절대적 지배자인 하나님을 높이고 사람의 무가치함과 낮음을 말했다. 하나님은 확실히 권능과 위엄을 가시신 분이시며 만군의 주이시니 하나님의 군대를 그 누구도 계수할 수 없다. 그러면서 선한 자나 악한 자나 그 광명의 비춤을 입지 않는 자가 누구냐고 한다. 그러므로 인생은 그 앞에 의롭다 할 수 없고 "하물며 벌레인 사람, 구더기인 인생이랴?"고 힐문한다.

exposition

1절, 수아 사람 빌닷이 대답하여 가로되

이제 세 친구 중 빌닷이 마지막으로 말한다. 그리고 그에 대하여 욥이 길게 대답하고, 그 다음 엘리후라는 친구가 한 번 나오고 그 다음 하나님이 등장하고 욥기는 끝난다. 빌닷이 말한 25장은 아주 짧다.

2-5절, 하나님은 권능과 위엄을 가지셨고 지극히 높은 곳에서 화평을 베푸시느니라 3 그 군대를 어찌 계수할 수 있으랴 그 광명의 비췸을 입지 않은 자가 누구냐 4 그런즉 하나님 앞에서 사람이 어찌 의롭다 하며 부녀에게서 난 자가 어찌 깨끗하다 하랴 5 하나님의 눈에는 달이라도 명랑치 못하고 별도 깨끗지 못하거든 6 하물며 벌레인 사람, 구더기인 인생이랴

빌닷은 "인간이 더럽지 않느냐"라고 하는데, 이 말이 잘못된 말인가? 맞는 말이다. 영적으로 깊은 사람들은 '참으로 우리는 죄인이다.' '죄인 중의 괴수다.' '나는 벌레만도 못하다.'는 말을 한다. 그 말이 틀린 것이 아니다. 그러면 빌닷과 엘리바스의 말에 왜 문제가 있는가? 다 옳은 말이지만 그 말 자체가 틀린 게 아니라 그것을 어떻게 적용하느냐, 어디에 적용하느냐에 따라서 틀린 말일 수도 있고 옳은 말일 수도 있는 것이다. 어떤 사람이 빛 비췸을 얻고서 '나는 더럽고 벌레만도 못한 죄인입니다.'라고 고백한다면, 그건 옳은 것이다. 그런데 욥의 친구들은 자신들이 빛을 보고 자신들의 어떤 것을 발견한 것이 아니라 타인, 즉 욥을 정죄하기 위해서 이 말을 사용하는 것이다.

이 친구들은 욥의 영적인 상태에 대해, 즉 왜 욥이 고난을 받는가에 대한 모든 해답을 이미 갖고 있고 알고 있다고 생각했다. 그래서 성경의 많은 교리를 사용해서 그를 확신시키고자 한 것이다. 그렇게 하는 것이 어리다는 것이고 틀렸다는 것이다. 하나님은 나중에 세 친구가 잘못했다고 하신다. 어떤 사람, 어떤 성도에 대해 규정하기를 좋아하는 사람은 하나님을 섬기는 사역자가 되는 데 있어서 아직 미숙한 사람이다. 욥이 세 친구보다 낫다는 것이 무엇인가? 안다고 하지 않는 것이다. 욥은 '우리가 어떻게 아느냐' 고 했는데, 알지 못한다고 말할 수 있는 점에서 욥이 세 친구들보다 낫다는 것이다. 성경에 있는 옳은 말을 한다고 해서 그가 정말 하나님을 아는 사람인가? 그렇지 않다.

욥기 26장

preview

욥의 대답은 재미있다. 빌닷에게 욥이 하고자 하는 말의 요지는 무엇일까?

빌닷은 지혜가 허구하여 욥에게 아무런 도움이 되지 않는 것을 말했다. 빌닷은 욥의 영적 상태를 오해한 것이다. 욥이 겪고 있는 깊은 고난 속에서 그의 입에서 나오는 말은 그들의 말과 차원이 다르다. 그러나 그 친구들은 선악과 죄와 의의 단순한 논리로 욥의 상황을 정의하고 나름대로 확신했다. 그들은 욥이 그들이 알고 있는 것을 이미 알고 그 너머에 있는 세계를 행하여 나아가고 있다는 것을 생각지 못했다.

"음령들이 큰 물과 수족 밑에서 떠나니". '음령들' 이란 육체를 떠난 영혼들이고 특히 음부에 거하는 악한 영혼들이다(Rawlinson). '큰 물' 이란 지하의 물이 있는 세계로 음부를 가리킨다. 이와같이 하나님은 하늘만 지배하시는 것이 아니라 땅 아래 음부의 세계까지 지배하신다. 공간에 땅을 매달았다는 것은 과학과 부합되는 구절이다. 공간이란 '없는 것(nothing)' 을 의미한다.

10절에서 "수면에 경계를 그으셨으되 빛과 어두움의 지경까지 한정을 세우셨느니라"고 한다. 흠정역은 "그가 물들의 경계로 두르시니 낮과 밤의 끝나는 곳까지니라"고 되어 있다. 이것은 현대인들이 아는 바대로 지구의 동반구와 서반구의 주야가 각각 바뀌는 것을 지적했다고 생각된다. 이 말씀은 지구가 둥근 것을 성경은 이미 알고 있었다는 것을 뜻한다.

11절의 하늘 기둥이란 높은 산들에 대한 시적 표현이다. 그가 꾸짖으심이란 번개와 뇌성 등을 의미한다. 12절의 라합은 '교만하고 사악한 자' 곧 사탄을 가리킨다. 13절의 날랜 뱀은 사탄의 세력을 의미한다. 14절은 이런 것은 하나님의 크신 역사의 시작이요 작은 일부라고 하였다. 그 전체를 누가 측량할 수 있겠느냐고 말하는 것이다. 욥은 천계에 나타난 하나님의 능력을 말함으로 인간이 당한 난제를 문제시하지 않는 상태에 이르렀다.

욥의 친구들은 욥에게 하나님의 위대성을 말함으로써 그의 죄악을 드러내며 죄악을 회개함으로써 용서받기를 촉구하는 것이 중점이라면, 욥은 그분의 위대성을 말하는 동시에 그런 분이 모르시는 게 있을 리 없다고 하면서 그분 자신만을 높이는 것이 친구들과 다르다. 욥은 하나님을 믿는 것이 전부인 신앙이고, 친구들은 욥의 상태에 대하여 하나님께서 왜 그렇게 하셨는가를 안다고 확신한 것이 다르다.

exposition

친구들은 여기서 모든 말을 끝냈고 이제 욥이 길게 말한다. 욥의 대답은 직접적인 대답(26-28장)과 개인적인 독백(29-31장)으로 나눌 수 있다.

1-3절, 욥이 대답하여 가로되 2 네가 힘없는 자를 참 잘 도왔구나 기력 없는 팔을 참 잘 구원하였구나 3 지혜 없는 자를 참 잘 가르쳤구나 큰 지식을 참 잘 나타내었구나

어떻게 보면 욥이 친구들을 비꼬는 것처럼 들린다. 그래서 우리가 욥기를 읽을 때 오해하기 쉬운 게 있다. 수아 사람 빌닷 같은 사람의 말이 오히려 더 영적인 말같이 들린다. 그는 성경에 있는 말만 하고 틀린 말은 절대 하지 않으려 한다. 그러나 욥은 여기서 비아냥거리는 것처럼, 비꼬는 것처럼 말하기 때문에 어떻게 들으면 친구들보다 영성이 부족해 보이는 것이다. 우리 모두는 어떤 사람이 진정 영적으로 더 진보한 사람인가를 구별하기가 정말 쉽지 않다.

4절, 네가 누구를 향하여 말을 내었느냐 뉘 신이 네게서 나왔느냐

'너희들 무슨 영으로 말했냐? 어디서 영을 받았냐?' 라는 말이다. 욥이 친구들에게 한 말이다. 고린도 후서 11-12장을 읽어보면 사도 바울도 고린도 교회 성도들에게 기탄없이 말했다. "여러 사람이 육체를 따라 자랑하니 나도 자랑하겠노라"(고후 11:18). "누가 너희로 종을 삼거나 잡아먹거나 사로잡거나 자고하다 하거나 빰을 칠지라도 너희가 용납하는도다"(고후 11:20). "우리가 약한 것같이 내가 욕되게 말하노라 그러나 누가 무슨 일에 담대하면 어리석은 말이나마 나도 담대하리라"(고후 11:21). "저희가 그리스도의 일꾼이냐 정신 없는 말을 하거니와 나도 더욱 그러하도다 내가 수고를 넘치도록 하고 옥에 갇히기도 더 많이 하고 매도 수없이 맞고 여러 번 죽을 뻔하였으니"(고후 11:23).

'나도 자랑하겠노라', '빰을 칠지라도 너희가 용납하는도다', '내가 욕되게 말하노라', '정신 없는 말을 하거니와' 등의 표현을 했는데, 여러분은 이런 말을 들을 때 차라리 성경에 기록되어 있는 틀림없는 말을 하는 것이 이렇게 말하는 것보다 오히려 낫다고 생각할 것이다. 육적인 신자들은 영적 세계에 있는 사람들을 이해하지 못한다. 분명히 말하는 것이 틀린 것처럼 보이기 때문이다.

5절, 음령들이 큰 물과 수족 밑에서 떠나니

'음령'이란 육체를 떠난 영혼이란 뜻이다. 이들은 육체를 떠난 영혼들이고 특히 음부에 거하는 악한 영혼들이다(Rawlinson). 큰 물이란 지하의 물이 있는 세계로 곧 음부를 가리킨다. 이렇게 성경에는 음부가 땅 속 깊은 곳에 존재한다는 사상이 있다(이상근).

6-8절, 하나님 앞에는 음부도 드러나며 멸망의 웅덩이도 가리움이 없음이니라 7 그는 북편 하늘을 허공에 펴시며 땅을 공간에 다시며 8 물을 빽빽한 구름에 싸시나 그 밑의 구름이 찢어지지 아니하느니라

누가복음 16장의 부자와 나사로의 비유에서 음부가 두 구역으로 나뉨을 알 수 있다. 하나는 낙원으로서 나사로가 있었던 즐거움의 영역이고 다른 하나는 부자가 있었던 고통받는 영역이다. 여기서 욥은 하나님이 음부도 지배하시는 분임을 말하는 것이다. "땅을 공간에 다시며"란 지구가 공중에 매달려 있다는 표현으로서 매우 과학적이다. "물을 빽빽한 구름에 싸시나 그 밑의 구름이 찢어지지 아니하느니라". 하나님께서 천지 만물을 지배하시고 다스리시며 공중의 물도 관리하신다는 표현이다. 구름으로 물을 머금었다가 비가 오도록 하시는 분은 하나님이시다.

9-10절, 그는 자기의 보좌 앞을 가리우시고 자기 구름으로 그 위에 펴시며 10 수면에 경계를 그으셨으되 빛과 어두움의 지경까지 한정을 세우셨느니라

"그는 자기의 보좌 앞을 가리우시고 자기 구름으로 그 위에 펴시며". 이 말씀은 하나님께서 그분의 보좌를 구름으로 가리고 있다는 말씀이다. 따라서 인간은 그분의 보좌를 볼 수 없다. "수면에 경계를 그으셨으되 빛과 어두움의 지경까지 한정을 세우셨느니라". 이런 말씀들은 비행기를 타고 열 시간, 스무 시간씩 바다와 육지를 지나 달려봐야 실감할 수 있다. 이 성경 구절을 흠정역에서 자세히 보면 지구가 둥글다는 것과 동반부와 서반부로 나뉘어져 있다는 것을 알 수 있다. "빛과 어두움의 지경까지 한정을 세우셨느니라". 낮과 밤의 경계가 어디까지인지 정하시는 것은 하나님의 지혜이다.

11절, 그가 꾸짖으신즉 하늘기둥이 떨며 놀라느니라

높은 산들을 하늘 기둥이라고 한다. 그가 꾸짖으심이란 번개와 뇌성, 혹은 지진 등을 의미한다. 이런 천지가 진동하는 역사가 하나님의 주권임을 말하는 것이다. 계시록에서 일곱 인, 일곱 나팔, 일곱 대접이 있을 때 천지의 진동이 있다.

12절, 그는 권능으로 바다를 흉용케 하시며 지혜로 라합을 쳐서 파하시며

'라합' 은 사단을 의미한다. 하나님은 큰 권능과 지혜로 바다와 악한 자의 세계도 지배하시고 파괴하실 수 있는 분이다.

13-14절, 그 신으로 하늘을 단장하시고 손으로 날랜 뱀을 찌르시나니 14 이런 것은 그 행사의 시작점이요 우리가 그에게 대하여 들은 것도 심히 세미한 소리뿐이니라 그 큰 능력의 우뢰야 누가 능히 측량하랴

욥이 "너희들이 아는 이렇게 크신 하나님을 나도 안다. 나도 그렇게 크신 하나님을 알지만 우리가 하나님을 다 알지는 못한다. 사람이 그렇게 위대한 분에 대해 말하지만, 내가 그분에 대해 알고 있는 것은 그분의 지극히 작은 것뿐이다."라고 말한다. 친구들은 서로 같은 얘기를 하고 있는데 친구들의 말하는 투는 '나는 다 알아.' 이다. 그러나 욥은 하나님의 전능성과 위대함과 그분의 지혜를 말하지만 그분에 대해 다 알 수 없다는 식으로 말한다. '나는 안다 해도 지극히 작은 부분을 얘기하는 것뿐이다.' 라고 하는 것이다.

빌닷이 하나님의 위엄과 권능에 대해 이미 말했다. 좋은 사람이든 나쁜 사람이든 누가 햇볕을 다 쬐게 해주었느냐고 한다. 이것이 25장에 있는 얘기다. "하나님은 권능과 위엄을 가지셨고 지극히 높은 곳에서 화평을 베푸시느니라 그 군대를 어찌 계수할 수 있으랴 그 광명의 비췸을 입지 않은 자가 누구냐"(25:2-3). 하나님의 전능성과 광대성, 위엄을 얘기한 것이다. 그런데 26장에서 욥도 같은 내용을 말하고 있다. "하나님 앞에는 음부도 드러나며 멸망의 웅덩이도 가리움이 없음이니라"(6절). "그는 북편 하늘을 허공에 펴시며 땅을 공간에 다시며"(7절). 하나님의 천지 창조에 대해 말한 것이다. "땅을 공간에 다시며". 우주 공간에 지구가 떠 있다는 사실이 3500년 전에 이미 성경에 기록되었다는 것이 바로 성경의 위대성이다.

욥기 27 장

preview

욥이 한 가지 분명하게 자기 신앙을 파수하는 것이 있다. 그것은 자신의 죄로 인하여 자기가 고난받는 것이 아니라는 점이었다. "죽기 전에 나의 순결함을 버리지 아니하리라"(5절). 욥은 자기에게 부패한 인간성이 전혀 없다는 것이 아니고 다만 고난에 직접적인 원인이 되는 불의는 없었다고 말하는 것이다. 이 주장은 양심적이다. 사도 바울도 자기가 양심에 거리끼는 일을 하지 않았다고 주장했다(행 23:1, 24:16).

욥은 자신의 어떤 특정한 죄 때문에 징계당하는 것이 아니라는 것을 분명히 말했다. 따라서 그는 하나님 앞에서도 담대하였던 것이다. 무엇이 성숙한 신앙이겠는가? 하나님의 마음과 보다 일치된 마음을 갖는 것이다.

1절의 비사란 비유와 같다. 6절에서 욥은 자신의 의를 굳게 잡고 놓지 않으며 그의 일생에 마음에 가책을 느끼지 않았다고 한다. 맑고 담대한 양심의 선언이다. 그는 자신의 의를 선언할 뿐 아니라 자신을 죄인으로 규정한 친구들을 악인이고 불의한 자로 규정하고 있다. 8절은 사곡한 자(외식자)가 죽을 때는 소망이 없다고 말한다. 9절에서는 외식자의 기도를 하나님은 들어주시지 않는다고 했다. 10절에 의하면 외식자는 실제로 하나님을 기뻐하지 않는다. 엘리바스는 "너는 전능자를 기뻐하라"고 하였는데, 사실은 그러한 자들은 하나님을 기뻐하는 신앙을 가진 것이 아니다.

11절에서 욥은 하나님이 악인에게 하시는 일을 알려주겠다고 한다. 욥은 친구들의 상선벌악, 인과응보식의 하나님의 심판관에 대하여 허탄한 것이라고 말해준다. 이 부분에서 욥은 사악한 자의 운명의 다른 면도 보았고 사악한 자의 번영뿐 아니라 슬픔과 저주도 말할 수 있었다. 그의 세 친구들은 자신들만 아는 줄 알았지만 그것이 아니었다.

고난이 반드시 죄의 결과라는 것은 신리가 아니다. 그러나 하나님을 완전히 무시하는 삶을 살고 사악한 욕심으로 사는 사람은 이 세상뿐 아니라 저 세상에서도 괴로운 결말을 보리라고 한다. 하나님의 형벌이 그의 생애 초기에 그와 그의 가정에 엄연히 내리지 않을지라도 그것이 사악한 자의 종말이 된다는 말이다.

18절의 '상직군의 초막'이란 '파수꾼이 만든 오두막 같은 집'을 의미한다. 19절은 부자로 누우나 아침에 눈을 떠보니 그 재산이 없어졌다고 말한다. 부자로 누우나 그 조상에게 돌아가지 못한다 함은 '그 이상 더하지 못하리라'는 뜻이 있다. 그 뜻은 악인이 더 이상 부자로 누워 자는 일을 못한다는 것이다. 그 이유는 그 재산이 밤 사이에 다 없어졌기 때문이다. 악인은 환난이 닥칠 때 두려움을 느낀다. 그러나 의인의 태도는 딤내함의 득싱이 있다. 23절에서 악인이 환난을 당하면 사람들이 기뻐한다고 말한나.

exposition

1절, 욥이 또 비사를 들어 가로되

욥이 비유를 들어 말한다.

2-5절, 나의 의를 빼앗으신 하나님, 나의 영혼을 괴롭게 하신 전능자의 사심을 가리켜 맹세하노니 3 (나의 생명이 아직 내 속에 완전히 있고 하나님의 기운이 오히려 내 코에 있느니라) 4 결코 내 입술이 불의를 말하지 아니하며 내 혀가 궤휼을 발하지 아니하리라 5 나는 단정코 너희를 옳다 하지 아니하겠고 죽기 전에는 나의 순전함을 버리지 않을 것이라

여러분은 이런 말이 영적인 말 같은가? 친구들이 그렇게 설득하고 고난의 원인인 죄를 인정하고 회개하라는 말에 대하여 욥은 절대 굽히지 않는다. “나는 단정코 너희를 옳다 하지 아니하겠고 죽기 전에는 나의 순전함을 버리지 않을 것이라”. 오늘날 어떤 그리스도인이나 사역자가 사랑하는 친구들이나 조언자들에게 이런 대답을 하면 어떻게 보이겠는가? 도리어 욥이 교만하고 고집 센 사람같이 보인다.

6-7절, 내가 내 의를 굳게 잡고 놓지 아니하리니 일평생 내 마음이 나를 책망치 아니하리라 7 나의 대적은 악인같이 되고 일어나 나를 치는 자는 불의한 자같이 되기를 원하노라

‘나의 대적’이란 다름 아닌 엘리바스나 소발이나 빌닷 등의 친구들이다. “나의 대적은 악인같이 되고 일어나 나를 치는 자는 불의한 자같이 되기를 원하노라”. 이런 말은 온유해보이거나 겸손해보이지 않는다. 친구들의 조언과 권면과 책망에 대한 욥의 대답이다. 욥은 자신의 의를 선언하고 거기에 더하여 자신을 죄인으로 규정하는 친구들이 악인과 불의한 자같이 되리라고 말한다.

8절, 사곡한 자가 이익을 얻었으나 하나님이 그 영혼을 취하실 때에는 무슨 소망이 있으랴

'사곡한 자'는 외식하는 자이다. 외식하는 친구들이 지금 이익을 얻었지만, 하나님이 그 영혼을 취하실 것인데 무슨 소망이 있겠냐는 것이다. 악인이 일시적으로 평안하고 이익을 얻을 수도 있지만 하나님이 그 영혼을 취하실 때에는 무슨 소망이 있겠느냐는 말이다.

9절, 환난이 그에게 임할 때에 하나님이 어찌 그 부르짖음을 들으시랴

'너희들 그렇게 하다가 환난을 당하면 하나님께서 너희의 부르짖음을 들으실 것 같으냐'는 말이다.

10절, 그가 어찌 전능자를 기뻐하겠느냐 항상 하나님께 불러 아뢰겠느냐

악인이나 불의한 자들은 하나님을 기뻐하지 않는다고 말한다. 또한 '항상 하나님께 불러 아뢰겠느냐'고 한다. 이는 그들이 하나님께 항상 아뢰지도 않는다는 말이다. 욥은 한 마디로 그 친구들의 영적 상태가 틀렸다는 것이다.

11-12절, 하나님의 하시는 일을 내가 너희에게 가르칠 것이요 전능자의 뜻을 내가 숨기지 아니하리라 12 너희가 다 이것을 보았거늘 어찌하여 아주 허탄한 사람이 되었는고

욥은 친구들의 질문에 항변하였고 심지어 저주하였고(7절), 이젠 친구들에게 가르쳐 주겠다고 한다. 악인에게 하시는 하나님의 일을 알려주겠다고 한다. 욥은 자기가 아는 하나님의 뜻을 숨기지 않고 말해주고자 한다. 그는 친구들이 자기에게 한 말이 다 허탄한 말이라고 규정하고 있다.

13-15절, 악인이 하나님께 얻을 분깃, 강포자가 전능자에게 받을 산업은

이것이라 14 그 자손이 번성하여도 칼을 위함이요 그 후예는 식물에 배부르지 못할 것이며 15 그 남은 자는 염병으로 묻히리니 그의 과부들이 울지 못할 것이며

욥이 악인의 결과에 대해서 말한다. 지금 하는 말은 친구들이 한 말과 같다. 같은 말을 하고 있는 것이다. 욥은 지금까지 두 가지를 겸하여 말하고 있는데, 첫째는 악한 자가 반드시 이 땅에서 저주를 받는 것은 아니다. '반드시 재앙과 고난을 받는 것은 아니다' 는 것이고, 또 하나는 그렇다고 해서 악한 자가 하나님의 징계와 심판을 당하지 않는 게 아니고 결국 당하게 된다는 것도 말하고 있다. "악인이 하나님께 얻을 분깃, 강포자가 전능자에게 받을 산업은 이것이라 그 자손이 번성하여도 칼을 위함이요 그 후예는 식물에 배부르지 못할 것이며 그 남은 자는 염병으로 묻히리니 그의 과부들이 울지 못할 것이며". 식물에 배부르지 못함이나(기근) 염병 등은 하나님께서 죄인을 벌하시는 방편이다. "그의 과부들이 울지 못할 것이며"는 너무 많은 사람이 죽어서 과부가 많이 생긴 것이라고 본다. 따라서 모두 악인에게 오는 심판과 재앙으로서 욥도 어느 면에서는 동일하게 말하고 있다.

16-18절, 그가 비록 은을 티끌같이 쌓고 의복을 진흙같이 예비할지라도 17 그 예비한 것을 의인이 입을 것이요 그 은은 무죄자가 나눌 것이며 18 그 지은 집은 좀의 집 같고 상직군의 초막 같을 것이며

'상직군의 초막' 은 조그만 원두막 같은 것을 말한다. 욥은 악인이 재산과 소유를 쌓고 예비할지라도 결국은 남이 취하게 될 것이라고 한다. 그들이 지은 집은 폐허가 되고 좀먹을 것이라고 한다. 결국은 오두막같이 될 것이라고 한다.

19절, 부자로 누우나 그 조상에게로 돌아가지 못할 것이요 눈을 뜬즉 없어졌으리라

부자로 누웠는데 눈을 뜬즉 다 없어졌다는 것은 악인이 더이상 부자로 누워 자지 못한다는 것이다. 왜냐하면 그 재산이 밤 사이에 다 없어지기 때문이다.

20-23절, 두려움이 물같이 그를 따라 미칠 것이요 폭풍이 밤에 그를 빼앗아갈 것이며 21 동풍이 그를 날려 보내며 그 처소에서 몰아내리라 22 하나님이 그를 아끼지 아니하시고 쏘시나니 그가 그 손에서 피하려 하여도 못할 것이라 23 사람들이 박장하며 비소하고 그 처소에서 몰아내리라

이는 모두 욥이 한 말인데 악인이 이렇게 된다는 말이다. 친구들은 욥이 악인이기 때문에 재앙을 만났다고 말했다. 그리고 친구들은 악인의 심판에 대해서 계속 말했다. 그것은 '욥 너에게도 같은 원칙으로 일어난 것이야.' 라고 한 것이다.

그런데 자세히 읽어보면 욥의 얘기 속에는 좀 다른 것이 있다. 악인들이 환난을 당할 때에는 그 속에 두려움이 있다는 것이다. 그리고 사람들이 '잘 됐다' 며 박장하며 비소하는 일이 생긴다는 것이다. 여기서 우리가 배울 것은, 욥은 재앙을 만나 탄식하고 때로 태어난 날도 원망했지만 그가 굽히지 않는 한 가지가 있는데 그것은 '내가 이 재앙을 받는 것은 너희들이 말한 것처럼 어떤 특정한 죄를 지었기 때문이 아니다.' 라는 것이다. 그는 그러한 자신의 의의 입장을 결코 내려놓지 않았다.

악인들은 환난을 당할 때 두려움이 있다. 그러나 욥은 의인이다. 의인은 평상시 하나님과의 교통 속에 산다. 따라서 담대함이 있는 것이다. 사도 바울은 범사에 양심을 따라 하나님을 섬겼다고 했다. 그리고 '나는 양심에 거리낌이 없이 살아왔다' 고 했다. 이것이 바울이 한 말이다. 고린도 후서 1장에서도 바울이 그런 말을 했다. "우리가 세상에서 특별히 너희에게 대하여 하나님의 거룩함과 진실함으로써 하되 육체의 지혜로 하지 아니하고 하나님의 은혜로 행함은 우리 양심의 증거하는 바니 이것이 우리의 자랑이라"(고후 1:12). 바울은 범사에 육체를 따라 행하지 않고 하나님의 은혜를 따라 행했다. 이것이 지금까지 행한 그의 자랑이라고 했다. 그리고 바울은 사도행전 20장이나 데살로니가 전서 2장에서도 자기가 행한 것이 옳고 흠이 없다고 말했다. "그러므로 오늘 너희에게 증거하노니 모든 사람의 피에 대하여 내가 깨끗하니"(행 20:26). "내가 아무의 은이나 금이나 의복을 탐하지 아니하였고 너희 아는 바에 이 손으로 나와 내 동행들의 쓰는 것을 당하여"(행 20:33-34). "우리가 너희 믿는 자들을 향하여 어떻게 거룩하고 옳고 흠없이 행한 것에 대하여 너희가 증인이요 하나님도 그러하시도다"(살전 2:10). 사도 바울이 그렇게 행한 것과 말한 것이 성경이 되었다.

여러분은 어떻게 생각하는가? 여기 욥의 친구들은 욥이 악을 행했고 죄를 지었기 때문에 이렇게 되었으니 시인하고 회개하라는 것이다. 욥은 절대 굽히지 않았다. 이러한 욥이 빳빳해 보이지만 결국에 가서 하나님이 친구들은 틀렸다고 하고 욥의 편을 들어주셨다. 적어도 우리는 이런 말씀을 대하면서 이런 생각을 하게 된다. '하나님은 사람이 아니다.' '하나님의 생각은 사람의 생각과 다르다.' 이런 결론을 내리게 된다.

나는 성도들이 영적으로 앞선 성도들에 대해 자신의 관점과 생각으로 함부로 판단하는 것을 조심하라고 권하고 싶다. 욥의 친구들은 욥의 분량에 도달하지 못했다. 그러면서도 그들은 자신들이 아는 것과 본 것과 생각한 대로 욥을 권면했다. 그들은 자신들이 욥의 상황을 완전히 이해하고 있다고 생각했다. 바울의 말이 생각난다. 육에 속한 사람은 영에 속한 사람을 이해하지 못하고 도리어 미련하다고 생각하는 것이다.

욥기 28장

preview

욥은 사람들의 지혜에 대하여 말하고자 한다. 참 지혜는 세상에서 얻지 못하고 하나님께 있다고 결론짓는다. 욥과 친구들은 여기까지에서 악인과 의인에 대한 하나님의 섭리와 사역에 대한 대화를 나누었다. 친구들은 상선벌악의 관념을 갖고 욥에게 말해왔는데, 욥이 주장한 것은 어떤 악인들은 형통한 가운데 살고 죽는데 또 다른 악인들은 하나님의 심판을 받고 죽는다고 했다. 그러나 만일 어떤 사람들이 왜 하나님이 어떤 사람은 세상에서 처벌받고 어떤 사람은 그렇지 않은가를 물으면 해답을 줄 수 없다는 말이다. 이 세상을 다스리는 하나님의 지혜는 우리가 알 수 있는 것이 아니라고 한다. 오묘한 일은 우리에게 속한 것이 아니며 나타난 일은 우리에게 속했다(신 29:29).

사람들은 보다 귀한 하나님의 지혜를 소홀히하면서 금이나 은 같은 보석은 찾아 만나기 위해 모험을 무릅쓴다. 은은 많은 수고와 땀으로 광굴에서 파내야만 한다. 금은 연단히는 용광로에 들어가야 정련된다. 철은 흙에서 취하고 동은 돌에서 얻는다(1, 2절). 음예는 짙은 어두움이고 유암은 죽음의 어두움이다. 16절의 수마노는 연한 녹색의 녹보석(onyx)이다. 하나님만이 지혜의 원천을 아신다. 모든 지혜는 그분 자신 안에 감추어져 있다. 지혜와 지식의 모든 보화가 그리스도 안에 있다. 하나님만이 숨겨진 마음들까지 다 아시며 온 천하를 두루 보신다. 하나님은 바람의 경중을 정하시며 물을 되어 그 분량을 정하신다(28:24-27). 땅 속에서 보물을 얻는 지식과 금을 정련하는 방법에 대한 지식과 쇠를 녹이는 것과 화려한 보석을 윤내는 것, 산은 그들의 기술로 옮기고 거대한 바위를 딴 곳으로 흐르게 하는 것, 이것들이 인간의 지식이다.

그러나 하나님께서 말씀하신 가장 높은 지식은 하나님을 알고 하나님의 의지를 이해하며 '악을 떠남'에서 얻어지게 된다고 했다. 하나님은 바람(공기)을 만물보다 가볍게 만드시고 지구 위를 감싸게 하시며 수시로 이동하게 하신다. 또 바다는 땅의 3배가 되는 지역을 차지하여 생물의 생존을 가능하게 하며 그 큰 물의 양도 하나님이 작정하신 것이다. 기묘한 창조의 과정이 하나님의 지혜에 의해 설계되고 성취되었던 것이다.

27절의 '그때에'란 창조의 때이다. 그때 자연은 자연법으로, 동물들은 본능으로, 인간은 양심과 이성으로 살도록 지으셨는데, 이것이 그분의 지혜의 선포이다. 사람은 오직 이런 지혜를 악을 떠나고 하나님을 경외함으로 얻을 수 있다고 한다(28절). 참된 믿음을 갖는 길이 지혜를 얻는 비결이다. 인간의 지혜는 믿음의 실천과 관찰에서 나타난다. 경건한 믿음을 가지는 것보다 더 확실히 우리의 길을 인도하고 목적을 이루게 해주는 것은 없다(매튜헨리).

exposition

1절, 은은 나는 광이 있고 연단하는 금은 나는 곳이 있으며

욥이 계속 하는 말이다. 광은 광석을 채취하는 곳, 즉 광산을 말한다.

2-3절, 철은 흙에서 취하고 동은 돌에서 녹여 얻느니라 3 사람이 흑암을 파하고 끝까지 궁구하여 음예와 유암 중의 광석을 구하되

사람들은 금, 은보다 귀한 하나님의 지혜는 소홀히하지만, 금이나 은이니 동을 만들어서 취하는 것에는 관심이 많고 지혜가 있다. '음예' 라란 짙은 어두움을 뜻하고, '유암' 이란 죽음의 어두움을 뜻한다. 짙은 죽음의 어두움 속에서 사람이 광석을 구한다는 것이다.

4절, 사람 사는 곳에서 멀리 떠나 구멍을 깊이 뚫고 발이 땅에 닿지 않게 달려 내리니 멀리 사람과 격절되고 흔들흔들 하느니라

광석과 금, 은을 채굴하려고 굴을 뚫어서 위에서부터 달아내리니까 금도 캐내고 은도 캐내고 하더라는 것이다.

5절, 지면은 식물을 내나 지하는 불로 뒤집는 것 같고

당시에도 이미 지하에 용암이 있다는 것을 알았다.

6-11절, 그 돌 가운데에는 남보석이 있고 사금도 있으며 7 그 길은 솔개도 알지 못하고 매의 눈도 보지 못하며 8 위엄스러운 짐승도 밟지 못하였고 사나운 사자도 그리로 지나가지 못하였느니라 9 사람이 굳은 바위에 손을 대고 산을 뿌리까지 무너뜨리며 10 돌 가운데로 노랑을 파서 각종 보물을 눈으로 발견하고 11 시냇물을 막아 스미지 않게 하고 감취었던 것을 밝은 데로 내느니라

이것이 인간의 지혜라는 것이다. 인간의 지혜는 들짐승들이나 솔개나 매들도 보지 못하는 데를 발견한다. 사람들은 굳은 바위에 손을 대고 산 뿌리까지 무너뜨리면서 돌 가운데로 도랑을 파서 각종 보물을 발견하고 찾아낸다는 것이다.

12절, 그러나 지혜는 어디서 얻으며 명철의 곳은 어디인고

사람이 금이나 은이나 동이나 광석은 어두움 중에서라도 산 깊은 곳을 뚫어서 파내는데 지혜는 어디에서 얻는지, 명철이 있는 곳은 어디인지 알지 못한다는 말이다. 본장의 핵심적인 말씀이다. 보석이나 광석보다 찾기 어려운 것이 지혜라는 말이다.

13절, 그 값을 사람이 알지 못하나니 사람 사는 땅에서 찾을 수 없구나

이 지혜는 인간 세상에 없는 지혜이다. 지혜는 세상의 보석을 찾는 것같이 세상에서 찾아 낼 수 있는 것이 아니고 따라서 그 값을 세상적인 방법으로 알 수 없는 것이다.

14절, 깊은 물이 이르기를 내 속에 있지 아니하다 하며 바다가 이르기를 나와 함께 있지 아니하다 하느니라

욥의 시적 표현이다. 지혜란 세상에 없다는 것을 비유적으로 표현한 것이다. 깊은 물도 바다도 내 속에 지혜가 있지 않다고 한다는 말이다.

15-16절, 정금으로도 바꿀 수 없고 은을 달아도 그 값을 당치 못하리니 16 오빌의 금이나 귀한 수마노나 남보석으로도 그 값을 당치 못하겠고

수마노는 녹보석이다. "정금으로도 바꿀 수 없고 은을 달아도 그 값을 당치 못하리니 오빌의 금이나 귀한 수마노나 남보석으로도 그 값을 당치 못하겠고". 하나님의 지혜가 그리 귀하다는 것이다.

17-20절, 황금이나 유리라도 비교할 수 없고 정금 장식으로도 바꿀 수 없으며 18 산호나 수정으로도 말할 수 없나니 지혜의 값은 홍보석보다 귀하구나 19 구스의 황옥으로도 비교할 수 없고 순금으로도 그 값을 측량하지 못하리니 20 그런즉 지혜는 어디서 오며 명철의 곳은 어디인고

지혜와 명철은 모든 보물이나 금보다도 귀한데 과연 어디서 오는지 알지 못한다는 것이다.

21-22절, 모든 생물의 눈에 숨겨졌고 공중의 새에게 가리워졌으며 22 멸망과 사망도 이르기를 우리가 귀로 그 소문은 들었다 하느니라

멸망과 사망도 지혜에 대해서 '우리는 그냥 귀로만 들었다' 라고 말하더라는 것이다. 매우 재미있는 시적 표현이다.

23절, 하나님이 그 길을 깨달으시며 있는 곳을 아시나니

하나님만이 지혜가 있는 곳을 아신다.

24-25절, 이는 그가 땅 끝까지 감찰하시며 온 천하를 두루 보시며 25 바람의 경중을 정하시며 물을 되어 그 분량을 정하시며

욥은 하나님이 온 천하를 살피셔서 그분의 지혜로 창조하신 것을 말한다. 바람을 다른 모든 것보다 가볍게 하셔서 이 땅 위에 불게 하셨다. 바람을 불게 해서 온기도 주고 공기도 순환시키게 하신 것이다. 만약 바람이 무겁다면 불 수가 없을 것이다. 육지가 삼분의 일, 바다가 삼분의 이가 되는 그 분량도 하나님이 정하신 것이다.

26절, 비를 위하여 명령하시고 우뢰의 번개를 위하여 길을 정하셨음이라

비가 언제 내리는가도 하나님이 명령하시고 우레의 번개를 위하여도 길을 정하셨다. 이렇게 하나님이 창조하실 때 지혜로 창조하셨음을 욥이 말하고자 하는 것이다. 짐승들은 다 그의 본능으로 살게 하시고 인간은 이성과 양심이 있어서 그것에 따라 살게 하시고, 자연은 자연의 법칙을 따라 돌아가게 하셨다. 이 모든 것을 이루신 것이 바로 하나님의 지혜라는 것이다. 즉 하나님의 지혜에 의해 피조물이 유지되고 있는 것이다.

27절, 그 때에 지혜를 보시고 선포하시며 굳게 세우시며 궁구하셨고

하나님이 천지를 창조하실 때 지혜를 보셨다. 하나님은 자연법으로 돌아가도록 자연을, 본능으로 살도록 동물을 지으셨고, 인간들은 양심과 이성으로 살도록 지으시고 다스리시는데, 이것이 곧 하나님의 지혜의 선포라고 하신다. 즉 창조 속에 나타난 하나님의 지혜이다.

28절, 또 사람에게 이르시기를 주를 경외함이 곧 지혜요 악을 떠남이 명철이라 하셨느니라

오직 하나님께 지혜가 있으므로 사람은 하나님을 경외할 때 지혜를 얻을 수 있다. 하나님을 경외하는 것이 지식의 근본이다. "여호와를 경외하는 것이 지식의 근본이어늘 미련한 자는 지혜와 훈계를 멸시하느니라"(잠 1:7). 영적으로 어릴수록 두려움이 없다. 왜 함부로 말하는가? 두려운 것을 모르기 때문이다. 영적으로 성숙한 사람들은 왜 함부로 말을 못하는가? 두려운 것을 알기 때문이다. 그것이 차이이다. 친구들은 욥에 대해서 '너의 상태는 이것이야.' 라고 계속 지적하는 말을 했다. 그러나 욥은 받아들이지 않았다. 신앙으로 말하면 욥은 확신이 있었다.

사도 요한은 요한 일서에서 하나님께로서 난 자는 죄를 범치 않는다고 했다. 왜냐하면 하나님의 씨가 그 속에 거하기 때문이다. "하나님께로서 난 자마다 죄를 짓지 아니하나니 이는 하나님의 씨가 그의 속에 거함이요 저도 범죄치 못하는 것은 하나님께로서 났음이라"(요일 3:9). 그렇다고 해서 욥이 전혀 죄성이 없는 사람이라거나 자신의 타락한 본성을 부인하는 것은 아니다. 그것은 다른 문제이다. 하나님은 이 땅에서 믿는이들이 객관적인 의를 가질 뿐아니라 자신의 삶 가운데서 하나님이 주신 양심과 은혜와 성령의 인도와 하나님의 진리에 비추어 행함으로 거리낌 없는 양심을 갖는 것을 기뻐하신다. 그러한 사람은 어려움이 오고 환난이 와도 마음에 평안이 있고 담대함이 있다.

마지막으로 한 마디 하고 마치겠다. 사람들이 금을 캐고 은을 캐고 동을 캐고 광석을 구할 때 어려워도 그것을 얻고자 하는데, 하나님이 우리에게 진정으로 바라시는 것은 그보다 더 귀한 지혜를 얻는 것이다. 그런데 이 지혜는 지상에 있는 것이 아니며, 하나님만이 지혜가 있는 곳을 아신다고 했다. 사실은 하나님 자신이 지혜이시다. 고린도 전서 1장 30절에서 그리스도는 우리에게 지혜가 되셨다고 했다. "너희는 하나님께로부터 나서 그리스도 예수 안에 있고 예수는 하나님께로서 나와서 우리에게 지혜와 의로움과 거룩함과 구속함이 되셨으니".

골로새서 2장 3절에는 모든 지혜와 지식의 보화가 그리스도 안에 감취어 있다고 했다. "그 안에는 지혜와 지식의 모든 보화가 감취어 있느니라". 그런데 그 그리스도를 이 세상에서 금을 찾는 것처럼 찾는가? 땅에 구멍을 뚫고 발이 땅에 닿지 않게 달려 내려 줄에 매달려 흔들흔들 해가면서 이 세상 사람들이 금을 캐고 광석을 캐는데 그렇게 할 정도로 여러분들이 지혜를 찾았느냐는 말이다. 여러분들은 그리스도 안에 지혜가 있고 지식의 모든 보화가 있다는 것을 안다. 그런데 그 지혜를 얻기 위해서 여러분은 얼마나 간절히 찾았느냐는 말이다. 이것이 문제이다. 여러분은 무엇을 귀하게 생각하는가?

말씀 안에서 하나님을 조금씩 알아가고 지혜를 터득해 갈 수 있다. 그래서 여러분들은 이런 말씀을 들을 뿐 아니라 생각해보고 묵상해보고 깊이해보고 생활 가운데 적용해보고 찾아보기도 하는 것이 필요하다. 그럴 때 이 지혜가 생겨나는 것이다. 영적으로 성숙한 사람의 특징은 하나님을 아는 것에서 자라는 것이다. 사도 바울은 왜 사도가 되고 그렇게 많은 편지를 쓸 수 있었는가? 많은 것을 알기 때문이다. 고린도 성도들의 소식, 갈라디아 성도들의 소식, 빌립보 성도들의 소식을 들었을 때 그 문제가 어디서부터 왔는지, 어디서부터 치료해야 할지를 알기 때문이다. 아는 것이 지혜이고 귀한 것이다.

고린도 전서 1, 2장에서 사도 바울은 고린도 성도들에게 사람의 지혜의 무익함을 분명히 말했다. 사람의 지혜로는 하나님을 알 수 없다는 말이다. 그럼 바울은 사람이 절대 지혜를 얻을 수 없다고 했는가? 아니다. 비밀한 가운데 있는 하나님의 지혜는 오직 성령으로만 알 수 있다고 했다. 이 세상의 지혜나 없어질 관원의 지혜가 아니라고 했다. 성령만이 하나님의 깊은 것을 통달한다고 했다. 우리는 세상의 영이 아닌 하나님의 영을 받았으니 하나님이 우리에게 은혜로 주신 것들을 알 수 있다고 하였다. 고린도 전서 2장 13절은 두 종류의 가르침을 말했다. 하나는 사람의 지혜로 가르치는 것이요 다른 하나는 성령의 가르치신 것으로 가르치는 것이다. 오늘날 이 땅에 수많은 소위 사역자들이 있는데 얼마나 많은 사람들이 사람의 지혜가 아닌 성령의 가르치신 것으로 말씀을 가르치고 증거하는지!

오늘날 여러분들은 금보다 더 귀하고 진주보다 더 귀한 지혜를 얻을 수 있는 길 위에 있다. 모든 교회생활, 가정생활, 환경 가운데서 일어나는 모든 일들을 통해서 무엇을 얻어야 하는가? 어떤 사람들은 '교회가 부흥되었으면 좋겠다, 문제가 해결되었으면 좋겠다.' 라고 생각하는데, 여러분들은 다른 생각하지 말고 성령의 지혜를 얻기 바란다. 그런 모든 일 속에서 주님을 배우고 자라야 한다. 여러분 가정에 속 썩이는 자녀가 있을 때 어떻게 해야 해결될 것 같은가? 속에서 이해력이 자라고 철이 들어야 해결된다. 교회생활은 그리스도를 얻는 생활이고 참 지혜를 얻는 생활이다. 모든 환경이 합력해서 선을 이루는 것이다. "우리가 알거니와 하나님을 사랑하는 자 곧 그 뜻대로 부르심을 입은 자들에게는 모든 것이 합력하여 선을 이루느니라"(롬 8:28). 하나님이 여러분을 축복하시기 바란다.

욥기 29장

preview

욥은 앞 장에서 지혜에 대하여 매우 부담 있게 자신의 생각을 설파했다. 그러나 이 장에서는 대화를 독점하기를 원치 않고 친구들에게도 말할 기회를 주고자 하고 그들의 생각도 들어보려는 차분한 마음으로 말한다. 이렇게 하나님의 빛은 틈이 있는 자에게 비추인다. 친구들은 완전히 닫힌 창문과 같았다. 그러나 욥은 여지를 두면서 말하는 것을 볼 수 있다. 주로 내용은 과거 자신의 상태를 회상하며 그때가 참 좋았다는 것이다.

'비사' 라는 말을 흠정역은 비유(parable)라고 하였는데, 원문은 시적으로 표현했다는 뜻이다. 욥에게서 물론 그의 부족한 부분은 있었지만 그의 신앙의 파수력은 배워야 한다. 그것은 그가 고난받는 것이 그의 특징한 죄 때문이 아니라는 것을 명백히 알았다는 것이다. 그러므로 그의 친구들이 와서 그를 정죄해도 끝까지 그들의 말을 받아들이지 않았다. 그의 고통이 특별한 죄에 대한 징계가 아님을 알았으므로 극히 담대하였다. 이 부분은 그의 결백에 대한 최후 진술이니만큼 간설하다. 4절의

'강장하던 날' 이란 문자적으로 '가을 날' 이란 뜻이다. '추수의 날에' 라고도 번역했다(RSV). 추수하여 곡식이 풍성하고 몸도 건강하고 자녀들도 충실하다는 것이다. 모든 일이 잘 되어가던 때를 가리킨다. 3절은 하나님의 등불을 말하고 4절은 하나님의 우정을 말한다. 즉 하나님과의 좋은 시절을 회상하는 것이다.

과거의 좋았던 때를 묘사하며 "버터가 발자취를 씻기며" 라고 한 것은 풍부한 생활을 말하고, 당시 귀한 식품인 버터로 발을 씻을 정도였다는 것이다. 20절의 활은 '세력과 힘' 을 가리킨다. 욥의 청중들은 욥의 입에서 말이 떨어지기를 기다렸다. "함소하여 동정하면" 이란 민중들이 난관을 당하였을 때 욥이 아무 말없이 미소만 지어도 그들이 위로를 받았다는 뜻이다.

그는 과거에 하나님의 밝은 빛으로 갈 길을 보았는데, 쓰라린 인생의 어둠 속에서도 하나님과 함께 똑바로 길을 걸을 수 있었기 때문이다. 오, 그런 복된 날이 나에게 다시 돌아왔으면…. 과거에는 확실히 주님이 함께하시고 빛도 있었다고 믿는다. 그러나 지금은 어떠한 빛도 보이지 않는다. 그는 과거에 자신이 하나님 자신을 믿는 것보다 그분의 임재와 빛과 축복과 달콤함에 의존했다는 것을 몰랐다. 그리고 이제는 그가 얻었던 것을 다 잃어버렸다고 생각했다. 이것은 그가 완전히 믿음으로 행한 것은 아님을 보여준다. 과거에는 어느 정도 감각적인 신앙을 가지고 있었던 것이다. 그는 더 높은 차원에서 새롭게 주님을 얻으리라는 소망은 아직 갖지 못하고 있다.

사람이 비참하다고 생각될 때 빠지는 함정이 있다. 그것은 지난 날 영적인 상태가 좋았던 때를 회상하며 거기에 빠지는 것이다. 강장하던 날이란 그가 과거의 그런 영적 상태를 가장 성장한 상태로 여겼다는 것이다. 그러나 그것은 잘못 생각한 것이다. 그것은 미숙함이요 충동적인 감정일 뿐이다. 그의 마음은 과거에 머무르고 있다. 하나님은 연단받고 있는 그의 종을 다른 어느 때보다 더 가까이서 지켜보고 계시지만 욥의 느낌에는 하나님이 멀리 계시는 것 같다. 25절을 보면 욥이 어느 날 갑자기 최고에서 최저로 떨어진 것이다.

exposition

1절, 욥이 또 비사를 들어 가로되

'비사'라는 말을 흠정역에서는 'parable(비유)'이라고 했는데, 히브리어 원문에서는 '시적으로 표현하다'라는 뜻이다. 내가 갖고 있는 성경 NASB 역에는 'discourse(담론)'라고 되어 있다. 어쨌든 시적으로 표현한다는 것이다. 29-31장은 욥의 마지막 자기 고백이다. 어쨌든 욥에게는 배울 점이 있다.

2절, 내가 이전 달과 하나님이 나를 보호하시던 날에 지내던 것같이 되었으면

지금도 사실은 주님의 손길 아래 있다. 그런데 자기 느낌으로 보호를 받지 못하고 있다고 생각하는 것이다. 그리고서 주님이 자기를 보호해 주셨던 과거를 그리워하는 것이다.

3절, 그 때는 그의 등불이 내 머리에 비취었고 내가 그 광명을 힘입어 흑암에 행하였었느니라

욥이 생각할 때, 고난받기 이전에는 하나님의 등불이 항상 자기 머리 위에 비취었고 그 광명이 있었기 때문에 흑암 가운데도 거닐 수 있었다는 것이다.

4절, 나의 강장하던 날과 같이 지내었으면 그 때는 하나님의 우정이 내

장막 위에 있었으며

'강장하던 날' 은 문자적으로 '가을날' 인데, RSV 역은 '추수의 날' 이라고 번역했다. 가을은 추수하는 계절이고 곡식이 풍성하여 말이 살찌고 몸도 건강하고 자녀들도 충실한 날이다. 한 마디로 과거의 좋았던 때이다. 그때는 하나님과 사이가 좋았다는 것이다.

5절, 그 때는 전능자가 오히려 나와 함께 계셨으며 나의 자녀들이 나를 둘러 있었으며

욥이 과거에 하나님과 굉장히 친밀했었고 자기와 함께 계셨었는데 지금은 고난 속에 있다 보니 감각적으로 하나님과 멀다고 느끼고 있는 것이다. 욥은 좋은 신앙인지만 이런 면에서 부족한 것을 볼 수 있다. 어떤 감각적인 느낌에 의존하는 성분이 있는 것이다. 이것이 감각적인 신앙이다. 주님의 임재가 느껴지지 않아도 주님이 여전히 돌보고 계시다는 것을 알아야 하는데 그렇지 못한 것이다. 느낌과 감각적인 신앙에서 믿음으로 전진할 필요가 있다. 믿음은 보이는 세계 속에서 일어나는 현상을 근거로 생활하는 것이 아니다. 보이지 않지만 영원하고 변치 않는 하나님의 말씀을 기초로 하여 사는 생활이다.

6절, 뻐터가 내 발자취를 씻기며 반석이 나를 위하여 기름시내를 흘려 내었으며

자기의 풍요로웠던 시절을 그리고 있다. 그 당시에도 버터는 꽤 부요한 집안의 사람들이 먹었던 것인데, 그러한 버터가 발을 씻길 만큼 풍부했다는 것이다. 그리고 기름시내가 반석에서 흘러나왔다고 한다. 욥은 당시 많은 가족을 부양할 수 있는 풍족한 재산을 가지고 있었다.

7절, 그 때는 내가 나가서 성문에 이르기도 하며 내 자리를 거리에 베풀기도 하였었느니라

당시 모든 재판이나 중요한 행사는 성문에서 이루어졌기 때문에 자기가 성문에 자주 나갔고 거리에 자리를 베풀었다고 한다. 말하자면 당시 욥이 그 땅의 귀인이었다는 것이다.

8절, 나를 보고 소년들은 숨으며 노인들은 일어나서 서며

욥이 성문이나 거리로 나갈 때 소년들이 숨고 노인들도 일어났다고 한다. 그만큼 욥은 당시에 큰 사람이었다. 사람들은 욥을 존중하는 태도로 대우했다.

9절, 방백들은 말을 참고 손으로 입을 가리우며

집권자들, 관원들까지도 욥 앞에서 함부로 말하지 않았다.

10절, 귀인들은 소리를 금하니 그 혀가 입 천장에 붙었었느니라

귀인들도 함부로 욥에 대해서 말하지 않았다. 욥을 경외하는 마음으로 바라보았던 것이다.

11절, 귀가 들은즉 나를 위하여 축복하고 눈이 본즉 나를 위하여 증거하였었나니

그가 들을 때 사람들이 그를 축복하는 말을 했고, 눈으로 볼 때 사람들이 욥을 대단한 귀인으로 우러러 보았다는 것이다. 현재는 너무 비참하지만 과거에는 좋았다고 회상하는 것이다.

12절, 이는 내가 부르짖는 빈민과 도와줄 자 없는 고아를 건졌음이라

왜 그렇게 사람들의 존경받는 사람이 되었는가 할 때 부르짖는 빈민과 도와줄 자 없는 고아를 건져주었기 때문이라는 것이다.

13절, 망하게 된 자도 나를 위하여 복을 빌었으며 과부의 마음이 나로 인

하여 기뻐 노래하였었느니라

다 망하게 된 사람, 완전히 끝나가는 사람도 욥이 살려주었고 의지할 데 없는 과부도 돌봐주었다. 그러니 그들이 자기를 위하여 복을 빌어 주었고 과부들도 자기를 인하여 기뻐했다는 것이다.

14절, 내가 의로 옷을 삼아 입었으며 나의 공의는 도포와 면류관 같았었느니라

자기는 그렇게 의를 행하였고 공의로 행하였다는 것이다. 잠언이나 욥기에는 의와 공의가 많이 나온다. 이것이 매우 중요하기 때문이다.

15절, 나는 소경의 눈도 되고 절뚝발이의 발도 되고

욥은 또 굉장히 친절한 사람이었다. 욥의 신앙은 실천적인 신앙이다. 실질적인 행동으로 본을 보인 신앙인이었다.

16절, 빈궁한 자의 아비도 되며 생소한 자의 일을 사실하여 주었으며

'생소한 자' 란 잘 모르는 사람이라는 뜻이다. 잘 모르는 사람의 일이라도 그의 일을 잘 조사하여 불이익을 당치 않게 해주었다는 말이다.

17절, 불의한 자의 어금니를 꺾고 그 잇사이에서 겁탈한 물건을 빼어 내었었느니라

욥은 불법적으로 남의 것을 탈취한 사람들에게서 그것을 도로 빼앗아 빼앗긴 사람들에게 돌려주기도 했다.

18절, 내가 스스로 말하기를 나는 내 보금자리에서 선종하리라 나의 날은 모래같이 많을 것이라

그가 이렇게 살아왔기 때문에 당연히 그가 사는 이곳에서 순조롭게 운명할 것이라고 생각했는데 이게 웬일이냐는 것이다. 이때 욥은 아직

백 세가 되지 않았다. 욥기 42장에 가면 복을 받은 후에 이백 세까지 살게 된다. 당시는 백 세가 안 되어 죽으면 인생이 짧은 것이었다.

19절, 내 뿌리는 물로 뻗어나가고 내 가지는 밤이 맞도록 이슬에 젖으며

과거 좋은 때를 회상하고 있다. 식물로 말하면, 뿌리가 물로 뻗어나가고 가지는 밤이 맞도록 이슬에 젖었다. 아주 순조롭게 번창하는 복된 모습이다. 이것이 과거의 욥이었다.

20절, 내 영광은 내게 새로와지고 내 활은 내 손에서 날로 강하여지느니라 하였었노라

날마다 놀랍고 가슴 벅찬 일이 생겼고 활은 날로 강하여 갔었다고 한다. 활은 그 당시의 무기이다.

21-24절, 무리는 내 말을 들으며 나의 가르치기를 잠잠히 기다리다가 22 내가 말한 후에 그들이 말을 내지 못하였었나니 나의 말이 그들에게 이슬 같이 됨이니라 23 그들이 나 바라기를 비같이 하였으며 입을 벌리기를 늦은 비 기다리듯 하였으므로 24 그들이 의지 없을 때에 내가 함소하여 동정하면 그들이 나의 얼굴 빛을 무색하게 아니하였었느니라

많은 사람들이 욥의 말을 듣고 욥이 가르치기를 잠잠히 기다렸고 욥이 말한 후에는 듣는 사람들이 감히 말을 하지 못하였다고 했다. 그것은 그의 말이 촉촉한 이슬처럼 내렸기 때문이었다. 사람들은 욥의 말을 가뭄에 비 오기를 기다리듯 기다렸고 욥이 입을 벌려 한 마디 해 주기를 늦은 비 기다리듯이 기다렸다는 것이다. 의지할 곳 없어 외롭고 너무나 힘들어하는 사람들에게 미소를 짓고 동정하기만 해도 그들이 너무나 기뻐했다는 것이다.

25절, 내가 그들의 길을 대하고 으뜸으로 앉았었나니 왕이 군중에 거함

도 같았고 애곡하는 자를 위로하는 사람도 같았었느니라

많은 사람들이 욥을 통해 길을 발견했고, 욥은 과거에 군중에 거하는 왕 같았으며 슬픈 사람들을 위로해주는 사람 같았다는 것이다.

욥의 이런 고난 속에서 우리는 배워야 할 것이 있다. 사람이 고난을 받고 외롭고 힘들고 비참하다고 생각될 때 빠지는 함정이 있는데, 그것은 지난 날 좋았던 때를 회상하며 거기에 빠지는 것이다. '강장하던 날'이란 추수의 때, 즉 아주 잘되고 좋았던 때, 모든 게 풍성할 때, 하나님과의 우정이 아주 좋았을 때를 말하는데, 사람들은 그런 때가 최상으로 주님과 교통이 좋았던 때라고 생각하고 그때로 돌아가기를 갈구하는 그런 함정에 빠질 수 있다. 그것은 아직 미숙함의 표시이다. 그것은 충동적인 감정이 뒤따른다. 사실은 어렵고 힘든 고난의 나날이라 하더라도 현재가 하나님이 더욱 앞으로 인도하는 과정 중에 있는 것인데, 마음속으로 과거를 회상하며 그때가 너무 좋았다고 생각하는 것이다

누구나 다 좋았던 때가 있을 수 있다. 환상적으로 좋았던 때를 그리며 지금은 그때만 못하다는 생각에 빠지는 성도들이 있는데, 그것은 느낌일 뿐이다. 감각적인 신앙에서 벗어나지 못한 상태이다. 하나님은 그를 더 깊은 믿음의 과정으로 이끌기를 원하시는데 아직도 감각적인 신앙에서 벗어나려 하지 않는 것이다. 과거가 좋았다고 회상하며 거기에 집착하는 성도마다 후퇴하고 있다는 것을 알아야 한다.

욥기 30장

preview

앞장에서는 욥이 지난 날 생활의 형통함을 회상하는 것이라면 본장은 우울한 분위기를 전해주고 있다. 자신이 굴욕 속으로 전락했다고 생각한다. 이전에는 충족한 내적 위로와 기쁨을 갖고 있었는데 이제는 두려움과 걱정이 임하였고 슬픔이 엄습했다고 한다.

13절의 '도울 자 없는 그들' 이란 하나님도 사람도 그들을 도울 자가 없는데 그런 자들이 욥을 대항하더라는 말이다. 어린 사람들만이 아니라 지위가 낮은 사람들에게까지 욥은 비웃음을 당하였다. 이는 그리스도께 적용할 수 있다. 그분은 왕이었고 보좌에 계신 하나님이셨는데 이 땅에 오셔서 비천한 인생들에게 비웃음을 당하셨다. 젊은 사람들만이 아니라 궁핍과 기근으로 허덕이는 사람들도 나를 경멸한다고 하였다(30:3, 4). 욥을 경멸한 자들은 '도적이 소리지르면 도망하듯이 사람들 가운데 당당하지 못하고 쫓겨난 자들' 이다(5절). 어둠 속에 침침한 골짜기와 흙 구덩이와 바위 구멍에 숨게 된 것으로 감사하던 자들이다(30:6). 그들은 본래 미련한 자들이요 비천한 자의 자식으로서 고토에서 쫓겨난 자들이었다(8절). 지금은 욥이 그러한 자들의 노래가 되었다. '조롱하는 말'이란 그들 입에 오르내리는 노래가 되었다는 것이다. 10절에 보면 욥은 과거에 백성을 위로해주었는데 지금은 이유없이 경멸당한다.

11절의 '줄을 늘어지게 했다'는 것은 '육체의 줄이 늘어져 몸이 지치고 고단한 상태'를 말한다. 굴레를 벗었다는 말은 어떤 제한이 없이 욥을 공격하고 조롱하는 것을 가리킨다. 12절의 '낮은 무리'란 '할 수 없는 자들'을 의미한다. 15절의 영광(고상함)과 복록(부요)은 과거에 욥이 누렸던 것이다.

욥과 그리스도를 대조할 때 욥은 고난에 대하여 말이 많았고, 그리스도는 묵묵했다. 그분도 모욕을 당하고 심한 십자가의 고통을 당하셨지만 '한 마디 말조차 하지 않으셨다'. 십자가 위에서 심한 고통을 당하시면서도 '아버지의 원대로 하옵소서', '내 영혼을 아버지께 부탁하나이다'라고 하셨다. 욥은 좋았지만 우리는 그에게서 고난으로 인하여 약해진 인성을 보게 된다.

exposition

1절, 그러나 이제는 나보다 젊은 자들이 나를 기롱하는구나 그들의 아비들은 나의 보기에 나의 양떼 지키는 개 중에도 둘만하지 못한 자니라

당시 욥이 굉장히 잘되었을 때에는 욥이 사람들에게 미소만 지어도 위로를 받았었다. 그리고 귀인이든 방백이든 욥이 나타났다 하면 대단한 분이 나타났다고 경탄했다. 그런데 '이제는 그보다 젊은 자들이 자기를 희롱한다'고 했다. "그들의 아비들은 나의 보기에 나의 양떼 지키는 개 중에도 둘만하지 못한 자니라"고 했다.

2절, 그들은 장년의 기력이 쇠한 자니 그 손의 힘이 내게 무엇이 유익하랴

이 구절은 욥을 조롱하던 그 젊은 자들의 아비들이 시원찮음을 더 설명하는 것이다. 장년이면 힘이 있어야 하는데 장년의 기력도 없고 손에 힘도 없는 자들이어서 그에게 아무 유익이 없던 자들이었다는 것이다.

3절, 그들은 곧 궁핍과 기근으로 파리하매 캄캄하고 거친 들에서 마른 흙을 씹으며

그들은 너무나 가난하게 살던 사람들이었다는 것이다. '얼굴도 파리하고 캄캄하고 거친 들에서 마른 흙을 씹으며' 살았다. '마른 흙을 씹으며'. 식물의 뿌리를 씹어 먹기 때문에 흙하고 함께 씹게 되는 것이다.

4절, 떨기나무 가운데서 짠 나물도 꺾으며 대싸리 뿌리로 식물을 삼느니라

'짠 나물' 이 뭔지는 모르겠지만 바닷가 식물일 것이다. '대싸리' 는 당시에 빗자루를 만드는 식물이었다고 한다.

5절, 무리는 도적을 외침같이 그들에게 소리지름으로 그들은 사람 가운데서 쫓겨나서

그 사람들은 얼마나 형편없는 사람들이냐면 사람들이 '도둑이야!' 하면 도망가듯 쫓겨나서 대우도 못 받는 사람들이었다. 그런데 그런 사람들의 자식들이 자기를 조롱한다는 것이다.

6-8절, 침침한 골짜기와 흙구덩이와 바위 구멍에서 살며 7 떨기나무 가운데서 나귀처럼 부르짖으며 가시나무 아래 모여 있느니라 8 그들은 본래 미련한 자의 자식이요 비천한 자의 자식으로서 고토에서 쫓겨난 자니라

그들은 쫓겨나서 침침한 골짜기에 사는 사람들이었고 흙구덩이와 바위 구멍에서 사는 자들이었다. 거친 광야에서 먹을 것을 얻기 위해 가시떨기나무 아래 모여 사는 자들로서 미련한 자들이고 고토에서 쫓겨난 자들이고 비천한 자들인데, 그런 자들의 자식들이 자기를 조롱했다는 것이다.

9절, 이제는 내가 그들의 노래가 되며 그들의 조롱거리가 되었고

노래한 반복해서 하는 특징이 있는데, 욥에 대해서 여러 가지 조롱하는 말을 후렴처럼 반복하면서 그를 욕하더라는 것이다.

10절, 그들은 나를 미워하여 멀리하고 내 얼굴에 침 뱉기를 주저하지 아니하나니

과거에는 자기를 그렇게 숭앙하고 존귀하게 여기던 자들이 이제는 자기를 미워하고 멀리하고 침 뱉기를 주저하지 않는다고 했다.

11절, 이는 하나님이 내 줄을 늘어지게 하시고 나를 곤고케 하시매 무리가 내 앞에서 굴레를 벗었음이니라

하나님이 자신의 건강을 형편없게 만드셨음을 말한다. '무리가 내 앞에서 굴레를 벗었다' 는 것은 사람들이 주저하지 않고 자기를 조롱하고 함부로 대한다는 것이다. 정도 없이 너무 심하게 하는 것을 말한다.

12-13절, 그 낮은 무리가 내 우편에서 일어나 내 발을 밀뜨리고 나를 대적하여 멸망시킬 길을 쌓으며 13 도울 자 없는 그들이 내 길을 헐고 내 재앙을 재촉하는구나

욥을 공격하는 사람들은 뭐가 있는 사람들이 아니라는 것이다. 신앙적으로나 밑천으로나 아무 것도 없는 자들이 욥의 발을 밀어 넘어지게 하려 하고, 대적하여 멸망시킬 길을 쌓아 갈 길이 없게 만들고 욥의 재앙을 재촉하고 있다는 것이다.

14절, 성을 크게 파괴하고 그 파괴한 가운데로 몰려 들어오는 것같이 그

들이 내게로 달려드니

사람들이 욥을 기롱하고 공격하는 광경이 마치 군대가 완전히 성을 파괴하고 그 파괴한 가운데로 몰려들어오는 것 같더라는 것이다.

15절, 놀람이 내게 임하는구나 그들이 내 영광을 바람같이 모니 내 복록이 구름같이 지나갔구나

'내 영광' 이란 자기의 영예, 고상함 같은 것이고, '내 복록' 이란 자기의 부요함과 풍성함을 말한다. 이런 것들이 구름같이 빨리 지나갔다는 것이다.

16절, 이제는 내 마음이 내 속에서 녹으니 환난날이 나를 잡음이라

내 마음이 내 속에서 녹아버릴 정도로 힘들다는 것이다.

17절, 밤이 되면 내 뼈가 쑤시니 나의 몸에 아픔이 쉬지 아니하는구나

항상 몸이 아프고 뼈가 쑤시고 힘들다는 것이다.

18절, 하나님의 큰 능력으로 하여 옷이 추하여져서 옷깃처럼 내 몸에 붙었구나

욥은 자신이 하나님의 큰 능력으로 이렇게 되었다고 생각한다. 하나님의 큰 능력이 아니라면 어떻게 자기처럼 존귀하며 영광을 갖고 있던 사람의 옷이 이렇게 추해질 수 있고 옷이 몸에 붙을 수 있느냐는 것이다.

19절, 하나님이 나를 진흙 가운데 던지셨고 나로 티끌과 재 같게 하셨구나

재는 가장 낮은 상태를 표현하는 말이다. 그는 진흙과 재 가운데서 악창을 기와조각으로 긁고 있었다. 욥은 이 모든 것을 하나님이 하셨다고 말하고 있다.

20절, 내가 주께 부르짖으오나 주께서 대답지 아니하시오며 내가 섰사오나 주께서 굽어보시기만 하시나이다

고통이 심한 욥이 하나님께 호소하며 부르짖으나 주님이 대답지 않음을 말한다.

21-23절, 주께서 돌이켜 내게 잔혹히 하시고 완력으로 나를 핍박하시오며 22 나를 바람 위에 들어 얹어 불려가게 하시며 대풍 중에 소멸케 하시나이다 23 내가 아나이다 주께서 나를 죽게 하사 모든 생물을 위하여 정한 집으로 끌어가시리이다

이 모든 말은 간단하게 말해서 욥 자신이 지금 극심한 고통 가운데 있다는 것이다. 그리고 이렇게 된 것이 하나님이 하신 일이고 하나님께서 자신을 이런 형편없는 고통 가운데 던지셨다고 말한다. 우리는 욥의 이런 고난 가운데서 약간이나마 시편 22편의 그리스도의 고난, 십자가의 고난의 느낌을 받게 된다.

가령 10절부터 보면 "그들은 나를 미워하여 멀리하고 내 얼굴에 침 뱉기를 주저하지 아니하나니", 11절, "이는 하나님이 내 줄을 늘어지게 하시고 나를 곤고케 하시매 무리가 내 앞에서 굴레를 벗었음이니라", 16절, "이제는 내 마음이 내 속에서 녹으니 환난날이 나를 잡음이라", 17절, "밤이 되면 내 뼈가 쑤시니 나의 몸에 아픔이 쉬지 아니하는구나". 이 모든 표현은 그리스도께서 고난당하실 때의 광경을 묘사한 말씀과 유사하다. 우리는 빌립보서 3장에서 사도 바울이 그리스도의 고난의 교통을 알려 하였다고 한 것을 읽게 된다. 체험이 없이 어찌 그분의 고난의 교통에 참여하며 어찌 그 고통을 알 수 있으랴!

24절, 그러나 사람이 넘어질 때에 어찌 손을 펴지 아니하며 재앙을 당할 때에 어찌 도움을 부르짖지 아니하겠는가

왜 자기가 이렇게 탄식하는지 자기 상태를 설명하고 있다. 사람이 넘어질 때 본능적으로 손을 펴서 도움을 구한다는 것이다. 이처럼 재앙을 당한 사람은 주님께 부르짖어 주님의 도움을 구할 수 밖에 없지 않느냐는 말이다.

25절, 고생의 날 보내는 자를 위하여 내가 울지 아니하였는가 빈궁한 자를 위하여 내 마음에 근심하지 아니하였는가

이것은 과거에 고생의 날을 보내는 사람을 보고 울었고 빈궁한 자를 보고 근심했다는 것이다. 욥은 과거에 그런 자들과 마음을 같이하며 그들을 동정했다.

26-27절, 내가 복을 바랐더니 화가 왔고 광명을 기다렸더니 흑암이 왔구나 27 내 마음이 어지러워서 쉬지 못하는구나 환난날이 내게 임하였구나

욥은 복을 기대하였으나 재난이 왔고 광명을 기대하였는데 흑암이 왔다고 한다. 기대하던 복된 상황은 오지 않고 환난이 임하였으니 어찌된 일인지 한 마디로 혼란스러운 것이다. 그러나 실상 욥의 고난은 유익한 것이다.

28절, 나는 햇볕에 쬐지 않고 검어진 살을 가지고 걸으며 공회 중에 서서 도움을 부르짖고 있느니라

햇볕에 쬐지도 않았는데 피부가 거무스름해진 것은 질병 때문이다. 피부병, 악창 때문에 검어졌고, 걸으며 공회 중에 서서 도움을 부르짖고 있다.

29-30절, 나는 이리의 형제요 타조의 벗이로구나 30 내 가죽은 검어져서 떨어졌고 내 뼈는 열기로 하여 탔구나

과거에는 욥이 나타나면 귀인들이고 방백들이고 일어나서 인사를 하고 말도 못 하고 우러러 보곤 했는데, 지금은 공회 중에 서서 이렇게 부르짖어도 아무도 돌아보지 않는다. 그래서 나는 들짐승하고 같이 돌아다닐 뿐 사람들 축에는 들지도 못하게 되었다고 한다. 주님도 '나는 사람이 아니요 벌레라' 고 하신 적이 있다. 바울은 자신이 만물의 찌끼 같다고 하였다. 이것이 주님의 사랑하는 자들의 길이라는 것을 어찌 알겠는가?

31절, 내 수금은 애곡성이 되고 내 피리는 애통성이 되었구나

욥이 좋았던 과거에 수금과 피리는 원래 즐거울 때 부는 것이었는데, 지금은 다 슬픔의 애곡성, 애통성이 되었다. 슬픔의 소리를 내는 도구가 되었다는 말이다.

하나님께서는 그분의 사람들에게 거의 비슷한 체험을 주신다. 영광스럽고 번영하고 주님과 너무나 좋고 사람들에게 대우도 받고 사람들에게 큰 도움을 주기도 하고 사람들이 고마워도 하는 등 좋은 시절도 있지만, 그런 시절은 다 가고 어린 아이들까지 자기를 무시하는 상황이 오게 된다. 그런 때가 바로 욥기 30장의 때이다.

욥기 31 장

preview

31장은 욥의 마지막 독백이고 무죄에 대한 재선언이다. '내가 언제' 라는 말이 많이 있다. 1-4절은 먼저 성적 순결을 말한다. 5-6절은 거짓을 행하지 않았다는 것이다. 허탄하다는 말은 허망한 생활을 가리킨다. 즉 허영주의를 말한다. 궤휼이란 거짓과 속임수를 뜻한다. 욥은 친구들로부터 이런 공격을 받았다(4:7-9, 8:6, 12, 11:4-6, 15, 18:5-21, 20:5-29). 7절의 '길' 이란 '말씀을 따르는 정로' 를 뜻한다. '마음이 눈을 따라감' 이란 안목의 정욕을 말한다.

13절부터는 이웃에 대하여, 특히 종들을 멸시하지 않았다고 한다. 23절은 그의 경외했던 신앙을 증명한다. 어쨌든 욥의 신앙은 체험적인 것에 분명했다. 이론적 신앙은 하나님이 계산하지 않으신다.

욥은 물론 친구들보다 나았고 하나님과 인간에 대하여 악의가 없는 양심으로 살았다. 그러나 그는 친구들의 끈덕진 비난으로 인하여 자기 방어의 영을 갖게 되었다. 하나님의 어떤 자녀도 자신의 순전을 안전하게 옹호할 수 없다. 겸손하게 하나님의 손길 아래서 그의 개성을 비리게 될 때 하나님만이 그를 위하여 증언해주실 수 있다.

욥이 자기 변호를 한 것 자체가 연단하는 불을 필요로 하는 것이라고 보면 좋을 것이다. 많은 사역과 봉사를 한 후에 나타날 수 있는 자아의 또 다른 면이 사람에게 숨겨져 있는 깊은 맛이다. 욥은 분명 시련 가운데서 하나님의 의지에 복종하고 참을성 있는 신앙, 양심의 깨끗함, 놀랄 만한 인내를 보여주었다. 그는 물론 친구들보다 나았지만, 또 그가 낫다는 표시를 분명히 했다. 바울도 욥과 같이 사람들로부터 비방을 당했다. 그러나 바울의 표현은 무엇인가? 그는 자신을 위해 변명한 것이 아니라 다른 사람의 유익을 돌보았다. "내가 자책할 아무 것도 깨닫지 못하나 그러나 이를 인하여 의롭다 함을 얻지 못하노라 다만 나를 판단하실 이는 주시니라"고 하였다(고전 4:4).

exposition

31장은 욥이 자기의 결백을 주장하는 마지막 장이다.

1-2절, 내가 내 눈과 언약을 세웠나니 어찌 처녀에게 주목하랴 2 그리하면 위에 계신 하나님의 내리시는 분깃이 무엇이겠으며 높은 곳에서 전능자의 주시는 산업이 무엇이겠느냐

욥은 과거의 죄로 고통을 받을 만큼 그러한 죄를 짓지 않았다는 것을 말하고 있다. 첫 번째로 욥이 주의했던 경건성은 성적인 거룩함이다. 욥은 자기의 눈과 언약을 세웠다. "내가 어찌 처녀에게 어찌 주목하겠느냐". 그렇다면 위에 계신 하나님이 내리시는 분깃, 산업이 무엇이겠느냐는 것이다. 그러면 하나님이 아무 것도 주시지 않았을 것이라는 말이다.

3절, 불의자에게는 환난이 아니겠느냐 행악자에게는 재앙이 아니겠느냐

만약 자기가 그렇게 부정하게 살았다면 환난과 재앙이 그 대가였을 것이라고 한다.

4절, 그가 내 길을 감찰하지 아니하시느냐 내 걸음을 다 세지 아니하시느냐

자기가 그렇게 경건하고 거룩하고 성적으로 타락하지 않았음을 하나님이 다 보셨다는 것이다.

5절, 언제 나의 행위가 허탄하였으며 내 발이 궤휼에 빨랐던가

'허탄'이란 허망한 생활을 말한다. 욥은 허망하게 살지 않고 실제적으로 살았다는 것이다. 실속이 없는 환상만 꿈 꾸고 실지 않았다는 것이다. 말로는 대한민국 사람들을 다 먹여 살리고 이북 동포까지 먹여 살리겠다는 사람이 있는데, 실제로는 옆에 있는 사람에게 쌀 한 톨도 주지 않는다면 그것이 허황된 것이다. 허황된 사람들은 궤휼이 없을 수 없다. '궤휼'은 거짓된 것, 속이는 것을 말한다. 실지로 떡을 해서 먹이려면 벼를 심어야지, 방아를 찧어야지, 떡을 만들어야지, 얼마나 힘들겠는가? 대한민국 사람들은 관두고 한두 집만 먹여 살리려 해도 힘이 든다.

6절, 그리하였으면 내가 공평한 저울에 달려서 하나님이 나의 정직함을 아시게 되기를 원하노라

자기는 하나님의 공평한 저울에 달려서 자기의 정직함을 확실히 입증할 수 있다는 것이다.

7절, 언제 내 걸음이 길에서 떠났던가 내 마음이 내 눈을 따라갔던가 내 손에 더러운 것이 묻었던가

욥은 한 번도 하나님이 정해주신 길에서 벗어나지 않았고 항상 그 길을 따랐다는 것이다. 더러운 것을 그의 호주머니에 넣어본 적도 없다고 한다. 욥은 확실히 의로운 사람이다. 하나님도 욥기 1장에서 욥을 의롭다고 하셨다.

8절, 그리하였으면 나의 심은 것을 타인이 먹으며 나의 소산이 뿌리까지 뽑히는 것이 마땅하니라

만일 내가 그렇게 살았다면 내가 심은 것을 남이 다 먹고 나의 소산이 뿌리까지 뽑히는 것이 마땅하다는 것이다. 말하자면, 자기가 지금까지 살아온 삶이 하나님 앞에서 자신 있다는 것이다.

9절, 언제 내 마음이 여인에게 유혹되어 이웃의 문을 엿보아 기다렸던가

'언제 내가…' 라고 하는 말이 욥의 입에서 반복되어 나온다. 욥기 42장에 가면 이런 주장이 사라진다. 그러나 지금은 욥이 '나는 그런 일을 한 적이 없다' 면서 자신의 결백을 주장하고 싶어한다.

10절, 그리하였으면 내 처가 타인의 매를 돌리며 타인이 더불어 동침하는 것이 마땅하니라

욥은 자기가 정말 부정한 마음으로 다른 여자를 생각하며 기다렸다면 자기 아내가 다른 사람과 동침하는 것이 마땅하다고 할 정도로 성적인 도덕성에서 두려워하며 조심했다. 이것이 욥의 간증이다.

11-12절, 이는 중죄라 재판장에게 벌 받을 악이요 12 멸망하도록 사르는 불이라 나의 모든 소산을 뿌리까지 없이할 것이니라

이것이 자기의 결단이다. 다른 여자와 관계하는 일을 욥은 중죄로 생각하고 있고 반드시 그 벌을 받아야 할 것으로 생각하였다. 이는 멸망당하도록 사르는 불처럼 다 끝나는 것이고 모든 소산을 뿌리까지 없애는 일이라고 했다. 욥은 결코 음란하거나 다른 여자를 자기의 마음속에 두거나 간음하려는 행동을 시도한 적이 없다고 말했다.

13절, 남종이나 여종이 나로 더불어 쟁변할 때에 내가 언제 그의 사정을 멸시하였던가

자기 종들이 자기한테 뭔가 호소하고 애로 사항을 얘기할 때 항상 그들의 사정을 돌봐주었다는 것이다. 욥은 종들에게도 자상한 주인이었다.

14-15절, 그리하였으면 하나님이 일어나실 때에는 내가 어떻게 하겠느냐 하나님이 국문하실 때에는 내가 무엇이라 대답하겠느냐 15 나를 태 속에 만드신 자가 그도 만들지 아니하셨느냐 우리를 뱃속에 지으신 자가 하나가 아니시냐

주인이나 종이나 똑같은 피조물이기에 그 사람들의 어려움을 보거나 또 그들의 어려움을 얘기하면 무시할 수 없었다는 것이다. 그는 종들에 대해서 이런 태도를 가지고 있었으며 그들의 요구가 있을 때 그들의 어려움을 절대 무시하지 않았다고 간증하고 있다.

16절, 내가 언제 가난한 자의 소원을 막았던가 과부의 눈으로 실망케 하였던가

가난한 자나 과부들을 보면 늘 보살펴 주었다.

17절, 나만 홀로 식물을 먹고 고아에게 먹이지 아니하였던가

나만 먹고 고아는 굶게 했겠냐는 것이다.

18절, 실상은 내가 젊었을 때부터 고아를 기르기를 그의 아비처럼 하였으며 내가 모태에서 나온 후로 과부를 인도하였었노라

욥이 고아와 과부를 극진히 돌보아주었다는 것이다.

19-20절, 내가 언제 사람이 의복이 없이 죽게 된 것이나 빈궁한 자가 덮

을 것이 없는 것을 보고도 20 나의 양털로 그 몸을 더웁게 입혀서 그로 나를 위하여 복을 빌게 하지 아니하였던가

욥은 입을 옷이 없고 덮을 것이 없는 가난한 자들을 보면 반드시 이불을 사다주고 입을 옷도 갖다 주었다는 것이다.

21절, 나를 도와주는 자가 성문에 있음을 보고 내가 손을 들어 고아를 쳤던가

자기는 고아를 잘 접대하고 먹였다는 것이다.

22절, 그리하였으면 내 어깨가 어깨 뼈에서 떨어지고 내 팔 뼈가 부러짐이 마땅하니라

욥이 만일 과부나 고아들을 함부로 대했다면 자신의 어깨나 팔 뼈가 부러짐이 마땅하다고 한다.

23절, 나는 하나님의 재앙을 심히 두려워하고 그 위엄을 인하여 아무 것도 할 수 없느니라

욥은 자기가 하고 싶은 말을 다 하고 있다. 하나님은 사실 이미 욥을 인정했다. 욥이 의롭고 하나님을 경외하며 악에서 떠난 자라고 했다. 그런데 욥은 여기서 스스로 지금까지 이런 의로운 생활을 해왔다는 것을 설명하고 있다. 성도들은 그렇게 자신의 의를 자세히 나열할 필요가 없다.

24-25절, 내가 언제 금으로 내 소망을 삼고 정금더러 너는 내 의뢰하는 바라 하였던가 25 언제 재물의 풍부함과 손으로 얻은 것이 많음으로 기뻐하였던가

자기의 재물이 그리 많았어도 재물을 의지하여 살지 않았다고 한다.

26-27절, 언제 태양의 빛남과 달의 명랑하게 운행되는 것을 보고 27 내 마음이 가만히 유혹되어 손에 입맞추었던가

이것은 우상숭배를 하지 않았다는 말이다. 태양을 보고 달을 보면서 신기하게 여겨 마음을 빼긴 적도 없다고 한다. 피조된 것으로 조물주를 대치하는 마음을 가진 적이 없다는 것이다.

28절, 이 역시 재판장에게 벌 받을 죄악이니 내가 그리하였으면 위에 계신 하나님을 배반한 것이니라

내가 만약 그리했다면 위에 계신 하나님을 배반한 것이다.

29절, 내가 언제 나를 미워하는 자의 멸망을 기뻐하였으며 그의 재앙 만남을 인하여 기운을 뽐내었던가

욥은 구약 시대의 사람이었어도 율법보다 뛰어난 의를 가지고 있었다. 율법은 '원수를 미워하라, 눈은 눈으로, 이는 이로' 라고 했는데 욥은 어느 정도였느냐면 '내가 언제 나를 미워하는 자의 멸망을 보고 기뻐했느냐' 는 것이다.

30-31절, 실상은 내가 그의 죽기를 구하는 말로 저주하여 내 입으로 범죄케 아니하였느니라 31 내 장막 사람의 말이 주인의 고기에 배부르지 않은 자가 어디 있느뇨 하지 아니하였었는가

욥은 원수가 죽기를 구하는 발언을 죄로 생각했다. 그것을 입술의 죄로 여긴 것이다. 어쨌든 그는 수위에 있는 사람들을 다 배부르게 먹였다.

32절, 나그네로 거리에서 자게 하지 아니하고 내가 행인에게 내 문을 열어 주었었노라

욥은 또한 나그네를 거절하지 않고 집에 영접하여 잘 접대했다.

33-34절, 내가 언제 큰 무리를 두려워하며 족속의 멸시를 무서워함으로 잠잠하고 문에 나가지 아니하여 타인처럼 내 죄악을 품에 숨겨 허물을 가리었었던가

큰 무리를 두려워하는 자는 정치하는 사람이다. 족속의 멸시를 무서워함으로 잠잠하고 할 말을 못하는 것이다. 정치가들은 자신이 말을 하여 표가 깎일 것 같으면 절대 말하지 않는다.

35절, 누구든지 나의 변백을 들을지니라 나의 서명이 여기 있으니 전능자가 내게 대답하시기를 원하노라 내 대적의 기록한 소송장이 내게 있었으면

34절까지 욥이 자기의 생활한 것을 진술했다. 한 가지 여기서 배울 것은 자기의 신앙을 파수하는 것이다. 친구들이 계속 집요하게 말하는 것은 '너는 죄를 지었기 때문에 이런 고난이 왔으니 회개하라.' 는 것이었다. 친구들은 상선벌악의 개념(하나님은 선을 행하는 자는 상을 주고 죄를 짓는 자는 벌을 준다는 관념)을 가지고 '네가 이렇게 된 것은 분명히 죄를 지어서가 아니냐' 면서 계속적으로 욥을 공격했었다. 그들은 어쨌든 욥을 돌이킬 양으로 그랬는데 욥은 끝까지 아니라고 했다. 이것은 좋은 태도이다. 신앙을 굽히지 않았고, 정죄를 받아들이지 않았다. 그는 '자기의 특정한 죄 때문에 벌 받는 것이 아니다.' 라는 것을 굳게 지켰다. 그것은 옳은 것이다. 하나님은 욥이 잘못해서 그런 고난을 허락하신 것이 아니다. 욥은 그것에 대한 신뢰를 갖고 있었다. 끝까지 자기 신앙을 파수한 것에 대해서는 분명 배울 점이 있다. 바울도 '내가 양심에 거리낌이 없다' 고 말했다.

그런데 여기서 욥과 바울의 한 가지 다른 점이 있는데, 바울은 사람들로부터 많은 말을 들을 때 '내가 판단받는 것이 내게는 지극히 작은 일이다' 라고 했다. 그러나 이 사람 욥은 그것을 엄청 큰 일로 생각했다. 이것이 신약의 사도인 바울과 욥의 차이점이다. 바울은 주님이 오시기까지는 아무것도 판단하지 말라고 했다. 그분이 오셔야 마음에 감취어진 것을 드러내시고 각 사람에게 칭찬이 있을 것이다 라고 했다. "너희에게나 다른 사람에게나 판단받는 것이 내게는 매우 작은 일이라 나도 나를 판단하지 아니하노니 내가 자책할 아무 것도 깨닫지 못하나 이로 말미암아 의롭다 함을 얻지 못하노라 다만 나를 심판하실 이는 주시니라 그러므로 때가 이르기 전 곧 주께서 오시기까지 아무 것도 판단하지 말라 그가 어둠에 감추인 것들을 드러내고 마음의 뜻을 나타내시리니 그 때에 각 사람에게 하나님으로부터 칭찬이 있으리라"(고전 4:3-5).

'내가 자책할 아무 것도 깨닫지 못하나' 라는 바울의 입장이 지금 욥의 상태이다. 즉 욥이 '너희들은 나를 판단하고 욕하고 정죄하는데 나는 자책할 만한 것이 아무것도 없다.' 라고 말하는 것이 바울과 같은 점이다. 이것이 파수하는 영이다. 바울은 '고린도 성도들이 나를 욕하고 판단하는 것을 보니 내가 정말 잘못했나 보다.' 라고 생각하지 않았다. '그러나 그것으로 인하여 내가 의롭다 함을 받는 것은 아니다.' 라고 했다. 이 모든 것을 하나님께 맡긴다는 것이다. "나를 판단하시는 자는 주시니라". 이점에서 바울과 욥이 다른 것이다.

36-37절, 내가 어깨에 메기도 하고 면류관처럼 머리에 쓰기도 하며 37 내 걸음의 수효를 그에게 고하고 왕족처럼 그를 가까이 하였으리라

자신 있다는 것이다. 누가 내게 이런 일리 있는 말(욥이 잘못했다는 소송장)을 하면 내가 면류관처럼 쓰고 다니겠다는 것이다.

38-40절, 언제 내 토지가 부르짖어 나를 책망하며 그 이랑이 일시에 울었던가 39 언제 내가 값을 내지 않고 그 소산물을 먹고 그 소유주로 생명을 잃게 하였던가 40 그리 하였으면 밀 대신에 찔레가 나고 보리 대신에 잡풀이 나는 것이 마땅하니라 하고 욥의 말이 그치니라

욥은 토지에다가도 잘못을 하지 않았다고 한다. 모든 소산물을 먹으면서 소작농들을 멸시하는 그런 일을 하지 않았고 소작농에게 성냥하게 줄 것을 주고 공급할 것을 공급하고 하면서 일을 시켰다는 것이다. 자기가 먹는 대가로 사람의 생명을 잃게 하는 일을 하지 않았다고 한다. 만일 그렇게 했다면 밀 대신 찔레가 나고 보리 대신 잡풀이 나는 것이 마땅하다고 말한다. 여기서 욥이 긴 말을 끝냈다.

욥기 32장

preview

의인도 고난을 받을 수 있다는 하나님의 섭리를 모르고 상선벌악의 관점에서 욥을 정죄한 친구들은 잘못되었다. 주님의 제자들은 나면서부터 소경된 자에 대하여 자신의 죄 때문이냐 부모의 죄 때문이냐를 물은 적이 있다(요 9:1-2). 욥의 친구들은 그들이 안다는 성경의 지식이나 영적인 원칙으로 친구의 고난에 대하여 동정하지 못하고 권면과 가르침으로 일색하다보니 잘못을 저지르게 되었다. 그런데 여기서 엘리후라는 사람은 욥의 고난을 그 세 친구와는 좀 다른 관점에서 보았다. 욥의 당하는 고난이 자비로우신 하나님의 경륜에서 온다고 하였다(33:19-33). 엘리후는 욥이 당한 수수께끼 같은 고난을 변론함에 있어서 해결 방향에 매우 가까이 왔다.

2절에서 욥이 하나님보다 자기를 의롭다고 했다는 말은 "욥이 하나님 앞에서 자기의 의를 주장하기 때문이요"라고 번역해야 맞다. 욥은 직접적으로 자신이 하나님보다 의롭다고 말한 적은 없다.

엘리후의 겸손은 연장자들의 말이 부족한 것을 알고 있었지만(그런 시련의 이유나 목적을 모르고 욥을 무자비하게 비난), 끝까지 기다렸다가 다 말한 후에 적절한 순간에 말했다는 데 있다. 연소자가 연장자의 대화에 함부로 끼어들지 않는 것은 성경의 교훈이다(잠 23:22).

노인을 존경함은 제 5계명을 지키는 것이다. 배교자들과 이단자들 대부분은 노인을 존대하지 않고 저희들의 동류처럼 취급한다. 그러나 기독교 신앙은 노인을 존중한다. "센 머리 앞에 일어서고 노인의 얼굴을 공경하며 네 하나님을 경외하라"(레 19:32). 대부분 교리주의자들, 지식주의자들은 성경을 옳고 그름의 관점으로 보다 보니 틀렸으면 나이가 먹었어도 대우하지 않는다. 공산주의와 같은 것이다. 그들은 생명의 종교가 아닌 사상의 종교를 신봉하기 때문이다. 그런 자들에게는 옳으면 그것으로 모든 것이 끝이다.

엘리후는 자신이 젊은 자임을 인정하였다. 그렇지만 사람의 속에는 심령이 있어서 어린 사람이라도 지혜를 가질 수 있다고 말했다. 그는 그 많은 대화를 듣고 있는 중에 그에게 주어진 빛을 억제하지 않고 임무를 수행해 낸 것이다(32:17).

젊은 자들은 계시가 있다 하더라도 조심해서 자신의 위치를 알고 알맞게 위임을 수행해야 한다. 엘리후는 7절에서 매우 사리 있는 말을 했다. 14절에서 엘리후는 세 친구와 차원을 달리하겠다고 선언한다. 세 친구는 주관적이고 논쟁적이었으나 엘리후는 객관적으로 말하겠다고 한다. 그래서 그는 욥의 말에 대답하려고 한 것이 아니다. 15절은 그들에게 어떤 말을 듣겠다고 했다. 그러나 그들은 어떤 답을 하지 않았다. 엘리후는 먼저 세 친구에게 말하고 그 다음 욥을 향한다. 17절의 '내 본분' 이라는 말은 'My part(내 부분, 내 분량)' 라는 뜻이다. 자신이 아는 한도에서 말해보겠다는 뜻이다. 엘리후는 사역자의 정신을 가진 친구이다. 그것은 32장 21-22절을 보면 알 수 있다. 그는 사람의 낯을 보거나 아첨하는 사람이 아니기 때문이다. 그는 아첨하여 말하는 것이 중죄라고 생각했다. 그는 자기가 아는 데까지 정직하고 성의있게 말했다. 그가 세례요한의 역할을 했다는 학자들의 평가는 받을 만한 말이다.

exposition

1-2절, 욥이 스스로 의롭게 여기므로 그 세 사람의 대답이 그치매 2 람 족
속 부스 사람 바라겔의 아들 엘리후가 노를 발하니 그가 욥에게 노를 발함
은 욥이 하나님보다 자기가 의롭다 함이요

엘리후라는 사람이 등장한다. 욥의 세 친구, 엘리바스, 빌닷, 소발에 한 사람 너해서 엘리후가 나온다. '하나님보다 자기가 의롭다' 라는 표현은 정확한 번역이 아닌 것 같다. 욥이 하나님 앞에서 자기의 의를 너무 주장한다는 것이다. 욥이 직접적으로 자기 의가 하나님의 의보다 높다는 말은 한 적이 없다.

3-5절, 또 세 친구에게 노를 발함은 그들이 능히 대답지는 못하여도 욥을
정죄함이라 4 엘리후가 그들의 나이 자기보다 많으므로 욥에게 말하기를
참고 있다가 5 세 사람의 입에 대답이 없음을 보고 노를 발하니라

욥의 세 친구는 앞에서 할 말을 다 했다. 욥이 길게 대답을 한 후 세 친구가 말을 그쳤을 때, 이제 엘리후라는 젊은 사람이 말하려고 등장한 것이다. 우리의 체험으로 볼 때 할 말이 가득한데 다른 사람들이 길게 말하는 것을 다 듣기까지 기다리는 것은 쉽지 않다. 그러나 엘리후는 끝까지 기다렸다가 욥과 세 친구 사이에 끼어 양편을 향해 노를 발했다.

6-7절, 부스 사람 바라겔의 아들 엘리후가 발언하여 가로되 나는 연소하
고 당신들은 연로하므로 참고 나의 의견을 감히 진술치 못하였노라 7 내가
말하기를 날이 많은 자가 말을 낼 것이요 해가 오랜 자가 지혜를 가르칠 것

이라 하였으나

이 엘리후라는 사람은 37장까지 나오는데 욥과 세 친구보다 젊은 사람이다. 옛날에도 젊은 사람들은 연장자를 존중하는 풍습이 있었고 성경도 분명히 그것을 가르치고 있다. 노인을 존경하는 것은 십계명의 제5계명을 지키는 것이다. 부모를 공경하라는 것은 단지 부모만 가리키는 것이 아니다. 연장자를 말하는 것이다. 연소자가 연장자의 말에 함부로 끼어들지 않는 것은 성경의 가르침이다. 이 엘리후는 세 친구들의 답이 부족하다는 것을 안다.

엘리후는 세 친구보다 한 수 위이다. 그런데 뭐가 한 수 위인지를 알아야 여러분도 배우는 것이 있게 된다. 배교자들이나 이단자들은 노인을 존대하지 않는다. 저희의 동류처럼 여긴다. 공산주의를 생각해보면 된다. 사상이 앞서는 것이다. 그런데 기독교 신앙은 노인을 존중한다. 교리주의, 교주주의, 지식주의, 사상주의의 사람들은 사상이 제일이다. 사상이 어긋나면 반동분자가 된다. 소위 기독교 신앙을 가졌다는 자들 중에서도 이단자들은 다 그러하다. 레위기 19장 32절에는 "너는 센 머리 앞에서 일어서고 노인의 얼굴을 공경하며 네 하나님을 경외하라 나는 여호와이니라"고 했다.

엘리후라는 사람은 자기가 젊은 자임을 인정한다. 욥은 모세 이전 족장시대의 인물이다. 그렇기 때문에 욥과 엘리후 같은 사람들의 말은 굉장히 깊은 것임을 알 수 있다. 이 엘리후는 족장시대 사역자의 대표라 할 수 있다.

8절, 사람의 속에는 심령이 있고 전능자의 기운이 사람에게 총명을 주시나니

나이가 많은 사람이 어쨌든 지혜가 있다. 그렇지만 엘리후는 사람의 속에 심령이 있고 전능자의 기운이 사람에게 총명을 주신다고 했다. 엘리후는 엘리바스나 빌닷, 소발처럼 신비한 체험이나 조상들의 말을 근거로 말하는 것이 아니라 자신의 심령 속에서 깨달아지는 대로 말했다. 사람의 이해력은 속의 심령에서 발원되는 것이 가장 깊은 것이다. 더욱이 사람의 심령만이 아니라 전능자의 기운(성령)이 총명을 주신다.

9절, 대인이라고 지혜로운 것이 아니요 노인이라고 공의를 깨닫는 것이 아니라

대인이라고 해서 지혜로운 것이 아니고 노인이라고 해서 공의를 깨닫는 것이 아니라는 것이다. 사람에게 영이 있기 때문에 전능자의 기운이 사람에게 총명을 줄 수 있다는 것이다. 자신의 심령 속에서 지혜와 총명을 얻은 사람은 나이가 많은 사람보다 오히려 더 지혜로울 수 있다는 것이다. 노인들도 실수할 수 있고 언제나 현명한 판단을 가실 수 있는 것은 아니다. 우리는 우리보다 못한 것 같은 자들에게서도 도리에 맞는 말이라면 들어야 하고 그들의 말에 순복해야 하며 받아들여 참고해야 한다. 그러면 유익을 얻게 된다. 시편 119편 100절은 "주의 법도를 지키므로 나의 명철함이 노인보다 승하니이다"라고 하였다.

10-11절, 그러므로 내가 말하노니 내 말을 들으라 나도 내 의견을 보이리라 11 내가 당신들의 말을 기다렸고 당신들이 할 말을 합당하도록 하여 보는 동안에 그 변론에 내 귀를 기울였더니

그들이 할 말을 찾아가면서 변론하는 동안에 기다리며 들어보려고 귀를 기울였다는 것이다. 이것은 엘리후가 오래 참아가면서 나이든 사람들이 말을 들어보려고 힘썼다는 것을 증명한다. 이와 같은 태도는 변론하는 자들에게 반드시 필요한 미덕이다. 다른 사람의 말은 들어볼 것도 없다는 태도는 변론하는 자의 태도가 아닐 뿐 아니라 지혜와 총명 있는 자의 태도도 아니다.

12절, 자세히 들은즉 당신들 가운데 욥을 꺾어 그 말을 대답하는 자가 없

도다

욥을 꺾을 사람이 없다는 것이다. 욥이 그들보다 한 수 위라는 것이다.

13절, 당신들이 혹시라도 말하기를 우리가 지혜를 깨달았었구나 그를 이길 자는 하나님이시요 사람이 아니라 하지 말지니라

그들이 말로 욥을 꺾지 못했으니 이제 '하나님밖에는 욥을 이길 자가 없다' 고 말하지 말라는 것이다. 자기가 해보겠다는 것이다.

14절, 그가 내게 말을 내지 아니하였으니 나도 당신들의 말처럼 그에게 대답지 아니하리라

욥이 엘리후에게는 말하지 않았으므로 엘리후는 '나는 당신들 말처럼 그에게 직선적으로 말하지 않겠다' 는 것이다. 즉 객관적으로 말하겠다는 것이다. 쉽게 말하면 진리 자체를 가르칠 뿐 '표적 설교' 를 하지 않겠다는 것이다. 친구들의 말은 논쟁적이고 주관적이었으나 엘리후의 발언은 객관적이고 독립적인 것이다.

15절, 그들이 놀라서 다시 대답하지 못하니 할 말이 없음이로구나

그들은 엘리후가 하는 말을 듣고 놀라서 대답할 말을 잃었다. 엘리후는 세 친구들에게 말하다가 욥에게로 돌이켜 말하고 있다.

16-17절, 그들이 말이 없이 가만히 서서 다시 대답지 아니한즉 내가 어찌 더 기다리랴 17 나도 내 본분대로 대답하고 나도 내 의향을 보이리니

여기 '내 본분대로' 라고 하는 말은 그냥 내가 할 말을 하겠다는 뜻이다. 자신이 아는 한도에서 말하겠다는 것이다. 엘리후라는 사람은 어느 정도 사역자의 정신을 가지고 있는 사람이다. 내가 할 수 있는 만큼 말하겠다는 것이다. 사역자는 분량대로 사역을 해야 한다.

18절, 내게 말이 가득하고 내 심령이 나를 강박함이니라

내가 여러분들의 말을 계속 듣다 보니 하고 싶은 말이 마음에 가득하게 되었다는 것이다.

19절, 보라 내 가슴은 봉한 포도주 같고 새 가죽 부대가 터지게 됨 같구나

포도주는 발효하는 성질이 있는데 그것을 봉해 놓았더니 그것이 터지기 직전이 된 것이다.

20절, 내가 말을 발하여야 시원할 것이라 내 입을 열어 대답하리라

지금 말하고 싶어서 아주 못 견디게 되었다는 것이다. 얼마나 기다렸겠는가?

21-22절, 나는 결코 사람의 낯을 보지 아니하며 사람에게 아첨하지 아니하나니 22 이는 아첨할 줄을 알지 못함이라 만일 그리하면 나를 지으신 자가 속히 나를 취하시리로다

자기는 결코 사람의 낯을 보지 않고 아첨하지 않는다고 한다. 의로운 사람들은 아첨하는 것을 큰 죄로 여긴다. 바울이 그랬다. 그는 사람의 비위를 맞추는 식으로 말씀을 전하지 않았다. 오늘날 이것이 얼마나 문제인지 모른다. "너희도 알거니와 우리가 아무 때에도 아첨하는 말이나 탐심의 탈을 쓰지 아니한 것을 하나님이 증언하시느니라"(살전 2:5). 사역자가 되려면 충성되어야 한다. 사역자들은 주님이 주신 말씀을 그대로 선포해야 한다. 사람의 얼굴을 봐가면서, 아첨해가면서 말을 하는 것은 사역자의 할 바가 아니다. 성도들이 떨어질까봐 할말을 못하고 그들의 좋아할 말만 하는 것도 아첨이다. 엘리후는 '내가 사람의 얼굴 봐가면서 아첨하는 방식으로 말하지 않고 내가 받은 위임 그대로 발해 볼 테니 들어보라.'는 것이다.

욥기 33장

preview

32장에서는 세 친구들에게 말하였고 본 장에서는 욥에게로 주의를 돌린다. 33장은 주로 욥에게 하나님은 사람을 선량하게 하기 위해 육체적 고통을 주시기도 한다고 하였다. 즉 엘리후는 인간에게 있는 질병과 고통이 하나님의 진노하심의 증거라든지 위선을 고발하는 증거도 아니고 하나님의 택하신 지혜롭고 은혜로운 방법이라고 하였다. 하나님께서 말씀하시는 방법이고 이것은 하나님을 알 수 있도록 기 위함이라고 했다. 하나님의 뜻에 매우 근접한 말을 하고 있다.

1-4절에는 엘리후의 말이 나온다. 아첨하지 않고 자신이 깨달은 것만큼 정직하고 성실하게 말하는 것은 매우 중요하다('예언하는 자는 믿음의 분수대로 할 것이요'). 엘리후는 자신도 욥과 같은 피조물이고 조물주는 아니라고 한다. 세 친구가 욥을 단죄할 때 그들은 거의 하나님 위치에 섰다. 욥은 하나님과 자신 사이에 중재자가 필요하다고 하였고 그의 소망에 따라 엘리후는 하나님의 대리 자격으로 말하고 있다(33:6). 즉 친구들은 하나님의 입장에서 말했고 엘리후는 하나님과 욥의 중재자

로서 말하려고 노력했다는 것이다. 엘리후는 이론상의 논리는 무시하고 사실상의 문제만을 말한다(들은 대로). 엘리후는 그의 고난이 하나님께로서 왔고 그것은 그에게 말씀해주시기 위한 것이라고 했다. 긍휼히 여기사 구덩이에 내려가지 않게 하려 하심이라는 것이다. "내가 대속물을 얻었다" 하도록….

그렇지만 엘리후도 한계가 없는 것이 아니다. 그러나 욥은 끝까지 하나님을 신뢰했다. 엘리후 역시 욥의 깊은 신앙심을 이해하지 못했다. 객관적으로 말한다고 했지만 역시 사람은 그렇게 되기 어렵다.

exposition

1-4절, 그런즉 욥이여 내 말을 들으며 나의 모든 말에 귀를 기울이기를 원하노라 2 내가 입을 여니 내 혀가 입에서 동하는구나 3 내 말이 내 마음의 정직함을 나타내고 내 입술이 아는 바를 진실히 말하리라 4 하나님의 신이 나를 지으셨고 전능자의 기운이 나를 살리시느니라

엘리후는 서론을 32장에서 길게 말하고 본론을 말하겠다고 한다. 할 말이 많으면 입만 움직이면 그냥 속에서 흘러나온다. 엘리후는 지금 그런 상태이다. 욥에게 그의 변론을 들어달라고 하는 것은 그가 진실하게 말할 것이기 때문이다. 또한 그는 자신이 아는 바를 말할 것이라고 한다. 오늘날 자신이 말하는 것이 무엇인지도 모르고 말하는 사람들이 많다. 그는 자신이 하나님의 영감을 받은 것을 말할 것이라고 한다("하나님의 신이 나를 지으셨고 전능자의 기운이 나를 살리셨다").

5-7절, 네가 할 수 있거든 일어서서 내게 대답하고 내 앞에 진술하라 6 나와 네가 하나님 앞에서 일반이니 나도 흙으로 지으심을 입었은즉 7 네 위

엄으로는 너를 두렵게 하지 못하고 내 권세로는 너를 누르지 못하느니라

일단 엘리후는 자신을 욥과 동격으로 두고 말하고자 한다. 자신이 말하겠으니 말에 이의가 있으면 일어나서 반론을 펼 수 있다고 한다("네가 할 수 있거든 일어서서 내게 대답하고 내 앞에 진술하라"). 사역을 할 때 성도들을 무지한 자로 여기고 자신을 높은 데 두고 하는 말은 그렇게 좋지 않다. 바울은 늘 "너희도 아는 바에", "너희가 모르는 바가 아니라" 등의 말을 하곤 했다. 이는 바울의 권면이나 가르침이 성도들의 주님을 알 수 있는 역량을 인정하고 하는 말이기 때문이다. 욥의 세 친구들은 욥을 아래다 두고 말했다. 높은 위치에서 가르치는 식으로 한 것이다. 그러나 엘리후는 접근부터 달랐다. '너도 말할 수 있다. 나나 너나 하나님 앞에 일반이다. 내 위엄으로는 너를 당하지 못하고 누르지도 못한다.' 욥과 자기는 같은 사람이니 서로 마음을 열어놓고 대화할 수 있다고 한다. 엘리후의 이같은 말은 변론을 하는 데 있어서 인권 평등을 주장한 것이다.

8-13절, 네가 실로 나의 듣는 데 말하였고 나는 네 말소리를 들었느니라 이르기를 9 나는 깨끗하여 죄가 없고 허물이 없으며 불의도 없거늘 10 하나님이 나를 칠 틈을 찾으시며 나를 대적으로 여기사 11 내 발을 착고에 채우시고 나의 모든 길을 감시하신다 하였느니라 12 내가 네게 대답하리라 이 말에 네가 의롭지 못하니 하나님은 사람보다 크심이니라 13 하나님은 모든 행하시는 것을 스스로 진술치 아니하시나니 네가 하나님과 변쟁함은 어찜이뇨

그러나 엘리후의 그러한 객관적이고 겸손한 태도와는 관계없이 엘리후는 욥을 오해하여 말한다. 욥은 자기가 전혀 죄가 없는데 하나님께서 공격하시며 대적으로 여기셔서 발을 착고에 채우셨다고 말한 적이 없다. 그 정도의 징계와 환경을 만날 근거가 되는 죄가 없다고 한 것이다. 그는 자기가 욥에게서 직접 들은 말을 가지고 판단한다고 하였으나 욥의 말의 속 뜻을 알지 못한 것이다. 욥이 하나님께서 까닭없이 치신다고 한 것은 죄 없이 주님께 당한다면서 자신의 의를 주장한 것이 아니라 자신의 고난의 원인을 몰라서 하나님께 한탄하는 어조였던 것이다. 엘리후는 욥이 하나님과 쟁변한다고 생각했다. 엘리후는 하나님을 위해서 말한다. "하나님은 모든 행하시는 것을 스스로 진술치 아니하시나니 네가 하나님과 변쟁함은 어찜이뇨".

14-16절, 사람은 무관히 여겨도 하나님은 한 번 말씀하시고 다시 말씀하시되 15 사람이 침상에서 졸며 깊이 잠들 때에나 꿈에나 밤의 이상 중에 16 사람의 귀를 여시고 인치듯 교훈하시나니

사람이 무관히 여긴다는 말은 사람이 깨닫지 못한다는 말이다. 이는 하나님께서 인간을 가르치기 위하여 말씀하시고 또 말씀하시는 것이라고 말한다. "사람이 침상에서 졸며 깊이 잠들 때에나 꿈에나 밤의 이상 중에 사람의 귀를 여시고 인치듯 교훈하시나니". 이는 하나님이 사람을 가르치시는 방법들을 말한다. '귀를 열고 인치듯 교훈하신다' 는 말은 사람에게 인상 깊이 확실하게 가르쳐 주시는 것을 의미한다.

17-18절, 이는 사람으로 그 꾀를 버리게 하려 하심이며 사람에게 교만을 막으려 하심이라 18 그는 사람의 혼으로 구덩이에 빠지지 않게 하시며 그 생명으로 칼에 멸망치 않게 하시느니라

하나님께서 꿈과 이상으로 가르치시는 목적은 인간으로 그 자신의 악한 꾀를 버리고 교만하지 않도록 막으시려는 것이다. 즉 그로 멸망치 않게 하시려는 것이다.

19-22절, 혹시는 사람이 병상의 고통과 뼈가 늘 쑤심의 징계를 받나니 20 그의 마음은 식물을 싫어하고 그의 혼은 별미를 싫어하며 21 그의 살은 파리하여 보이지 아니하고 보이지 않던 뼈가 드러나서 22 그의 혼이 구덩이

에, 그의 생명이 멸하는 자에게 가까워지느니라

꿈과 이상 다음으로 하나님께서 사람을 교훈하시는 방법은 병의 고통이다. 병상의 고통과 뼈를 쑤시는 고통을 당하면서 사람은 하나님의 교훈을 받게 되는 것이다. 사람은 병상에 누울 때에야 깨달을 수 있는 교훈이 있고 드리는 기도가 있을 수 있다. 또 그러한 때 받는 계시도 따로 있다.

23절, 그럴 때에 만일 일천 천사 가운데 하나가 그 사람의 해석자로 함께 있어서 그 정당히 행할 것을 보일진대

일천 천사 가운데 하나는 중보자로서 그리스도를 뜻한다. 그 사람의 해석자란 하나님의 대언자를 가리킨다. 즉 신약의 보혜사에 해당한다. 여기 해석자는 하나님과 고난받는 사람 중간에 있어 그의 입장을 해석하고 돕는 자를 말한다.

24절, 하나님이 그 사람을 긍휼히 여기사 이르시기를 그를 건져서 구덩이에 내려가지 않게 하라 내가 대속물을 얻었다 하시리라

하나님께서 병자를 고쳐주심도 장차 오실 그리스도의 대속의 공로('대속물을 얻었다')라는 것이다. 23, 24절에서 엘리후가 넌지시 그리스도를 예시하며 말한다. 그분은 일천 천사 중 하나이며 해석자 곧 보혜사이며 긍휼히 여겨 구덩이에 내려가지 않게 하고 대속물을 얻으신다고 한다.

25-28절, 그런즉 그 살이 어린 아이보다 연하여져서 소년 때를 회복할 것이요 26 그는 하나님께 기도하므로 하나님이 은혜를 베푸사 그로 자기의 얼굴을 즐거이 보게 하시고 사람에게 그 의를 회복시키시느니라 27 그가 사람 앞에서 노래하여 이르기를 내가 전에 범죄하여 시비를 바꾸었으나 내게 무익하였었구나 28 하나님이 내 영혼을 건지사 구덩이에 내려가지 않게

하셨으니 내 생명이 빛을 보겠구나 하리라

하나님께서 병자가 고침받도록 명하신 결과는 무엇인가? 몸이 건강해지며(소년 때를 회복할 것이요), 육신만이 아니라 영혼까지 잘되는 축복을 주시는 것이다. 즉 하나님과의 교통이 회복되며(자기의 얼굴을 즐거이 보게 하시고), 하나님께서 그를 다시 의인이 되게 하시는 것이다(의를 회복시키시느니라). 27-28절은 결과적으로 하나님을 찬양한다는 말이다.

29-33절, **하나님이 사람에게 이 모든 일을 재삼 행하심은 30 그 영혼을**
구덩이에서 끌어 돌이키고 생명의 빛으로 그에게 비취려 하심이니라 31 욥
이여 귀를 기울여 내게 들으라 잠잠하라 내가 말하리라 32 만일 할 말이 있
거든 대답하라 내가 너를 의롭게 하려 하노니 말하라 33 만일 없으면 내 말
을 들으라 잠잠하라 내가 지혜로 너를 가르치리라

하나님께서 인간에게 계시하시는 목적을 말한다. 하나님은 사람이 그분의 뜻을 알기 원하시고 그 계시를 주시는 목적이 그 영혼을 구덩이에서 끌어내고 생명으로 그에게 비취려 하심이라고 한다. 엘리후는 첫 부분부터 계속 욥에게도 할 말이 있으면 말을 해보라고 하지만 결국 자신이 지혜로 가르쳐 보겠다고 한다. 그는 욥에게 잠잠하여 들어보라고 한다.

욥기 34장

preview

욥이 33장 마지막에 엘리후의 질문에도 잠잠함으로 엘리후는 자기의 말을 계속한다. 어쩌면 욥의 듣는 태도는 수긍하는 태도가 아니었을 것이다. 그 때 엘리후는 대화의 광장을 마련하자고 제의한다. "우리가 스스로 옳은 것은 택하고 무엇이 선한가 우리끼리 알아보자". 이것은 사실 진리에 접근하는 올바른 태도가 아니다. 물론 엘리후가 남의 일에 대하여 논할 때 공평을 기하는 것은 필요하고 좋은 것이지만 벌써 엘리후는 자신이 욥의 단점을 장담하고 확신하기에 그 태도가 옳지 않은 것이다.

엘리후는 욥은 한편에 제쳐두고 지혜 있는 자들(세 친구)에게 이 문제를 함께 알아보자고 간청한다. 33장에서 대속물을 언급할 때까지만도 엘리후는 설교자의 영을 가지고 있었다. 그러나 욥의 듣는 태도가 영 아니라고 느껴지자 그의 감정이 건드려진 것 같다. 그는 어쩌면 아무 대답도 하지 않는 욥이 자기의 말을 경멸하는 것이라고 느꼈던 것 같다. 7절은 좀 성질을 내는 말 같다. "어느 사람이 욥 같으랴 욥이 훼방하기를 물 마시듯이 하며".

하나님의 사역자들은 말씀을 잘 선택하여 전하는 것을 배울 뿐 아니라 이러한 때의 인내도 상당히 배워야 한다. 엘리후는 자기의 말을 듣는 욥이 성령의 빛이 있는 말씀을 듣고 속히 돌이키는 성과를 거두기를 기대하였을 것이다. 그러나 지인하지 않고 침묵하는 욥을 보니 울화가 치밀었다. 다른 사람들을 양육하고 가르치는 데 있어서 우리는 엘리후처럼 얼마나 실수를 하곤 하는지! 듣지 않고 받아들이지 않는 듯한 굳은 얼굴을 대하는 순간, 우리의 열정적인 성품이나 강렬한 육체가 기능을 발휘하기 시작한다. 엘리후는 논리적인 재치를 잃어버렸다. 영혼의 안정감, 부드러운 예의, 욥의 말을 인용하는 데 있어서 객관성을 상실해버렸다. 오로지 상대방에게 자신의 메시지를 듣도록 강요하는 열심만 남았다.

exposition

1-4절, 엘리후가 말을 이어 가로되 2 지혜 있는 자들아 내 말을 들으며 지식 있는 자들아 내게 귀를 기울이라 3 입이 식물의 맛을 변별함같이 귀가 말을 분별하나니 4 우리가 스스로 옳은 것은 택하고 무엇이 선한가 우리끼리 알아 보자

엘리후는 공평을 많이 강조한다. 즉 나는 혼자 주장하거나 말하지 않겠으니 대화의 장을 마련해서 함께 토론해보자고 한다. 그런 태도는 매우 바람직한 것이지만 그는 욥의 잘못된 점에 대한 확신이 강하므로 공평을 장담하는 그의 태도는 헛된 것이다. 그는 이미 자신이 말하면 누구든지 승복시킬 것 같은 확신에 차 있다. 사람이 사실과 진리를 오해하고 있으면서 공평을 말하는 것은 맞지 않다.

엘리후는 32장부터 33장까지 두 장에 걸쳐서 말했다. 제법 설교자로서 하나님의 말씀을 잘 대변하는 위치에 있었다. 33장 24절에서 '긍휼', '대속물'을 말하고, 26절에서 '은혜', '의'에 대한 회복을 말했으며, 욥에게 하나님에 대한 진리를 어느 정도 잘 이야기했다. 그런 다음 마지막 부분에 가서 31절에서는 '내 말을 들어달라' 하고 32절에서는 '할 말이 있으면 대답하라'고 한 다음 33절에서는 '할 말이 없으면 내가 말할 것이다'고 했다. 이렇게 하고서 34장이 시작된다.

2절에서 "지혜 있는 자들아 내 말을 들으며"라고 했다. 당시 욥과 욥의 세 친구가 있었을 텐데 그들과 다 함께 얘기하자는 것이다. 33장 32절에서 욥에게 말해보라고 했지만 욥의 반응이 별로 없었을 수도 있다. 그래서 34장 3절에서 엘리후는 자신이 분별력이 있다는 것을 말했다. "입이 식물의 맛을 변별함같이". 짠지 매운지 식물의 맛을 입이 다 아는 것처럼 "귀가 말을 분별하나니"라고 했다. 귀가 말을 분별하는 것처럼 너희가 다 지혜가 있지 않은가? "우리가 다 지혜가 있으니 분별해 보자"고 한 것이다.

그래서 4절에서 "우리가 스스로 옳은 것은 택하고 무엇이 선한가 우리끼리 알아보자"라고 했다. 이것은 엘리후가 욥이 대답도 안 하고 가만히 있으니까 세 친구와 더불어 대화의 광장을 마련해 보자고 한 것이다. 우리가 스스로 옳은 것을 택하고 무엇이 선한가 알아보자고 한 것이다. 객관성 있게 공평을 기하고 시비를 함께 논해 보자는 것은 좋다. 그렇지만 엘리후라는 사람은, 뒤에 보면 알겠지만, 욥의 단점을 확신하고 있기 때문에 공평한 대화의 장이 열릴 수 없다. 말은 공평하게 하는 듯 말하지만 여기서부터는 객관성이 떨어진다.

말씀을 전하는 사역자들은 매우 주의해야 할 점이 있는데, 자기의 관점을 관철시키려고 하는 자세를 버려야 한다는 것이다. 32-33장에서는 어느 정도 말씀의 영과 하나 되어서 말하는 것이 있다. 그런데 34장부터는 엘리후가 다시 선악 관념으로, 옳고 그름의 세계로 들어간다. 왜 그렇게 되었을까 생각해볼 때, 두 장에 걸쳐서 얘기한 다음 욥의 얼굴을 보니 욥이 별로 듣는 태도가 아닌 것이다. 자기는 정말로 욥을 위해서 성령 안에서 욥을 권면하는 말을 하고 있는데 욥의 얼굴을 보니 그렇게 감사하면서 듣는 태도가 아니다. 그러니까 세 친구와 더불어 대화의 장을 만들어서 한번 변론해보자고 하는데, 욥은 별로 수긍하지 않는 태도였을 것이다. 이 때에 말씀을 전하는 사람은 노기가 생길 수 있다.

욥기는 지혜서이다. 우리는 이런 말씀을 통해서 지혜를 배울 수 있다. 말씀을 전하는 자가 성령 안에서 얘기를 잘 해나가는데 듣는 얼굴이 시큰둥하자 서서히 화가 올라오는 것이다. 그러다보니 이전에는 하나님의 말씀을 단순하게 객관적으로 전달하는 입장에 서 있었는데 이제는 이 사람을 굴복시켜야 하기 때문에 옳고 그름에 떨어지게 되는 것이다. 상대를 굴복시키려고 할 때 자신의 생각과 관념에 떨어지게 된다. 엘리후 같이 뛰어난 설교자도 그런 상황에서 이성을 잃고 만 것이다. 그의 하는 말을 들어보면 알겠지만 결국 욥의 세 친구와 같은 어조로 가게 된다.

5-6절, 욥이 말하기를 내가 의로우나 하나님이 내 의를 제하셨고 6 내가 정직하나 거짓말장이가 되었고 나는 허물이 없으나 내 상처가 낫지 못하게 되었노라 하니

"내가 의로우나 하나님이 내 의를 제하셨고". 욥이 이렇게 말한 것은 고난의 원인이 될 만한 죄가 없는데 하나님이 그에게 환난을 주셨다는 것인데, 친구들이나 엘리후는 오해하고 있는 것이다. 오늘날 많은 성경 주석가들이 욥이 하나님을 원망한 것처럼 잘못 해석한다. 현대판 엘리후들이 많다는 얘기다. 욥은 하나님을 훼방한 일이 없다. 그가 자신을 의롭다고 한 것은 그의 모든 것이 다 옳다고 한 것이 아니라 그런 고난의 원인이 될 만한 특수한 범죄가 없다고 한 것이다. 1-2장에 의하면, 욥에게 미친 고난은 사탄의 시기와 시험에 의하여 일어난 것이지 하나님께서 욥의 특정한 악을 징벌하기 위해 주신 것이 아니라는 것을 알 수 있다.

“내가 의로우나 하나님이 내 의를 제하셨고 내가 정직하나 거짓말장이가 되었고 나는 허물이 없으나 내 상처가 낫지 못하게 되었노라”. 욥이 꼭 이렇게 말한 것은 아니다. 욥이 비슷하게 말한 적은 있지만 그 뜻이 좀 다르다. 그것은 엘리후의 생각일 뿐이다.

7-12절, 어느 사람이 욥과 같으랴 욥이 훼방하기를 물마시듯 하며 8 악한 일을 하는 자들과 사귀며 악인과 함께 다니면서 9 이르기를 사람이 하나님을 기뻐하나 무익하다 하는구나 10 그러므로 너희 총명한 자들아 내 말을 들으라 하나님은 단정코 악을 행치 아니하시며 전능자는 단정코 불의를 행치 아니하시고 11 사람의 일을 따라 보응하사 각각 그 행위대로 얻게 하시나니 12 진실로 하나님은 악을 행치 아니하시며 전능자는 공의를 굽히지 아니 하시느니라

7-12절의 엘리후의 주장은 신학적으로 어느 정도 옳으나 그가 진리에 대한 체험이 천박하기 때문에 욥의 심각한 고난의 문제를 오해하였다. 우리는 진리를 따라 살고 그것을 생활에 옮겨야 비로소 그 깊이를 깨닫는 법이다.

9절은 욥이 비슷한 말을 하였지만 조금 뉘앙스가 다르다. 자신이 하나님을 섬기며 그 말씀대로 살아온 것이 무익하다는 것이 아니라 그의 의가 극심한 고난에서 구원받지 못했다는 푸념이었다(9:17-18, 10:15, 17:9-17). 11절(사람의 일을 따라 보응하사 각각 그 행위대로 얻게 하시나니)은 맞는 말이긴 하지만 현세가 그 인과응보의 전적인 장소가 아니다. 즉 하나님은 상선벌악의 처사를 현세에 모든 인류의 행위에 대해 전반적으로 실시하지는 않는다는 점을 알아야 한다. 그리스도의 심판대도 있고 천년왕국 시대도 있다. 내세에 걸쳐서도 심판은 여전히 집행된다는 것이 성경의 진리이다.

그렇지만 현세에도 고난은 필요하다. 고난은 마치 파도와 같다. 우리의 인생에 고난이 없으면 바다가 밀물과 썰물이 없어서 썩듯이 세상은 썩는다. 고난은 세상을 정화시키는 작용을 하고 있다. 고난은 도덕과 사회질서를 유지하게 하는 한 방편이다. 환난이 하나도 없는 인류는 극도로 악화되어 현세는 지옥처럼 되어버릴 것이다. 그렇다 하더라도 하나님은 인류에 대한 심판과 징계를 현시대에 다 집행하시는 것은 아니다. 마지막 대심판에서 불못으로 보내시고 그 형벌을 받게 하시는 때에 다 심판을 이루시는 것이다.

13-15절, 누가 땅을 그에게 맡겼느냐 누가 온 세계를 정하였느냐 14 그가 만일 자기만 생각하시고 그 신과 기운을 거두실진대 15 모든 혈기 있는 자가 일체로 망하고 사람도 진토로 돌아가리라

하나님은 땅과 만물과 세계를 누구에게서 받은 것이 아니다. 그분이 친히 다 지으신 것이요 당신의 것이기에 친히 나 돌보신다. 그분은 누구의 지배를 받으시거나 판결을 받을 일이 없으시다. 그분 자신이 법이고 선이며 공의이시다. 하나님은 그분 자신이 무엇에든지 의존된 존재가 아니라고 엘리후가 강변함은 옳은 주장이다. 그런데 엘리후는 이렇게 말함으로써 그분이 천지의 주재이시고 대 주권자이시므로 욥의 고난도 그분이 주신 것이고 그분이 주시는 일종의 보응이므로 욥은 범죄자가 틀림없다고 유도하려는 것이다. 14, 15절도 계속 하나님의 주권에 대하여 강조하는 말이다. 그분이 그 섭리의 손을 거두시면 우주의 질서는 다 무너지고 혈기 있는 모든 생물도 망하고 사람도 진토로 돌아간다고 하였다.

엘리후가 이렇게 말하는 것은 그분이 절대주권자이므로 우리 인생은 그분께 복종하지 않을 수 없다고 하는 것이다. 지금 엘리후는 욥이 하나님의 절대주권 속에서 주신 환경을 잘 받지 않고 불복하고 있다고 생각하는 듯하다. 엘리후는 하나님이 그분 자신만 생각하시고 사람을 보살피는 일이 없이 그 신과 기운을 거두시면 다 망한다고 하면서 그분의 절대주권을 강조한다.

16-17절, 만일 총명이 있거든 이것을 들으며 내 말소리에 귀를 기울이라 17 공의를 미워하는 자시면 어찌 치리하시겠느냐 의롭고 전능하신 자를 네가 정죄하겠느냐

"공의를 미워하는 자시면 어찌 치리하시겠느냐". 그분의 우주 통치를 볼진대 그분은 공의롭게 그분이 지으신 만물을 관심하시고 있다는 것을 알 수 있다고 주장하는 것이다. 하나님은 의롭고 전능하신 분이라고 말하고 있다. 또 공의를 실행하시는 분이기 때문에 욥같이 잘못한 경우를 하나님이 징벌하신다는 것을 엘리후는 암시하고 있는 것이다. 엘리후는 욥이 그러한 하나님이 자기에게 의롭게 처분하고 계신 것이 아니니 잘못하고 계시는 것이라 정죄한다고 보았다(의롭고 전능하신 자를 네가 정죄하겠느냐).

18-19절, 그는 왕에게라도 비루하다 하시며 귀인들에게라도 악하다 하시며 19 왕족을 외모로 취치 아니하시며 부자를 가난한 자보다 더 생각하지 아니하시나니 이는 그들이 다 그의 손으로 지으신 바가 됨이니라

하나님은 왕이나 귀인들도 심판하신다고 말한다. 물론 엘리후의 말처럼 하나님은 현세에 왕들을 심판하기도 하신다. 그분이 만민을 창조하셨고 부자나 가난한 자나 다 지으셨으니 부자라고 봐주지 않으시고 다 공평하게 대하신다는 말이다.

20절, 그들은 밤중 순식간에 죽나니 백성은 떨며 없어지고 세력 있는 자도 사람의 손을 대지 않고 제함을 당하느니라

두려우신 하나님의 위력을 말해주고 있다. 왕후나 귀족들이라 하더라도 살다가 갑자기 죽음을 당하게 되면 두려워 떨며 없어지게 된다고 말한다. 세력 있는 자도 사람 손을 대지 않고 제함을 당한다고 말한다.

21-22절, 하나님은 사람의 길을 주목하시며 사람의 모든 걸음을 감찰하

시나니 22 악을 행한 자는 숨을 만한 흑암이나 어두운 그늘이 없느니라

악을 행한 사람은 어디에도 숨을 데가 없다고 한다. 그래서 욥 같은 사람은 숨지 못하고 벌을 받고 있다는 것이다.

23절, 하나님은 사람을 심판하시기에 오래 생각하실 것이 없으시니

사람은 사람을 금방 심판할 수 없다. 그러나 하나님은 사람을 잘 알기에 심판하시기 위해 오래 생각하실 필요가 없다는 것이다. 엘리후의 실수는 욥에 대해 확실한 관점을 갖고 있다는 것이다. 진리에 대해서는 확실하게 믿을 수 있는 것이지만, 다른 사람의 영적인 상태에 대해서는 확실하게 알 수 없는 것이 사람이다. 그런데 엘리후의 문제는 욥의 문제가 무엇인지 확실하고 분명하게 알고 있다고 여긴다는 것이다.

24-27절, 세력 있는 자를 조사할 것 없이 꺾으시고 다른 사람을 세워 그를 대신하게 하시느니라 25 이와 같이 그들의 행위를 아시고 그들을 밤 사이에 엎으신즉 멸망하나니 26 그들을 악한 자로 여겨 사람의 목전에서 치심은 27 그들이 그를 떠나고 그의 모든 길을 무관히 여김이라

하나님은 사람을 잘 아시니 세력 있는 자를 조사할 것도 없이 꺾으시고 다른 사람을 대신 세우신다고 말한다. 결국 세력자들은 하나님의 길에 대해서 생각지 않는 악한 자들이기 때문에 하나님이 여러 사람의 목전에서 공개적으로 치셨다는 것이다. 이것이 다 은연중에 욥에 대해서 하는 말이다.

28절, 그들이 이와 같이 하여 가난한 자의 부르짖음이 그에게 상달케 하며 환난 받는 자의 부르짖음이 그에게 들리게 하느니라

결국 욥처럼 세력 있는 자들, 하나님을 잘 생각하지 않는 자들이 자기 마음대로 행하니까 가난한 자들이 부르짖음이 하나님께 상달하게 되며 환난받는 자의 부르짖음이 그분께 들리게 되었다는 것이다. 엘리후는 그 결과로 욥이 이러한 징계를 받고 있는 것이라고 설명하는 것이다.

29절, 주께서 사람에게 평강을 주실 때에 누가 감히 잘못하신다 하겠느냐 주께서 자기 얼굴을 가리우실 때에 누가 감히 뵈올 수 있으랴 나라에게나 사람에게나 일반이시니

"주께서 사람에게 평강을 주실 때에 누가 감히 잘못하신다 하겠느냐"를 달리 번역하면 "주님이 만약 침묵하신다면 그분이 가만히 계셔도 아무도 그분을 잘못한다 말할 수 없다"는 것이다. 주님이 얼굴을 가리우시고 어떤 대답이 없어도 그분에게 아무도 뭐라 할 수 없다는 것이다. 29절은 원문에서 "주께서 사람에게 평강을 주실 때에 누가 감히 잘못하신다 하겠느냐 주께서 자기 얼굴을 가리우실 때에 그가 침묵하신다면 누가 감히 그를 괴롭히겠느냐"이다.

30절, 이는 사특한 자로 권세를 잡아 백성을 함해하지 못하게 하려 하심이니라

하나님이 그렇게 하시는 것은 사특한 자로 권세를 잡지 못하게 하고 백성들에게 함부로 못하게 하기 위함이라는 것이다. 이것은 엘리후의 설교다.

31-32절, 누가 하나님께 아뢰기를 내가 징계를 받았사오니 다시는 범죄치 아니하겠나이다 32 나의 깨닫지 못하는 것을 내게 가르치소서 내가 악을 행하였으면 다시는 아니하겠나이다 한 자가 있느냐

그는 욥이 하나님께 '내가 징계를 받았으니 다시는 범죄치 않겠습니다.' 라고 해야 한다는 것이다. 또 '나의 깨닫지 못하는 것을 내게 가르치소서 내가 악을 행하였으면 다시는 아니하겠나이다.' 라고 하라는 말이다.

33절, 하나님이 네 뜻대로 갚으셔야 하겠다고 네가 그것을 싫어하느냐 그러면 네가 스스로 택할 것이요 내가 할 것이 아니니 너는 아는 대로 말하라

엘리후의 말은 '모든 일이 네 마음대로 되어야 한다는 말인가?' 라는 뜻이다. 네가 거부하든 받아들이든 하나님이 보응하시는 것이고 내가 하는 것이 아니라고 한다. '네가 아는 것이 있으면 말해보라.' 고 한다. 더 이상 달리 변명할 말이 있겠느냐는 말이다. 이 말을 간단하게 하면 '하나님이 다 하시는 일인데 네가 거부할 수 있겠느냐' 는 것이다. '너는 아는 대로 말하라' 는 것은 욥이 발언을 해도 청중들은 자기 말을 옳다 하지 욥의 말을 듣지 않을 거라고 자신하는 말이다.

34-35절, 총명한 자와 내 말을 듣는 모든 지혜 있는 자가 필연 내게 이르기를 35 욥이 무식하게 말하니 그 말이 지혜 없다 하리라

엘리후는 총명한 자들이나 지혜자들이 있다면 '자신이 무죄한데 큰 재난을 당한다.' 고 하는 욥을 무식하다 할 것이라고 말한다.

36-37절, 욥이 끝까지 시험받기를 내가 원하노니 이는 그 대답이 악인과 같음이라 37 그가 그 죄 위에 패역을 더하며 우리 중에서 손뼉을 치며 하나님을 거역하는 말을 많이 하는구나

엘리후는 대단히 노기가 발했다. 그래서 죽어가는 사람을 더 아프게 망치로 때리는 식으로 말하고 있는 것이다. 37절의 '손뼉을 치며' 는 '조롱하며' 라고도 번역된다. 엘리후는 욥이 지금도 자기들 목전에서 하나님을 조롱하며 거역하는 말을 함부로 하고 있다고 판단하고 상하게 책망하고 있다. 욥은 시종일관 침묵한다. 엘리후처럼 사람이 성령의 인도를 잃어버리면 상선벌악, 즉 옳고 그름에 빠지게 된다.

욥기 35장

preview

엘리후는 여기서 욥을 판단하는 데 있어서 매우 잘못하고 있다. 어린 사람들은 신앙 수준이 높고 경건 생활이 탁월한 성도에 대하여 오해하는 일이 많다. 엘리후는 욥이 한 말을 자기 생각으로 오해해 버렸다. 고린도 전서 2장 14절에 "육에 속한 사람(천연적인 사람)은 하나님의 성령의 일을 받지 아니하나니 저에게는 미련하게 보임이요 또 깨닫지도 못하나니 이런 일은 영적으로라야 분변함이니라"고 한다. 욥은 경건이 무익하다고 한 것이 아니다. 3절에서 "범죄한 것보다 내게 이익이 무엇인고"라고 한 것 등은 욥의 생각을 잘못 말한 것이다. 5절부터는 엘리후의 가르침이다. 35:6-7, "네가 범죄한들 하나님께 무슨 영향이 있겠으며 네 죄악이 관영한들 하나님께 무슨 관계가 있겠으며 네가 의로운들 하나님께 무엇을 드리겠으며 그가 네 손에서 무엇을 받으시겠느냐".

선을 행하는 자는 하나님 앞에서 자신이 무익할 뿐이고 마땅히 할 일을 한 것뿐이라고 해야 한다(이와 같이 너희도 명령받은 것을 다 행한 후에 이르기를 우리는 무익한 종이라 우리의 하여야 할 일을 한 것뿐이라 할지니라, 눅 17:10). 다니엘 4:35, "땅의 모든 거민을 없는 것같이 여기시며 하늘의 군사에게든지 땅의 거민에게든지 그는 자기 뜻대로 행하시나니 누가 그의 손을 금하든지 혹시 이르기를 네가 무엇을 하느냐 할 자가 없도다". 로마서 11: 34-35, "누가 주의 마음을 알았느뇨 누가 그의 모사가 되었느뇨 누가 주께 먼저 드려서 갚으심을 받겠느뇨".

8절에서는 "네 악은 너와 같은 사람이나 해할 따름이요 네 의는 인생이나 유익하게 할 뿐이니라"고 하는데, 이 말씀은 하나님의 존재 차원이 인생의 그것과 판이함을 보여준다. 그는 인생을 초월하여 계신다. 이사야 10:17, 그 앞에는 모든 열방이 아무 것도 아니라 그는 그들을 없는 것같이, 빈 것같이 여기시느니라

요엘 1장 20절에서는 "짐승들도 주를 향하여 헐떡거리오니 시내가 다 말랐고 들의 풀이 불에 탔음이니이다"고 하였다. 엘리후는 욥의 기도가 다만 환난을 피하고자 부르짖으므로 응답이 없다고 한다. 욥이 환난을 좋지 않게만 보고 단지 그것을 없애달라고 부르짖는 것은 헛된 일이라는 것이다. 그런 기도는 학대가 많으므로 부르짖는 것에 불과한 것이라는 말이다. 응답되는 기도는 환난을 유익하게 만드시는 하나님을 상대로 하는 기도이며 또 하나님의 영적 교육을 원하는 기도이다(11절). 그러나 이렇게 옳게 기도하는 자들이 희귀하다고 말한다.

우리는 환난과 고통 가운데서 고통을 없애주시기만을 기도할 것이 아니라 환난 가운데서도 노래할 수 있게 해달라고 기도해야 한다. 하나님은 그런 기도를 들으시기를 기뻐하신다. 우리는 고난을 본능적으로 피하려 하는데, 더 깊은 것을 배워야 한다. 예수님도 고난으로 순종함을 배웠다고 하였다. 고난을 당할 때 더 큰 보배가 기다리고 있음을 기억해야 한다. 12절은 악인의 교만과 무분별을 같이 두었다. 엘리후는 욥을 악인의 교만을 가진 자이므로 기도를 들으시지 않는다 하였다.

14절의 흠정역은, "네가 말하기를 네가 그를 보지 못하였다 할지라도

심판은 그에게 있느니라"고 하였다. 이 말씀은 욥이 하나님을 볼 수 없다고 하여 낙심지경에 이르렀지만, 그는 그럴 필요가 없고 다만 하나님을 신뢰해야 한다고 한다. 죄가 없음에도 중한 재난을 당하는 이유를 알 수 없음으로 그 회답을 기다린다는 욥을 엘리후가 지탄하는 내용이다. 엘리후는 욥의 태도가 교만한 자의 허무한 것이므로 하나님이 응답하실 리가 없다는 것이다. 그러나 하나님은 응답하셨고 그를 복구하셨다.

15-16절에서는, "그러나 지금 하나님이 진노하심으로 찾아오지 않으셨고 허물을 잘 알지 못하셨으므로 너 욥이 헛되이 입을 열어 지식이 없는 많은 말을 쏟아내는구나"(NASB 참조)라고 한다. 즉 하나님께서 그다지 진노하심으로 욥에게 행하신 것이 아니고 그의 허물도 잘 살피지 않으셨기 때문에 그의 죄를 완전히 다 벌하지는 않으셨다는 뜻이다. 그런데 욥은 헛되이 입을 열어 알지 못하는 많은 말을 쏟아낸다는 말이다.

exposition

1-2절, 엘리후가 말을 이어 가로되 2 네가 이것을 합리하게 여기느냐 네 생각에 네가 하나님보다 의롭다 하여

욥은 자기가 하나님보다 의롭다고 한 적이 없다.

3절, 이르기를 유익이 무엇인고 범죄한 것보다 내게 이익이 무엇인고 하는구나

"범죄한 것보다 내게 이익이 무엇인고". 즉 욥이 '차라리 죄를 짓는 것이 낫다' 고 말했다는데, 욥은 이런 말을 한 적이 없다.

4절, 내가 너와 및 너와 함께 있는 네 동무들에게 대답하리라

여기서 한 마디 하자면, 엘리후는 욥의 영적 상태를 오진했다. 이것은 오늘날 많은 사람들이 신앙 수준이 높고 성숙하고 경건생활이 탁월한 성도들을 오해하는 것과 같다. 왜 그런가? 그것은 고린도 전서 2장 14절의 말씀과 같이 육에 속한 사람(천연적인 사람), 즉 십자가의 처리를 깊이 받지 않은 사람은 성령의 일을 받지 못하고 깨닫지도 못하기 때문이다. 그들에게는 욥과 같은 사람이 미련하게 보이는 것이다. 영적인 사람만이 영적인 일을 분별할 수 있다. "우리가 이것을 말하거니와 사람의 지혜의 가르친 말로 아니하고 오직 성령의 가르치신 것으로 하니 신령한 일은 신령한 것으로 분별하느니라 육에 속한 사람은 하나님의 성령의 일을 받지 아니하나니 저희에게는 미련히게 보임이요 또 깨닫지도 못하나니 이런 일은 영적으로라야 분변함이니라"(고전 2:13-14).

엘리후의 체험과 영적 인식은 아직 욥 같은 사람에게 미치지 못한다. 욥의 말을 얼핏 들으면 하나님을 원망하는 것 같고 자신을 의롭다 하는 것 같다. 하지만 사실은 그런 뜻이 아니다. 그런데 그렇게 들리는 것은 엘리후가 그 정도의 사람밖에 안 되기 때문이다. 사람은 자기가 체험하지 못한 영역은 이해하지 못한다. 엘리후는 욥이 '경건생활을 하고 죄 없는 생활을 하면 무슨 소용이 있는가?' 라고 했다고 생각하는 것이다. 그러한 가정 하에 5절부터 엘리후는 또 한 다발의 가르침을 주고 있다.

5-8절, 너는 하늘을 우러러 보라 네 위의 높은 궁창을 바라보라 6 네가 범죄한들 하나님께 무슨 영향이 있겠으며 네 죄악이 관영한들 하나님께 무슨 관계가 있겠으며 7 네가 의로운들 하나님께 무엇을 드리겠으며 그가 네 손에서 무엇을 받으시겠느냐 8 네 악은 너와 같은 사람이나 해할 따름이요 네 의는 인생이나 유익하게 할 뿐이니라

5-8절까지 욥을 가르친다고 한 말 그 자체는 틀리지 않다. 그렇지만 엘리후는 욥에게 이런 말을 가르쳐 줄만한 분량이 못 된다. 욥은 지금 엘리후가 생각하는 그런 상태가 아니다. 그러나 우리는 여기서 그의 말

이 옳다고 하고 받을 만한 공과를 생각해 보자. 우리가 하나님을 섬기고 선을 행하고 봉사도 많이 하고 전도도 많이 하고 교회를 위해 수고도 많이 했는데 '당신이 많은 의로운 일을 한들 하나님께 무엇을 드리겠으며 하나님께서 당신 손에서 무엇을 받으시겠느냐?' 고 하는 것이다. 우리의 태도는 누가복음 17장 10절에 보면 "이와 같이 너희도 명령받은 것을 다 받은 후에 이르기를 우리는 무익한 종이라 우리가 하여야 할 일을 한 것뿐이라"는 것이다. "이와 같이 너희도 명령 받은 것을 다 행한 후에 이르기를 우리는 무익한 종이라 우리의 하여야 할 일을 한 것 뿐이라 할지니라". 또 로마서 11장 34-35절에는 "누가 주의 마음을 알았느뇨 누가 그의 모사가 되었느뇨 누가 주께 먼저 드려서 갚으심을 받겠느뇨"라고 했다. 사람이 뭔가 주를 위해 많이 했다 하지만 과연 무엇을 했느냐는 것이다. 하나님은 인생을 초월해서 존재하신다는 것이다.

9-11절, 사람은 학대가 많으므로 부르짖으며 세력 있는 자의 팔에 눌리므로 도움을 부르짖으나 10-11 나를 지으신 하나님 곧 사람으로 밤중에 노래하게 하시며 우리를 교육하시기를 땅의 짐승에게 하심보다 더하게 하시며 우리에게 지혜 주시기를 공중의 새에게 주심보다 더하시는 이가 어디 계신가 말하는 자가 한 사람도 없구나

이 말은 좀 이해하기 어렵다. 여기서 엘리후가 말하고자 하는 뜻은 욥이 다만 환난을 피하고자 부르짖고 있다는 것이다. 엘리후는 무엇을 가르치고 싶은 것이냐면 환난을 당했을 때 그저 환난을 제해달라고 부르짖는 것은 별가치가 없다는 말이다. 짐승도 먹을 것이 없거나 하면 그렇게 부르짖는다는 것이다. 사람들은 그것을 기도라고 생각하는 것 같은데 하나님이 사람을 지어놓으시고 짐승의 부르짖음 정도로 기도하면 하나님이 들으시겠느냐는 얘기다. 학대가 심하기 때문에 부르짖는 것인데 정말로 응답받는 기도를 하고 싶다면, '욥아, 너의 유익을 위해 환난을 주시는 하나님을 신뢰하고 환난 중에 교육을 잘 받게 해달라고 기도해.

그래도 너는 인간인데 짐승보다 나은 기도를 해야 되잖아.' 라고 하는 것이다. 그런데 엘리후가 볼 때 그렇게 옳게 기도하는 사람이 희귀하더라는 것이다. 그래서 욥에게 '네가 적어도 공중의 나는 새보다는 나은 사람이잖아.' 하며 그 교훈을 상기시켜 주고자 한다.

12-13절, 그들이 악인의 교만을 인하여 거기서 부르짖으나 응락하는 자가 없음은 13 헛된 부르짖음은 하나님이 결코 듣지 아니하시며 전능자가 돌아보지 아니하심이라

엘리후는 욥이 너무 학대가 심해서 부르짖고 있는데 그 부르짖음이 헛된 부르짖음이라고 단언하고 있다. 악인의 교만을 인하여 부르짖어도 응답하는 자가 없다, 결코 하나님이 돌아보시지 않는다는 것이다.

14절, 하물며 말하기를 하나님은 뵈올 수 없고 일의 시비는 그 앞에 있으니 나는 그를 기다릴 뿐이라 하는 너랴

하나님을 뵈올 수 없고 죄가 없음에도 큰 재난을 받은 것에 대하여 그 이유를 알 수 없음으로 그 회답을 기다리겠다는 욥("일의 시비는 그 앞에 있으니 나는 그를 기다릴 뿐이라")을 엘리후는 지탄하고 있다. 욥이 이렇게 말한 것은 아닌데 엘리후가 이렇게 들은 것이다. 흠정역을 참고하면 내용이 다음과 같다. "네가 말하기를 그를 보지 못한다 할지라도 심판은 그에게 있느니라 그러므로 너는 그를 신뢰하라". 좀 설명하자면 "욥이 비록 하나님을 볼 수 없어서 낙심 지경에 이르렀지만 그럴 필요가 없고 모든 것을 심판하시는 하나님만 신뢰할 뿐이라"는 말이다.

15-16절, 하나님이 진노하심으로 벌을 주지 아니하셨고 횡포를 심히 살피지 아니하셨으므로 16 이제 너 욥이 헛되이 입을 열어 지식 없는 말을 많이 하는구나

15절에서 엘리후는 하나님께서 욥에게 줄 벌을 아직 완전히 다 주신

게 아니라고 한다. 욥이 하나님을 신뢰하지 않았기 때문에 진노로 욥을 벌하셨지만 그의 죄를 완전히 벌한 건 아니라는 것이다. '네가 고난당하고 있지만 네가 지은 죄에 비하면 아직도 멀었다.'는 것이다. 이렇게 강하게 말하는 이유는 엘리후가 어찌하든지 욥을 굴복시키고 회개시키기 위한 것이다. 사람이 잘잘못을 따지려고 하는 데 떨어지면 참 문제가 된다. '그 사람이 분명 이러이러하기에 이런 일을 당한다.'라고 확정해 놓은 상태에서 말하는데 욥이 그 말을 수긍하고 받아들이는 얼굴이 아니다 보니 점점 강도를 높여가며 말하는 것이다. 여기서의 교훈은 엘리후가 욥에게 그렇게 말하면 안 되었다는 것이다. 그 말은 너무 심한 것이다. 벌을 다 주신 게 아니라니!

욥기 36장

preview

36장에서 엘리후는 조금 진정하고 말을 시작한다. "나를 잠깐 용납하라"고 한다. 엘리후는 하나님의 역사에 불의함이 없다는 것에 대하여 할 말이 좀 더 있다고 한다. 그는 하나님께 받은 지식을 말하고 의(영광)는 하나님께 돌려보낸다고 한다. 그는 자기의 말이 지식을 구비한 자의 말이라고 하였다. 이것은 다시 엘리후가 사역자의 격을 갖고 말하는 상태로 돌아감을 의미한다. 36장의 중점은 고난의 목적이 교육이라는 것이다. 6절에서 욥이 의인이 고생하고 악인이 번영하는 경우가 있다 했는데(21:7, 24:22), 엘리후는 이를 배격했다. 그도 결국 세 친구의 수준으로 떨어지고 말았다. 8절의 누실이란 쇠고랑을 의미한다.

9-10절은 의인이 고난과 역경에서 회복되는 길을 보여준다. 의인이 고난도 죄값이므로 하나님은 먼저 그의 소행에서 죄 되는 것을 보이시고 그의 허물과 죄를 깨닫고 회개하고 그 죄에서 떠나게 하신다는 말이다. 주님은 그분의 종이 명령에 따르지 않고 교만하게 처신한 것, 다른 사람을 무정하게 비판한 것, 죄악을 범한 장소까지 예리하게 보고 계심

을 알 수 있다. 또한 그 자신의 역량을 믿거나 그 자신의 지식을 확신하고 그 자신이 하나님에게 없어서는 안 될 존재라고 여기는 것도 보고 계신다.

10-12절에서는 하나님께서 엄밀히 조사하고 시험하시기 위해 하나님의 종들을 그들의 일로부터 뒤로 물리치신다고 한다. 16절은 곤고함에서 건져내셔서 넓은 곳으로 인도하신다는 것이다. 더 이상 역량의 결핍도, 편협함도, 마음의 협소함도 없고 영적 양식의 부족도 전혀 없다.

17절은 욥이 회개치 않는 완고성 때문에 심판을 받는다는 뜻이다.

18절의 흠정역은 "큰 대속물도 너를 구원하지 못하리라"고 한다. 이것도 엘리후가 욥을 오해하고 한 말인데, 끝까지 분노로 하나님의 징계를 대적하다가는 별 수 없이 망한다는 말이다. 곧 죄악이 대속될 길도 없다고 하였다. 19절의 흠정역, "하나님께서 너의 부요함을 인정하시겠는가? 아니다. 그는 금을 알아주지 않고 모든 세력도 인정하여 주지 않으신다." 엘리후는 욥을 향해 그의 죄는 그의 부요함과 세력으로 대속될 수 없고 절망으로도 대속될 수 없다고 하였다.

20-21절에서 엘리후는 욥에게 절망함으로 하나님의 뜻을 돌이켜 위안을 얻을 수 없다고 한다. 환난보다 이것을 택하였다는 것은 절망해서 한 번 위안을 얻어볼까 한다는 것이다. 엘리후는 이것을 악이라고 했다. 또한 엘리후는 욥이 환난보다 교만을 택하였다고 한다.

22절은 욥의 당한 일이 하나님의 권능으로 되어진 일이라고 하였고 그 일의 목적은 교육을 위한 것이라고 한다. 33절은 그 경고를 육축들도 안다고 하였다. 하나님께서 번개를 보내실 때 의인의 생명은 아껴주신다는 약속인 반면에 악인에게는 진노의 폭발이라는 것이다.

exposition

1-2절, 엘리후가 말을 이어 가로되 2 나를 잠깐 용납하라 내가 네게 보이리니 이는 내가 하나님을 위하여 오히려 할 말이 있음이라

35장까지 세게 말해 놓고 36장에 와서는 자기가 좀 지나쳤다는 생각이 들었던 것 같다. 엘리후는 욥을 존중하는 자세로 다시 말을 시작하려 한다. "나를 잠깐 용납하라"는 말은 좀 누그러진 감정의 표현이다. 그렇지만 엘리후는 하나님이 불의함이 없으시다는 데 대하여 할말이 더 있다고 했다.

3절, 내가 먼 데서 지식을 취하고 나를 지으신 자에게 의를 돌려 보내리라

엘리후는 자기 자신의 지식이 아니라 먼 데서(하나님으로부터) 지식을 얻었다고 하며, 지으신 자에게 영광을 돌린다고 말한다. 하나님은 창조자시요 전능자시니 그의 섭리에 실수가 있을 수 없으므로 우리는 그분의 의로우심을 전적으로 신뢰해야 하는 것이다.

4절, 진실로 내 말이 거짓이 아니라 지식이 구비한 자가 너와 함께 있느니라

자기의 말이 거짓이 아니라는 것이고 또 엘리후는 스스로 지식을 구비한 자라고 생각한다.

5-8절, 하나님은 전능하시나 아무도 멸시치 아니하시며 그 지능이 무궁하사 6 악인을 살려 두지 않으시며 고난받는 자를 위하여 신원하시며 7 그 눈을 의인에게서 돌이키지 아니하시고 그를 왕과 함께 영원히 위에 앉히사 존귀하게 하시며 8 혹시 그들이 누설에 매이거나 환난의 줄에 얽혔으면

5절은 하나님의 전능성을 말한다. 또한 지능이 무궁하시다고 한다.

그러므로 하나님은 피조물의 모든 것을 다 살피시고 참새의 생명도 보호하시고 사람의 머리털도 세신다고 한다. 여기서 하나님이 자신을 멸시하고 불공평하게 대하신다는 욥을 엘리후가 공격하고 있다. '누설'은 쇠고랑을 말하는 것이며 고난과 역경을 상징하는 것이다. 여기서 엘리후는 어느 정도 욥의 생각을 인정하는 말을 한다. 그것은 의인도 고난을 당할 수 있다는 논리이다.

9절, 그들의 소행과 허물을 보이사 그 교만한 행위를 알게 하시고

엘리후가 욥에게 하고 있는 말은, 이렇게 고난을 당해야 자신의 허물과 죄를 깨닫게 된다는 것이다. 엘리후는 욥이 교만하다고 생각한다. 그런 곤고와 고난은 왜 있는가? 하나님의 말씀을 깨닫게 하기 위해서라는 것이다.

10절, 그들의 귀를 열어 교훈을 듣게 하시며 명하여 죄악에서 돌아오게 하시나니

그러한 고난을 통해야만이 하나님의 교훈하는 말씀을 들을 수 있다. 그래야 죄악에서 돌아올 수가 있다는 말이다.

11-12절, 만일 그들이 청종하여 섬기면 형통히 날을 보내며 즐거이 해를 지낼 것이요 12 만일 그들이 청종치 아니하면 칼에 망하며 지식 없이 죽을 것이니라

36장은 부드럽게 시작했지만 그 말하는 톤은 여전하다. 구약 시대의 공통적인 톤이다. 즉 하나님의 지시에 순종하여 회개하면 의인은 다시 회복되어 형통하고 즐거워하는 생활로 여생을 보낼 수 있다는 말이다(이상근).

13절, 마음이 사곡한 자들은 분노를 쌓으며 하나님께 속박을 받을지라도

도우심을 구하지 아니하나니

그는 욥을 마음이 사곡한 자라고 생각한다. 욥처럼 고난을 당하면서도 회개하지 않는 자들은 마음이 사곡한 자들이라는 말이다. 그러한 자들은 하나님께 속박을 받을지라도 하나님께 돌아오지 않고 회개하지 않고 심판날에 임할 진노를 쌓는다고 한다.

14절, 그들은 젊어서 죽으며 그 생명이 남창과 함께 망하려니와

위에서 말한 사곡한 자는 하나님의 징벌을 받아 젊어서 죽고 남창과 같이 망한다고 하였다. 욥을 빗대서 하는 말이다.

15-16절, 하나님은 곤고한 자를 그 곤고할 즈음에 구원하시며 학대당할 즈음에 그 귀를 여시나니 16 그러므로 하나님이 너를 곤고함에서 이끌어 내사 좁지 않고 넓은 곳으로 옮기려 하셨은즉 무릇 네 상에 차린 것은 살진 것이 되었으리라

엘리후는 자꾸만 욥을 회개시키려 한다. "넓은 곳으로 옮기려 하셨은즉". 고난을 통과하면 사람이 넓어진다는 말은 일리가 있다. 많은 시련을 통과한 사람은 편협하지 않고 넓어진다.

17절, 이제는 악인의 받을 벌이 네게 가득하였고 심판과 공의가 너를 잡았나니

욥에게 하는 말이다. 즉 욥은 하나님의 고난의 교육적 목적을 알지 못하고 원인 불명으로 여겨 불평을 피력하므로 욥은 악인의 벌을 받는 것이며 하나님의 공의의 심판을 받고 있다고 말한다.

18절, 너는 분격함을 인하여 징책을 대적하지 말라 대속함을 얻을 일이 큰즉 스스로 그릇되게 말지니라

욥은 무엇으로도 대속할 수 없을 정도라고 한다. 엘리후는 욥에게 "네가 끝까지 대적하다가는 별 수 없이 망하고 만다."고 말한다. 흠정역의 후반절은 "큰 대속물로도 너를 구원하지 못하리라"고 되어 있다.

19절, 너의 부르짖음이나 너의 세력이 어찌 능히 너의 곤고한 가운데서 너로 유익하게 하겠느냐

"하나님께서 너의 부요함을 인정하겠느냐?" 아니라는 것이다. '그는 금을 바라지도 않고 모든 세력도 인정하지 않으시는 분이니까 너는 아무것도 믿지 말아라. 너 그렇게 부르짖는다고 되지 않고 네 부요함으로도 안 되고 너의 세력으로도 인정되지 않는다.' 라고 말한다. 욥의 죄가 너무 커서 욥의 부요함과 세력으로도, 그 어떤 것으로도 대속할 수 없다고 하는 것이다.

20절, 너는 밤 곧 인생이 자기 곳에서 제함을 받는 때를 사모하지 말 것이니라

'밤'이란 고난의 시간이다. 어둠 속의 절망의 시간이다. 엘리후는 욥에게 고난을 받으면서 너무 절망하고 있다고 말한다. 그런 절망스러운 심정을 사모하지 말라는 것이다. 절망적이고 낙심적인 말을 하나님께 한다고 해서 하나님이 들으시는 게 아니라는 것이다.

21절, 삼가 악으로 치우치지 말라 네가 환난보다 이것을 택하였느니라

엘리후는 무엇을 악이라고 말하고 있는가? 환난받는 것보다 환난으로 인하여 절망하고 탄식하는 것이 악이라고 말한다. '고난을 받을 때 왜 그렇게 절망하고 왜 그렇게 밤같이 지내냐? 잘못한 것이 있으면 회개하면 되는데. 왜 그렇게 탄식하면서 죽었더라면 좋았을 텐데 하고 그런 식으로 고난을 대하느냐? 그것이 악인데 왜 그렇게 악으로 치우치느냐? 네가 환난을 곧바로 받아야지 왜 절망스런 느낌을 택하느냐?' 라고 하는 것이다.

22절, 하나님은 그 권능으로 큰 일을 행하시나니 누가 그같이 교훈을 베풀겠느냐

엘리후가 많이 쓰고 있는 단어는 '교훈' 이다. 엘리후는 욥에게 '하나님이 고난을 통해 너를 가르치시는 거다.' 라고 말하고 있다.

23-24절, 누가 그를 위하여 그의 길을 정하였느냐 누가 말하기를 주께서 불의를 행하셨나이다 할 수 있으랴 24 너는 하나님의 하신 일 찬송하기를 잊지 말지니라 인생이 그 일을 노래하였느니라

'이 모든 것을 다 하나님이 하신 것이니까 너는 절망하고 슬퍼하지 말고 노래하고 찬송하라.' 는 말이다.

25절, 그 일을 모든 사람이 우러러 보나니 먼 데서도 보느니라

네가 만일 그러한 상황에서 노래하고 찬송한다면 모든 사람이 그것을 본다는 것이다.

26-28절, 하나님은 크시니 우리가 그를 알 수 없고 그 년수를 계산할 수 없느니라 27 그가 물을 가늘게 이끌어 올리신즉 그것이 안개 되어 비를 이루고 28 그것이 공중에서 내려 사람 위에 쏟아지느니라

하나님의 오묘한 자연의 역사를 그리고 있다. 사람이 하나님의 신비와 위대함을 노래하지만 실제로 그분에 대하여 아는 것이 별로 없다고 말한다. 먼저 신비한 능력에 대하여 수증기의 증발과 강우에 대하여 말한다.

29-32절, 구름의 펴임과 그의 장막의 울리는 소리를 누가 능히 깨달으랴 30 그가 번개 빛으로 자기의 사면에 두르시며 바다 밑도 가리우시며 31 이런 것들로 만민을 징벌하시며 이런 것들로 식물을 풍비히 주시느니라 32 그는 번개 빛으로 그 두 손을 싸시고 그것을 명하사 표대를 맞추게 하시나니

구름의 발생과 뇌성에 관한 신비성을 말한다. 번개는 하나님의 위엄과 능력을 말하는 것이다. 번개와 더불어 벼락은 목표물을 쳐서 맞춘다는 것이다. 비, 구름, 번개 등은 일면 사람들에게 식물을 풍비하게 주시기 위함이며 악한 자를 징벌하기 위한 것이기도 하다는 것이다.

33절, 그 울리는 소리가 풍우를 표시하고 육축에게까지 그 올라오는 것을 표시하느니라

울리는 번개소리가 육축에게까지 올라오는 것을 표시한다고 시적으로 표현했다. 하나님의 위대성을 말한 것이다. 그렇게 신묘막측하시고 전능하신 하나님이 주신 환경이니 너무 힘들어하지 말고 찬송하라고 말한다. 엘리후는 욥의 그 깊은 심정을 동감하지 못한다. 그저 교사같이 '이렇게 해라 저렇게 해라' 고 하는 것이다.

욥기 37장

preview

연약한 인간은 신비로운 하나님을 상대하여 말을 고하거나 변론할 수 없다. 자기가 말해왔던 것들이 부끄럽기조차 하다. 내 말이 그분께 주목을 받을만한 가치가 있나? 기특한 봉사로 간주될 수 있나? 뭔가를 했다고 결코 입에 올리지도 말라! 그분의 참 모습이 자기가 진술을 떠맡음으로 아름다운 얼굴이 형편없는 화가로 인하여 망쳐지는 것과 같지는 않았나 전전긍긍한다. 그는 자기의 말함이 찬사는 그만두고 사죄를 구해야 할 것이라고 여긴다. 우리는 하나님을 위해 일하고 무익한 종이라고 고백해야 한다.

그런데 하나님께 호소하고 그의 응답을 기대한 욥의 태도는 어리석은 것이다. 삼키움이란 하나님이 심판을 받아 완전히 파멸되는 것을 말한다. 사람이 비평하는 말로 그분을 대항할 수 없다는 말이다. 하나님을 대항하는 자는 삼키울 수밖에 없다. 22절, "북방에서는 금빛이 나오나니 하나님께는 두려운 위엄이 있느니라". 북풍이 불 때 하늘이 개이고 나타나는 햇빛이 금빛 같다는 말이다. 흐렸던 하늘이 북풍이 불어 맑게 개이면 구름 사이로 햇빛이 비치는 것이 하나님의 장엄하신 역사로 되는 것이라 한다.

'무한한 공의'. 인간은 죄인이므로 그분의 심판을 피할 길이 없다. 그러나 그리스도만이 우리의 피난처시다. 사람들 중에 가장 지혜로운 자도 하나님 앞에 설 때에는 전연 지혜 없는 자 같다. 우리 인간의 유한한 오성은 그분의 무한한 온전성을 파악하지 못한다.

엘리후는 천둥과 번개로(1-5절), 서리와 눈과 비와 바람을 가지고(6-13절) 그분의 위엄과 신비를 강조하였다. 엘리후는 욥에게 자연현상에 대하여 해답을 내릴 수 있는가를 묻는다. 즉 엘리후는 욥에게 이런 일에 있어서 인간은 무지하며 알 수 없는 것이기에 무지를 고백하고 하나님이 베푸신 처사에 대하여 어떤 결론을 내릴 수 없음을 인정하도록 촉구한 것이다.

exposition

1절, 이로 인하여 내 마음이 떨며 자기 처소에서 떠나느니라

이런 자연의 오묘한 역사 앞에서 떨고 정신이 없다고 말한다. 엘리후는 자신이 하나님 앞에 상당히 경외함을 가지고 있다고 말한다. 즉 자기 자신부터 그것을 두려워한다고 고백한다. "이로 인하여 내 마음이 떨며".

2-3절, 하나님의 음성 곧 그 입에서 나오는 소리를 들으라 들으라 3 그 소리를 천하에 펴치시며 번개 빛으로 땅끝까지 이르게 하시고

번개와 천둥으로 다시 한 번 엘리후는 하나님의 위엄을 말하고 있다.

4-5절, 그 후에 음성을 발하시며 위엄의 울리는 음성을 내시고는 그 음성이 들릴 때에 번개 빛을 금치 아니하시느니라 5 하나님이 기이하게 음성을 울리시며 우리의 헤아릴 수 없는 큰 일을 행하시느니라

번개가 번쩍하고 그 다음에 천둥 소리가 뒤따르는 것을 묘사한다. 천둥 소리는 위엄이 넘친다. "기이하게 음성을 울리시며"는 번개와 천둥 소리를 의미할 것이다. 모두가 하나님의 자연의 현상, 역사, 위대성, 전능성을 말하고 있다.

6절, 눈을 명하여 땅에 내리라 하시며 적은 비와 큰 비도 그같이 내리게 하시느니라

하나님이 이렇게 눈도 내리게 하시고 큰 비와 작은 비도 내리게 하신다는 것이다.

7절, 그가 각 사람의 손을 봉하시나니 이는 그 지으신 모든 사람으로 그것을 알게 하려 하심이니라

각 사람의 손을 봉하신다는 것은 사람들이 일하려고 밖에 나갔는데 비가 오기 때문에 다시 집에 들어가게 된다는 것이다. 이것을 다 하나님이 하신다는 것이다.

8절, 짐승들은 숨는 곳으로 들어가서 그 굴에 머물며

비가 오면 짐승들은 그 굴속으로 들어간다. 비를 내려서 사람이나 짐승들을 움직이게 하는 모든 것도 하나님이 경영하고 계신다는 것이다.

9-10절, 남방 밀실에서는 광풍이 이르고 북방에서는 찬 기운이 이르며 10 하나님의 부시는 기운에 얼음이 얼고 물의 넓이가 줄어지느니라

잔바람이 불면 얼음이 어는데 그 얼음의 부피가 크더라는 것이다.

11절, 그가 습기로 빽빽한 구름 위에 실으시고 번개 빛의 구름을 널리 펴신즉

너무나 시적이다. 이 욥기는 3500년 전에 기록되었는데 당시에 어떻게 비가 오는지를 과학적으로 너무 잘 설명하고 있다.

12절, 구름이 인도하시는 대로 두루 행하나니 이는 무릇 그의 명하시는 것을 세계상에 이루려 함이라

비구름을 움직이게 하는 것도 다 하나님이 그렇게 하신다는 것이다.

13절, 혹 징벌을 위하며 혹 토지를 위하며 혹 긍휼 베푸심을 위하여 구름으로 오게 하시느니라

비구름을 온 땅으로 두루 다니게 하는데 어떤 데서는 물로 심판하려니 징벌로 비를 내리게 하고, 어떤 데서는 곡식을 위하려니 토지를 촉촉하게 적시게도 하고, 어떤 데는 너무 가물어서 긍휼을 베풀기 위해 비를 내리게도 한다는 것이다. 이 모든 것을 하나님이 하신다는 것이다.

14절, 욥이여 이것을 듣고 가만히 서서 하나님의 기묘하신 일을 궁구하라

엘리후가 욥에게 가만히 서서 하나님의 이렇게 기묘하신 일을 생각해 보라고 한다.

15-19절, 하나님이 어떻게 이런 것들에게 명령하셔서 그 구름의 번개 빛으로 번쩍번쩍하게 하시는지 네가 아느냐 16 구름의 평평하게 뜬 것과 지혜가 온전하신 자의 기묘한 일을 네가 아느냐 17 남풍으로 하여 땅이 고요할 때에 네 의복이 따뜻한 까닭을 네가 아느냐 18 네가 능히 그와 함께 하여 부은 거울 같은 견고한 궁창을 펼 수 있느냐 19 우리가 그에게 할 말을 너는 우리에게 가르치라 우리는 어두워서 진술하지 못하겠노라

욥에게 하는 말이다. 이러한 대자연을 경영하시는 하나님의 오묘한 이치에 대해서 여기까지 말하고 나서 '너는 이러한 것을 아느냐? 우리에게 한번 가르쳐 보아라. 우리는 어두워서 진술하지 못하겠다.' 면서 약간 비아냥거리는 말투로 말하고 있다.

20절, 내가 말하고 싶은 것을 어찌 그에게 고할 수 있으랴 어찌 삼키우기를 바랄 자가 있으랴

하나님은 너무나 신비롭기 때문에 하나님을 상대해서 말로 고하거나 변론할 수 없다는 것이다. 엘리후는 지금 자기가 고할 수 있는 입장이 아니라고 하는데, 이것은 약간 비아냥거리는 것도 있고 자신의 솔직한 심정도 있다고 생각한다. '내가 이렇게 함부로 말하다가 오히려 내가 망치지나 않을까? 하나님의 말씀을 가지고 말하는데 내가 잘못 말해서 좋은 그림을 망치는 것은 아닐까?' 하는 생각도 있다. '나는 정말로 말하기 어려우니 네가 한 번 말해보아라.' 고 하는 것이다. 한 면에서는 자기가 정말 잘 말했다고 생각하는 듯도 하다.

21절, 사람이 어떤 때는 궁창의 광명을 볼 수 없어도 바람이 지나가면 맑아지느니라

엘리후는 다시 자연으로 돌아가서 궁창을 말한다. 기후를 주장하시는 하나님의 장엄함을 말하고 있다.

22절, 북방에서는 금빛이 나오나니 하나님께는 두려운 위엄이 있느니라

시청각적인 얘기를 해가면서 욥을 설득하고 있다. 북풍이 불면 하늘이 맑게 보이고 그때 보이는 하늘이 금빛같이 빛난다는 것이다.

23절, 전능자를 우리가 측량할 수 없나니 그는 권능이 지극히 크사 심판이나 무한한 공의를 굽히지 아니하심이니라

하나님은 공의가 무한하다고 했다. 그분은 우리가 측량할 수 없는 전능하신 분이다. 권능이 지극하고 심판이나 공의를 굽히지 않는 분이시다.

24절, 그러므로 사람들은 그를 경외하고 그는 마음에 지혜롭다 하는 자를 돌아보지 아니하시느니라

그래서 사람들이 하나님을 경외하는 것이라고 말한다. 그리고 스스로 지혜롭다 하는 자를 하나님은 돌아보지 않으신다고 했다. 엘리후가 욥에게 '너는 스스로 지혜롭다 하지 말라.' 고 가르치는 말이다. 엘리후는 욥의 고난에 대해서 '하나님으로부터 교훈을 받으라, 그리고 회개하라.' 고 했다. 그래서 엘리후의 사역을 세례 요한의 사역에 비유하는 사람도 있다. 주님의 선주자로서 요한이 회개의 사역을 한 것처럼 욥의 회개를 촉구하는 사역으로 이해하는 사람도 있다. 엘리후가 자기 할 말을 다했는데 욥은 하나도 대답을 하지 않았다.

이제 37장까지 사람의 말은 다 끝났다. 그리고 38장에서 하나님이 나오신다. 38장 1절만 보자. "때에 여호와께서 폭풍 가운데로서 욥에게 말씀하여 가라사대". '여호와께서…가라사대'. 하나님이 나오신다. 극심한 고난 가운데 욥은 너무 힘들었다. 욥은 그런 고난 가운데서 어려움과 탄식을 많이 쏟아냈다. 그리고 많은 말들을 들었다. 세 친구들이 권면한다고 많이 말했다. 엘리후가 마지막으로 욥을 설득시키려고 이말 저말 다 동원해서 사람이 할 수 있는 말은 욥에게 다 했다. 이제 사람의 말이 다 끝났다. 욥도 이제 더 이상 할 말이 없다. 세 친구도 할 말이 없다. 그때 하나님이 폭풍 가운데서 말씀하시는 것이다.

어떤 일이 있을 때 사람들은 나에게 '왜 아무 말도 안 하고 가만히 계시냐' 고 하는데, 나는 대체적으로 어떤 일에 대해서 말을 잘 안 하는 편이다. 왜냐하면 나를 포함해서 사람의 말은 한계가 있기 때문이다. 한계가 있다는 것을 알기에 말할 용기가 나지 않을 때가 많다. 우리 모두가 그것을 알면 된다. 엘리후 같은 천재도 한계가 있다. 그러므로 가장 좋은 것은 하나님이 직접 말씀하시는 것이다. 그러므로 우리는 기도를 많이 해야 한다. 사람에게 주님이 직접 말씀하시는 것보다 더 좋은 것은 없다. 사람들의 말은 아무리 설득력 있어도 어렵다.

우리가 이런 말을 왜 하는가? 왜 성경을 가르치는가? 결국 성도들을 이끌어서 하나님께로 인도하기 위함이다. 하나님을 만나는 것을 배우게 하려는 것이다. 좀 어려운 시간을 지내면서 하나님의 음성을, 말씀을 직접 듣는 것을 훈련해야 한다. 엘리후가 이렇게 말을 했지만 도움이 안 되었다고 할 수는 없을 것이다. 그러나 그 다음에 하나님이 말씀하셨다. 하나님이 각 사람 마음에 직접 깨달음을 주시고 말씀하셔야 한다. 결국 욥은 회개하지 않았는가? '자신이 무지했다' 고 고백했다. '무지한 자가 무지한 말로 이치를 가리웠다' 고 말했고 '재 가운데서 회개한다' 고 했다. '전에는 하나님을 귀로만 들었는데 이제 눈으로 본다' 고 했나. 성도들에게 주님의 직접적인 음성보다 더 필요한 것은 없다.

욥기 38장

preview

엘리바스의 말은 초자연적인 특별한 체험에 근거한 것이다(4:12-16). 그는 다른 사람, 즉 욥이 소위 성령 체험(털의 쭈뼛함이나 묵시)을 얻지 못했으므로 오로지 체험 있는 사람의 단안과 지시를 받고 고개를 숙여야 한다고 생각했다. 오늘날도 한 번의 굉장한 영적 체험이 있으면 모든 것을 해결할 수 있다고 여기는 사람들이 있다. 그것은 실수다. 이런 사람들은 주관적이고 과감하고 강팍하여 다른 사람들의 의견을 쉽게 받아들이지 않는다.

빌닷의 말은 통상적인 유전과 격언에 근거한 것이다(8:10). 그는 사람들의 말한 바와 격언, 지혜와 경건의 말이 금과옥조로서 모든 일을 해결할 수 있다고 생각하는 사람의 대표이다. 물론 그가 말한 바는 성경적이지만 모든 사람이 이미 알고 있는 것인데 자기만 아는 줄로 여기고 심취해 있는 것이다. 이런 것은 어떤 빛 비춤이나 치료나 안위를 줄 수 없다(9:12, 13:2, 4). 오늘날도 어떤 사람들은 약간의 가르침과 유전과 성경적 지식을 알고 있으면서 자신을 뛰어난 선생으로 생각하고 다른 사람을 함부로 가르치는 사람들이 있다. 이러한 자들은 체험도 별로 없이 지식과 교리만 가지고 사람들을 교정하고 가르치려 한다. 현대판 바리새인들이 많다.

소발의 말은 상당히 거칠고(11:2-3), 저주를 포함한 말이며(11:5-6), 상당히 고압적이다(11:7-12). 이러한 말을 하는 사람들은 무지하고 천박한 사람들을 굴복시켜 대답할 말이 없게 하려는 것이다. 오늘날도 자신의 지위를 사용하여 무례한 태도로 사람들을 책망하고 압박하고 억지로 그의 도움을 받게 하는 것을 볼 수 있는데, 이것이 소발이다(33:7). 이러한 사람들은 선입관과 영적인 교만으로 가득하여 스스로 하나님을 알고 있다고 단정하고 영적인 권위를 자부한다.

엘리후는 앞의 세 친구보다는 낫다. 그의 말은 비교적 객관적이고 공정하다. 그것은 엘리후가 그들보다 하나님을 잘 알고 있기 때문이다(33:12-30, 34:10-30, 35:5-8, 36:1-16). 그는 욥에게 직접 공박하는 것보다는 자기가 아는 하나님을 많이 말했다. 그가 비록 그 세 친구들처럼 욥이 만난 시련이 죄와 관계가 있다고 말했지만(34:11, 37, 36:9), 그러나 그는 하나님의 은혜(33:29,30, 36:16)와 하나님이 욥을 징계하신 목적-교육을 위함, 귀를 여심, 교훈을 얻게 하심-을 제법 잘 말했다(36:10, 15, 22). 그러므로 하나님은 그를 세 친구의 대열에 포함시키지 않으셨다(42:7,9). 그러나 그의 말에는 역시 젊은 사람의 조급함과 자만스러운 태도가 있었고(32:5-9,12, 14), 또한 완전하지는 않았다. 그렇지만 하나님의 말씀하심에 앞서 욥의 마음을 준비시키는 데 일조는 했다고 보여진다. 그래서 사람들은 그가 세례 요한의 사역을 했다고 한다. 그렇지만 그는 욥을 근본적으로 도울 수 없었고 하나님이 친히 말씀하셔야 했다.

욥기에서 가장 중요한 인물은 욥이다. 하나님은 그분의 선하신 뜻으로 경건한 사람이 사탄의 공격으로 환난을 받아 더 깊이 온전케 되기를 원하셨다. 수많은 일들 가운데 우리가 일시적으로 잘 알지 못하지만 모든 것이 합력하여 선을 이루신다는 것을 알면 좋다. 우리가 하나님을 사랑하기만 하면 반드시 유익을 얻을 수 있다는 것이 욥기가 주는 교훈이다.

욥의 영적인 문제점

욥이 시련을 당했을 때 그의 친구들이 와서 그를 위로하고 방성대곡을 하였다. 그 때 욥은 자신을 불쌍히 여기게 되었고 자신의 고통받음을 억울하게 여기게 되었다. 따라서 세상을 싫어하고 자신을 저주하게 되었다.

친구들이 그를 위선자로 보고 그가 고통받는 것은 틀림없이 숨겨진 죄가 있을 것이니 회개해야 된다고 할 때 욥은 자신이 죄가 없고 정당하므로 하나님이 무고히 자신을 박대한다고 말했다. 하나님의 목적은 성도들이 시련을 통해 믿음이 더욱 견고해지고 더욱 믿음을 소중히 갖게 하려는 데 있다. 욥은 결국 시련과 훈계를 통해서 더욱 하나님을 인식하게 되었기 때문에 승리한 것이다(42:5).

또한 사람들의 말은 별로 효력이 없다는 것이 이 책의 교훈이다. 신약의 시대는 작은 자나 큰 자나 성도들이 직접 하나님의 말씀을 듣고 유익을 얻을 수 있는 시대이다. 성령의 음성을 들을 수 있는 것이다(히 3장, 요일 2:27). 그러려면 밖의 사람들의 교훈이나 가르침으로부터 자신을 분별해야 한다. 나는 설교나 말씀을 듣는 것이 필요없다는 것이 아니다. 그러나 각 성도는 주님의 음성을 직접 듣는 것이 가장 중요하다는 것을 깨달아야 한다. 그러려면 겸손하게 자신을 낮추고 많은 말들을 없애고 주님 앞에 앉아 있어야 한다.

38장에서 하나님은 하나님의 섭리에 대하여 의문을 갖는 것을 자연계에 나타난 그분의 지혜로 답하신다. 욥은 자신의 고통이 심하므로 하나님의 깊으신 뜻은 생각지 않고 하나님께 불평스런 말을 함부로 하였는데, 그것은 그의 무지의 소치였다. 욥이 자신의 의를 지나치게 내세운 것도 분명히 과오였다. 욥은 무지했고 지나쳤다. 하나님은 그분의 창조에 관련한 지혜를 말씀하시면서 "네가 아느냐"고 하신다. "내가 땅의 기초를 놓을 때에 네가 어디 있었느냐"(4절).

욥이 하나님의 말씀을 들으려면 대장부처럼 강건하게 되어야 했다(3절). 그는 너무나 힘든 시련을 거친 나머지 영혼의 번민으로 인하여 쇠약해지고 지쳐버렸다. 하나님은 고통으로 인하여 정상적인 지성과 감성이 작동하지 못하게 된 것을 아시고 대장부같이 강건하게 될 것을 부탁하신다. 하나님은 일방적으로 쇠약해진 심령에 주입식으로 말씀하려 하시지 않고 강건케 된 영으로 한 마디 한 마디 생각하며 판단하도록 하신다.

"욥이여, 분별하라! 그리고 너의 주의를 내게 집중하라! 내 말에 응답하라!" 하나님의 입으로부터 나온 말은 다 힘이 있고 권능이 있다. 주님은 욥에게 필요한 능력을 주셨고 그는 굳건하게 일어났다. 따라서 하나님의 음성을 들을 수 있게 되었다.

"네가 어디 있었느냐", "네가 했느냐", '네가 하겠느냐" 등은 하나님이 욥에게 창조주와 피조물과의 위치 문제를 분명히 하고자 하신 것이다. 그분은 창조주의 영광을 가진 분이고 우리는 미천한 인간임을 기억해야 한다. 욥의 친구들이나 욥의 문제가 무엇이었나? 모르면서도 많이 안다고 한 것이다. 친구들은 욥의 고난이 죄로부터 왔다고 말하고, 욥은 죄가 없으니 그런 고난이 내게 임하는 것은 합당하지 않다고 생각하는 것이다. '하나님이 왜 나를 태어나게 하셨는가?' 등의 탄식은 하나님의 대권과 섭리 자체에 의문부호를 던지는 말들이다. 욥이 하나님을 원망하거나 불신하지는 않았지만 자신이 그렇게 심한 고난을 당하는 것을 받아들일 수 있는 여지가 없었고, 하나님 앞에 나아가서 말씀드리고자 했던 것이다.

그에게는 그 모든 환난을 당할만한 죄가 없다고 생각한 것이다. 욥은 생명과 죽음 사이의 전환점이 되는 문을 알 수 없다면 어떻게 자신의 존재 안에 있는 근원을 이해할 수 있을까? 그분만이 사망의 문을 지배할 수 있다. 그분은 욥이 그러한 고통 가운데 하늘과 땅을 통치하시는 하나님을 알기 원하신다. 새벽녘의 대지를 옷입히듯 수놓는 밝은 태양과 움푹 들어간 태양이 눈 앞에 펼쳐진다. 나는 욥기의 저자가 3500년 이전의 사람일 것인데 어떻게 궁창의 일을 다녀와본 것처럼 말할 수 있는지 놀랍기만 하다. 그분은 빛과 어두움, 바람과 비, 우박과 눈 등 많은 것들을 그분의 의지대로 일꾼으로 부리신다.

다음은 광대무변한 저 하늘로부터 말없는 피조물로 나아간다. 까마귀 새끼가 먹이 때문에 부르짖어도 창조주는 그 미물의 울음까지도 챙기신다. 인간의 창조주이며 구속주이신 하나님이 그분의 택하신 백성들을 버리실까? 하나님이 피조물을 지켜보시는 분이라면 욥의 부르짖음을 마음에 두셨을 것이다. 그 어린 까마귀 새끼의 욕구를 공급하려고 하신 아버지의 마음이 그분의 생명을 받은 성도에게 얼마나 더 응답을 하실 것인가? 사자나 까마귀도 하나님이 기르신다. 사람의 생각에는 그런 짐승들은 쓸데없어 보인다. 우리 생각에는 들에 백합화나 공중의 새는 하나님이 그냥 두시고 관심 안 하셔도 될 것 같다. 그러나 하나님은 그렇지 않으시다. 고난도 어떤 의미에서 인간에게 필요해 보이지 않는다. 그러나 하나님의 경륜에는 필요하다.

'땅의 기초를 놓을 때' 라고 하시면서 하나님은 땅(지구)을 하나의 집을 짓는 것에 비유하신다. 히브리서에도 같은 말이 있다. 만물을 지으신 분은 하나님이시라고 하면서 집마다 그 지은 자가 있다고 했다.

6절의 도량은 규모이고 준승은 측량하는 줄이다. 건축에서 주초는 먼저 놓는 것이고 모퉁이 돌은 완성하는 것이다. 하나님이 창조의 시작과 마침을 다 하셨다는 뜻이다. 하나님의 창조의 과정에서도 수종들던 천사들의 찬양이 있다.

17절에서 욥은 고통이 너무 심하여 죽기를 원하였으나 그 음부의 정체를 알지 못했다. 19절에서 광명과 흑암은 창조 때 분리되었는데 그 본거지는 어디며 행방은 어떠하며 흑암의 주소는 이딘지 알지 못한다는 말이다. 20절은 광명과 흑암의 길을 인도할 수 없다고 한다.

38장에서 42장까지는 하나님이 직접하신 말씀이다. 이 욥기를 누가 기록했는가에 대해서 두 가지 견해가 있는데, 하나는 욥이고 하나는 엘리후이다. 어쨌든 하나님이 말씀하시는 것을 받아 적은 사람일 것이다. 그것이 엘리후일 가능성이 크다고 하는 학자들이 우세하다.

exposition

1-2절, 때에 여호와께서 폭풍 가운데로서 욥에게 말씀하여 가라사대 2 무지한 말로 이치를 어둡게 하는 자가 누구냐

하나님이 욥에게 하시는 말씀이다. 문제는 모른다는 것이다. 사람이 모르는 것이 큰 문제가 되는 것이다.

3절, 너는 대장부처럼 허리를 묶고 내가 네게 묻는 것을 대답할지니라

지금 욥은 심신이 쇠약해 있다. 그런데 쇠약해져 버린 종을 하나님은 약한 상태에서 일방적으로 그분이 말씀을 주입시키려 하시지 않고 대장부처럼 강건하게 허리를 묶고 내가 네게 묻는 것을 대답하라고 하신다. 하나님은 건강한 판단력을 갖고 그분이 묻는 것을 생각해가면서 들으라고 하신다. 이것이 미신이나 우상과 다른 것이다. 사람들은 어떤 사람이 심약해 있을 때 정복해 버리는 방식으로 말하지만 하나님은 그 사람을 온전케 해서 말씀을 받을 수 있도록 하신다.

4-5절, 내가 땅의 기초를 놓을 때에 네가 어디 있었느냐 네가 깨달아 알았거든 말할지니라 5 누가 그 도량을 정하였었는지, 누가 그 준승을 그 위에 띄웠었는지 네가 아느냐

하나님은 이 땅을 마치 집을 짓는 것처럼 말씀하신다. 집을 지으려면 기초가 필요하다. "내가 기초를 놓을 때 네가 어디 있었느냐?" 욥에게 하시는 말씀이다. '도량' 이라는 것은 규모이고, '준승' 은 측량하는 줄이다. 집을 지으려면 도량이 있어야 하고 측량하려면 줄이 있어야 하는데, 그것을 누가 띄웠냐는 것이다. 땅을 만들 때 누가 그렇게 했냐는 것이다. 좋은 그리스도인이라도 때로 자신이 피조물의 위치에 있다는 것을 망각할 때가 있다. 주로 사람을 판단하고 비평하는 사람들이 그러하다. 사도 야고보가 말했다. "형제들아 피차에 비방하지 말라 형제를 비방하는 자나 형제를 판단하는 자는 곧 율법을 비방하고 율법을 판단하는 것이라 네가 만일 율법을 판단하면 율법의 준행자가 아니요 재판자로다 입법자와 재판자는 오직 하나이시니 능히 구원하기도 하시며 멸하기도 하시느니라 너는 누구관대 이웃을 판단하느냐"(약 4:11-12). 할 말이 많다는 것 자체가 아직 창조주를 제대로 보지 못한 것이라고 보면 된다. 우리가 주님을 제대로 만나면 거꾸러진다. 그리고 말이 없어질 수밖에 없다.

6절, 그 주초는 무엇 위에 세웠으며 그 모퉁이 돌은 누가 놓았었느냐

주초는 건물을 지을 때의 기초이고, 모퉁이 돌은 건물 짓는 일을 마칠 때 마지막에 놓는 것이다. "이 땅을 지을 때에 시작과 끝을 누가 했느냐?"는 것이다. 계속적으로 하나님은 욥에게 창조주와 피조물의 관계를 알려주신다.

7절, 그 때에 새벽 별들이 함께 노래하며 하나님의 아들들이 다 기쁘게 소리하였었느니라

'새벽 별들' 은 천사들이다. 하나님이 하늘과 땅을 창조하셨는데 땅을 창조하기 전에 이미 천사들이 있었다. 천사들은 하나님이 땅을 창조하는 것을 보고 참여했다는 것이다. 우리가 알 것은 천사들이 땅이 창조되기 이전에 존재하였다는 것이다. 시편 8편 1절은, "여호와 우리 주여 주의 이름이 온 땅에 어찌 그리 아름다운지요"라고 한다. 오늘날 우주인들이 지구를 바라볼 때 지구의 아름다움이 말로 다 할 수 없다고 한다. 푸른 빛, 붉은 빛, 하얀 빛으로 매우 아름답다는 것이다.

8절, 바닷물이 태에서 나옴같이 넘쳐 흐를 때에 문으로 그것을 막은 자가 누구냐

땅과 바다를 지은 것에 대해서 말한다. "바닷물이 그 태에서 나온 것처럼". 시적 표현이다.

9절, 그 때에 내가 구름으로 그 의복을 만들고 흑암으로 그 강보를 만들고

아기가 태어나면 강보로 싸는데 창조한 바다를 구름으로 감싸시는 것을 말한다. 흑암 역시 두터운 구름을 가리킨다.

10-11절, 계한을 정하여 문과 빗장을 베풀고 11 이르기를 네가 여기까지 오고 넘어가지 못하리니 네 교만한 물결이 여기 그칠지니라 하였었노라

집을 지을 때 문을 만들고 빗장을 만드는 것처럼, 바다를 만들 때 하나님이 어느 한계를 정해서 '더 이상 넘어가지 말라, 교만한 물결은 여기서 멈추라!' 고 명령하셨다는 것이다. 여기서 우리는 하나님이 욥에게 말씀하시는 방식을 보게 되는데, 욥의 '내가 죄가 없는데 왜 이런 고난을 받아야 합니까?' 라는 질문에 대해 하나님은 이렇다 저렇다 말씀하시는 것이 아니라 창조를 가지고 말씀하신다. 창조의 권위로 말씀하신다. '네가 그때 어디 있었느냐' 는 식으로 말씀하신다.

12-13절, 네가 나던 날부터 아침을 명하였었느냐 새벽으로 그 처소를 알게 하여 13 그것으로 땅 끝에 비취게 하고 악인을 그 가운데서 구축한 일이 있었느냐

하나님이 창조하실 때 빛으로 낮을 만들었다. 그런데 네가 나던 날, 네가 아침에 있었느냐는 것이다. 새벽으로 처소를 알게 해서 그것으로 땅 끝에 비취게 하고 악인을 그 가운데서 구축한 일이 있었느냐고 하신다. '구축한다' 는 것은 쫓아낸다는 것이다. 밤에는 악인이 활동하니 새벽에 빛이 비취면서 악인을 쫓아내는 일을 네가 할 수 있느냐는 뜻이다.

14절, 땅이 변화하여 진흙에 인친 것 같고 만물이 옷같이 나타나되

아침빛이 비취기 전 어둘 때에는 진흙이 안 나타난다. 빛이 비취면서 만물이 옷같이 나타난다는 것이다. 우리는 욥기를 읽으면서 놀라운 일을 발견하게 되는데, 비행기를 타고 밤새 오게 되면 아침빛이 비취면서 지구의 땅이 드러나게 되는 광경을 보게 된다. 욥기의 저자는 지금으로부터 3500년 전의 인물인데 비행기도 타 본 적이 없이 어떻게 땅에서 나타나는 이런 현상들을 볼 수 있고 상상할 수 있었는지 놀랍기 그지없다.

15절, 악인에게는 그 빛이 금한 바 되고 그들의 높이 든 팔이 꺾이느니라

악인은 어둠을 좋아한다. 밤에 일하고 새벽을 싫어한다. 새벽의 빛도 반갑지 않다. 악인의 세력은 결국 빛에 의해서 꺾이운 바 된다. 그들의 높이든 팔이 꺾이게 된다. 빛으로 악인의 세력을 꺾는다는 것은 시적인 표현이다. 하나님은 당신이 하신 일을 욥에게 말씀하고 있다.

16-17절, 네가 바다 근원에 들어갔었느냐 깊은 물 밑으로 걸어 다녔었느냐 17 사망의 문이 네게 나타났었느냐 사망의 그늘진 문을 네가 보았었느냐

'바다 근원, 그 깊이에 들어가 봤느냐, 물밑으로 걸어봤느냐, 사망의

문이 네게 나타나서 사망의 그늘진 문을 네가 보았느냐, 죽은 후 어떻게 되는지, 음부의 세계가 어떤지, 음부의 문에 들어가봤느냐.' 라는 말씀이다.

18절, 땅의 넓이를 네가 측량하였었느냐 다 알거든 말할지니라

땅의 넓이가 얼마나 넓은지 네가 측량해 봤느냐는 것이다.

19절, 광명의 처소는 어느 길로 가며 흑암의 처소는 어디냐

광명의 처소, 빛의 본거지가 어디 있고 광명의 행방은 어디고 또 흑암의 본거지, 흑암의 주소는 어딘지 네가 알 수 있느냐는 것이냐.

20절, 네가 능히 그 지경으로 인도할 수 있느냐 그 집의 길을 아느냐

광명이나 흑암이나 풍자적인 말이다. 광명과 흑암의 길을 네가 인도할 수 있느냐고 하신다. 하나님이 인도하신다는 것이다. 처소도 알지 못하는데 어떻게 사람이 인도할 수 있겠는가? 광명과 흑암도 하나님이 주관하신다는 것이다.

21절, 네가 아마 알리라 네가 그 때에 났었나니 너의 년수가 많음이니라

이것은 하나의 풍자적인 말이다. 사람이 사람에게 하듯 '네가 나이가 많으니 이것을 알겠구나.' 결코 모른다는 말이다.

22절, 네가 눈 곳간에 들어갔었느냐 우박 창고를 보았느냐

눈과 우박을 가지고 말씀하신다. 그 근원에 대해서 아느냐고 하신다. 시적인 표현이다.

23절, 내가 환난 때와 전쟁과 격투의 날을 위하여 이것을 저축하였노라

우박 같은 것을 말함이다. 우박을 다 쏟아버리면 그것이 하나의 환난이다. 돈도 많이 모으면 일종의 환난이다.

24절, 광명이 어느 길로 말미암아 뻗치며 동풍이 어느 길로 말미암아 땅에 흩어지느냐

광명이나 동풍이나 이런 것들이 어떻게 움직이는지 네가 아느냐는 것이다.

25-27절, 누가 폭우를 위하여 길을 내었으며 우뢰의 번개 길을 내었으며 26 사람 없는 땅에, 사람 없는 광야에 비를 내리고 27 황무하고 공허한 토지를 축축하게 하고 연한 풀이 나게 하였느냐

사람 없는 땅에, 사람 없는 광야에도 하나님이 비를 내리셨는데 네가 이것을 할 수 있냐는 것이다.

28절, 비가 아비가 있느냐 이슬 방울은 누가 낳았느냐

너 욥이 이렇게 낳았느냐는 것이다.

29절, 얼음은 뉘 태에서 났느냐 공중의 서리는 누가 낳았느냐

공중의 서리는 누가 낳았느냐, 얼음은 뉘 태에서 낳았냐고 하신다.

30절, 물이 돌같이 굳어지고 해면이 어느니라

물이 어는 것을 말한다.

31절, 네가 묘성을 매어 떨기 되게 하겠느냐 삼성의 띠를 풀겠느냐

별들이 연결된 모습을 말한다.

32절, 네가 열두 궁성을 때를 따라 이끌어 내겠느냐 북두성과 그 속한 별들을 인도하겠느냐

별들을 때를 따라서 나오게 네가 인도할 수 있느냐는 것이다.

33절, 네가 하늘의 법도를 아느냐 하늘로 그 권능을 땅에 베풀게 하겠느냐

별들의 운행, 사계절의 변천, 주야의 변천, 하늘에 관한 자연의 법칙을 네가 아느냐는 것이다.

34절, 네 소리를 구름에 올려 큰 물로 네게 덮이게 하겠느냐

네가 명령해서 그 큰 물로 네게 덮이게 하겠느냐고 하신다.

35절, 네가 번개를 보내어 가게 하되 그것으로 네게 우리가 여기 있나이다 하게 하겠느냐

구름이든 번개든 다 네가 말을 듣게 하겠느냐, 사람이 소리를 높여 구름을 명해서 땅 위에 비를 쏟게 하겠느냐, 욥이 번개에게 명해서 번개가 대답할 수 있게 하겠느냐는 것이다.

36절, 가슴 속의 지혜는 누가 준 것이냐 마음 속의 총명은 누가 준 것이냐

네 속에 지혜가 있다고 하는데 지혜와 총명을 누가 주었느냐는 것이다.

37절, 누가 지혜로 구름을 계수하겠느냐 누가 하늘의 병을 쏟아

구름의 수가 얼마인지 그 속성이 어떤 것인지 알겠느냐고 하신다.

38절, 티끌로 진흙을 이루며 흙덩이로 서로 붙게 하겠느냐

하늘의 병을 쏟아서 티끌로 진흙을 이루고 흙덩이가 서로 붙어서 이 땅을 견고하게 붙게 할 수 있느냐고 하신다.

39-40절, 네가 암사자를 위하여 식물을 사냥하겠느냐 젊은 사자의 식량을 채우겠느냐 40 그것들이 굴에 엎드리며 삼림에 누워서 기다리는 때에니라

암사자나 젊은 사자는 사냥을 해서 먹을 것을 찾는데 네가 그 식량을 채워줄 수 있느냐고 하신다. 하나님이 암사자든지 젊은 사자든지 먹을 것을 책임지신다는 것이다.

41절, 까마귀 새끼가 하나님을 향하여 부르짖으며 먹을 것이 없어서 오락가락할 때에 그것을 위하여 먹을 것을 예비하는 자가 누구냐

까마귀가 먹을 것이 없어서 우는데 그 먹을 것을 네가 예비하냐고 했다. 까마귀가 까악 까악 우는 것을 하나님을 향하여 부르짖는다고 표현했다. 하나님은 공중의 새도 먹이시고 들의 백합화도 입히시며 까마귀가 먹을 것이 없을 때 우는 것을 보시고 '어떻게든지 먹여야지.' 라고 생각하시는 분이다.

여러분들은 하나님이 욥에게 이렇게 말씀하실지 몰랐을 것이다. "너, 그렇게 고난받는 것이 유익한 것이야.' 라든가 '너, 그렇게 말한 거 틀린 말이야.' 라고 하실 줄 알았는데 전혀 다르게 말씀하신 것이다. 이건 욥이 전혀 기대한 말씀이 아니다.

욥기 39장

preview

39장은 사람으로서는 찾아보기 어려운 짐승까지도 하나님이 양육하신다는 것이다. 산염소(카프라 에가구르스)나 암사슴(카프라 시나이티카)은 험악한 산악지대에서 사는 짐승이다. 이런 동물들은 보기도 힘들고 분만하는 것을 보기는 더더욱 어렵다. 그런데 욥기 저자는 이런 일을 상세히 기록한다. 이런 짐승들도 하나님이 돌보셔서 그 위험한 지대에서도 산다는 것이다. 하나님은 한 마디로 무한 광대하시다는 말이다. 제한된 인간의 생각으로는 도저히 이해할 수도, 파악할 수도 없는 곳에 계시는 분이다. 말을 듣지 않는 들소도 하나님이 돌보신다.

또한 39장은 기간에 관한 문제를 말한다. 아버지께서 자신의 권위로 정하신 기간과 시기를 사람이 알지 못한다고 말한다. 욥은 그가 받고 있는 고통으로부터 가급적 빨리 구원받고자 부르짖었다. 그런 욥에게 하나님이 말씀하신다. "산 염소가 새끼 치는 때를 네가 아느냐 암사슴의 새끼 낳을 기한을 네가 알 수 있느냐 그것이 몇 달 만에 만삭되는지 아느냐 그 낳을 때를 아느냐 그것들은 몸을 구푸리고 새끼를 낳아 그 괴로움을 지내어 버리며 그 새끼는 강하여져서 빈들에서 길리우다가 나가고는 다시 돌아오지 아니하느니라 누가 들나귀를 놓아 자유하게 하였느냐 누가 빠른 나귀의 매인 것을 풀었느냐"(39:1-5). 산으로 돌아다니는 야생동물들에게는 얼마나 자유스러운 활동이 주어졌는가? 하나님은 야생동물들까지 먹을 것이 없어서 부르짖을 때 슬픔을 주시하시고 먹을 것을 주시며 자유롭게 돌아다니게 하신다. 욥은 스스로 대답할 말이 없음을 발견한다.

본장은 하나님의 광대하심과 창조의 다양성을 말한다. 타조 같은 경우는 미련하다. 그렇지만 그 타조도 달리는 재능이 있다. 말보다도 빠르다(타조-시속 70km, 말-68km). 그러나 타조가 무정한 것은 하나님이 지혜를 주시지 않았기 때문이다. 21절의 '허위고'의 뜻은 앞발로 긁는 모습을 말한다. 말이 달리고 싶어서 앞발로 긁는 모습이다. 말은 전쟁에 매우 유용한 짐승인데, 그 역시 하나님의 피조물이라는 말이다.

들짐승에서 날짐승으로 나아가며 말씀하신다(매와 독수리). 욥기의 저자는 보통 사람이 아니다. 주님이 저자가 아니라면 기록 가능한 말씀이 아니다. 독수리는 조류의 왕으로 높은 산 바위 틈에 둥지를 만든다.

exposition

1절, 산 염소가 새끼 치는 때를 네가 아느냐 암사슴의 새끼 낳을 기한을 네가 알 수 있느냐

이제 때에 대해 말한다. 산 염소나 암사슴이 새끼를 언제 배는지 그 낳는 기한은 언제인지 아느냐고 하신다. 산 염소는 험악한 산악지대에 사는 동물인데 '카프라 에가그로스'라고 하고, 암사슴은 '카프라 시나이티카' 라고 한다. 이 동물들은 험악한 산악지대에 살기 때문에 보기도 힘들고 분만하는 것은 더 보기 힘들다고 한다. 그런데 하나님은 욥에게 그들이 새끼 치는 때를 아느냐고 물으신다.

2-3절, 그것이 몇 달 만에 만삭되는지 아느냐 그 낳을 때를 아느냐 3 그것들은 몸을 구푸리고 새끼를 낳아 그 괴로움을 지내어 버리며

이 욥기의 저자는 하나님이 분명하다. 산 꼭대기에서 사는 이런 짐승을 그 누가 알 수 있겠는가? 그들이 몸을 구푸리고 새끼를 낳는 것을 누가 어떻게 알겠는가?

4절, 그 새끼는 강하여져서 빈들에서 길리우다가 나가고는 다시 돌아오지 아니하느니라

'동물의 왕국' 같은 TV 프로그램을 위해 전문적으로 동물들의 생태계를 촬영하는 기자들이나 알 수 있는 것을 3500년 전에 살던 사람들이 어떻게 알 수 있었을까? 그러므로 우리는 이 욥기의 저자가 하나님이라고 하는 것이다.

5-6절, 누가 들나귀를 놓아 자유하게 하였느냐 누가 빠른 나귀의 매인 것을 풀었느냐 6 내가 들로 그 집을, 짠 땅으로 그 사는 처소를 삼았느니라

들나귀나 나귀들은 소금끼를 먹고 살아야 한다. 그래서 짠 땅으로 사는 처소를 삼게 했는데 "이것을 욥 네가 그렇게 했느냐?"고 하신다.

7절, 들나귀는 성읍의 지꺼리는 것을 업신여기니 어거하는 자의 지르는 소리가 그것에게 들리지 아니하며

들나귀는 말을 잘 안 듣는다. 성읍 사람들이 아무리 시끄럽게 해도 들나귀는 아무 상관을 하지 않는다. 들나귀는 소를 몰 때처럼 '워워' 하는 그 부리는 자의 소리도 듣지 않는다.

8절, 초장이 된 산으로 두루 다니며 여러 가지 푸른 것을 찾느니라

자기 마음대로 돌아다니며 푸른 것을 찾는다.

9-10절, 들소가 어찌 즐겨 네게 복종하며 네 외양간에 머물겠느냐 10 네가 능히 줄로 들소를 매어 이랑을 갈게 하겠느냐 그것이 어찌 골짜기에서 너를 따라 쓰레를 끌겠느냐

사람이 들소를 길들여서 이랑을 갈거나 쓰레를 끌게 할 수 없다는 것이다.

11절, 그것의 힘이 많다고 네가 그것을 의지하겠느냐 네 수고하는 일을 그것에게 맡기겠느냐

들소가 힘이 세다고 해서 그것들을 의지해서 무엇을 할 수 있겠느냐는 것이다.

12절, 그것이 네 곡식을 집으로 실어오며 네 타작마당에 곡식 모으기를 그것에게 의탁하겠느냐

이런 얘기는 어렵지 않다. "그렇게 말 안 듣는 짐승을 네가 어떻게 못하지 않느냐? 일도 시킬 수 없지 않느냐?"는 것이다. 그렇게 자유롭게 풀어놓은 자가 하나님이시라는 것이다.

13-15절, 타조는 즐거이 그 날개를 친다마는 그 깃과 털이 인자를 베푸느냐 14 그것이 알을 땅에 버려두어 모래에서 더워지게 하고 15 발에 깨어질 것이나 들짐승에게 밟힐 것을 생각지 아니하고

타조 하나도 아주 주의 깊게 보시는 분이 성경의 기록자이다. 타조는 자기의 날개깃을 가지고 닭이나 오리처럼 인자하게 알을 품지 않는다. 모래에 알을 낳아 놓고는 발에 깨어지든 들짐승에게 밟히든 아무 상관도 하지 않는다는 것이다.

16절, 그 새끼에게 무정함이 제 새끼가 아닌 것처럼 하며 그 구로한 것이 헛되게 될지라도 괘념치 아니하나니

타조라는 짐승은 인정이 없고 생각도 없는 짐승이라는 것이다. 알을 낳아 놓고는 아무 관심도 하지 않는다.

17절, 이는 하나님 내가 지혜를 품부하지 아니하고 총명을 주지 아니함이니라

타조가 자기 새끼에게 무정한 이유를 설명하신다. 타조에게 하나님이 지혜를 주지 않으셨기 때문이라는 것이다. 타조는 누가 잡으려고 쫓아오면 큰 몸통은 밖으로 내놓은 채 작은 머리만 모래 속에 감추고서 자신이 숨어 있다고 생각한단다. 전능자가 총명을 주지 않으셨기 때문이다. 여러분이 지혜를 가졌다고 자랑하지 말라! 다 하나님이 주신 것이다.

18절, 그러나 그 몸을 떨쳐 뛰어갈 때에는 말과 그 탄 자를 경히 여기느니라

그러나 하나님이 타조에게 주신 것이 있다. 달리는 속력이다. 타조가 도망갈 때는 말보다 빠르다. 말은 시속 70km, 타조는 시속 90km 까지 달릴 수 있다. 타조 중 큰 것은 무게가 150kg, 키는 2.5m에 달한다.

19절, 말의 힘을 네가 주었느냐 그 목에 흩날리는 갈기를 네가 입혔느냐

19절부터는 말에 대해 말하고 있다.

20-21절, 네가 그것으로 메뚜기처럼 뛰게 하였느냐 그 위엄스러운 콧소리가 두려우니라 21 그것이 골짜기에서 허위고 힘 있음을 기뻐하며 앞으로 나아가서 군사들을 맞되

'허위고' 라는 말은 앞발로 긁는다는 뜻이다. 말은 달리고 싶어할 때 앞발로 긁는 버릇이 있다.

22절, 두려움을 비웃고 놀라지 아니하며 칼을 당할지라도 물러나지 아니하니

말이라는 짐승은 전쟁시 병사가 타고 적군이 칼을 휘날리더라도 위험하다 생각하여 도망하거나 놀라지 않고 물러서지도 않는다.

23-25절, 그 위에서는 전동과 빛난 작은 창과 큰 창이 쟁쟁하며 24 땅을 삼킬듯이 맹렬히 성내며 나팔 소리를 들으면 머물러 서지 아니하고 25 나팔 소리 나는 대로 소소히 울며 멀리서 싸움 냄새를 맡고 장관의 호령과 떠드는 소리를 듣느니라

이것이 말의 특징인데, 이렇게 전쟁하기에 딱 알맞은 짐승을 네가 만들었느냐고 하신다.

26절, 매가 떠올라서 날개를 펼쳐 남방으로 향하는 것이 어찌 네 지혜로 말미암음이냐

26절은 매에 대한 것이다. 처음에는 땅과 바다로 시작해서 짐승을 말하고 이제 조류를 말하고 있다.

27절, 독수리가 공중에 떠서 높은 곳에 보금자리를 만드는 것이 어찌 네 명령을 의지함이냐

27절은 독수리를 언급한다. '네가 독수리에게 낭떠러지 바위 틈, 위험한 곳에 살라고 했느냐' 고 하신다.

28-29절, 그것이 낭떠러지에 집을 지으며 뾰족한 바위 끝이나 험준한 데 거하며 29 거기서 움킬만한 것을 살피나니 그 눈이 멀리 봄이며

독수리는 낭떠러지에 집을 짓고 뾰족한 바위 끝이나 험준한 데 서식하면서 누구의 침범을 받지 않는다. 독수리는 멀리 보는 눈을 가졌기 때문에 높은 곳에서 아래를 보고 먹이를 낚아채기 위해 하강하는 모습을 볼 수 있다. 그렇게 '독수리가 높은 곳에 살 수 있도록 그의 눈을 멀리 보게 한 것이 네가 한 것이냐' 고 하신다.

30절, 그 새끼들도 피를 빠나니 살륙당한 자 있는 곳에는 그것도 거기 있느니라

독수리는 피를 빨아 먹는 습성이 있다. 또 썩은 시체의 고기를 먹는다. 그래서 시체가 있는 곳에는 독수리들이 모인다. 하나님께서는 이러한 짐승이나 조류를 그분의 뜻대로 지으셨다고 말씀하신다. 이 구절을 인용하여 주님은 마지막 대환난 때 있을 광경을 예언하셨다. "주검이 있는 곳에는 독수리들이 모일지니라"(마 24:28).

욥기 40장

preview

앞 장에서는 하나님께서 욥을 겸손하게 만드는 일을 하셨다. 즉 그분이 창조자로서 모든 짐승이나 새들을 종류대로 지으셨다는 것이다. 그분의 전능하심을 말씀하신 것이다. 40장에서는 하나님께서 욥에게 답변을 요구하신다. "네가 전능자와 다투겠느냐?" "나는 미천하오니 무엇이라 주께 대답하리이까 손으로 내 입을 가릴 뿐이로소이다". '나는 미천하오니' 란 말은 나는 가볍고 아무 것도 아니라는 뜻이다.

8절에서 하나님은 욥에게 말씀하신다. "네가 내 심판을 폐하려 하느냐 스스로 의롭다 하려 하여 나를 불의하다 하느냐". 욥이 자신은 의로운데 재난을 당하고 있다고 한 것은 하나님의 심판을 거부하고 하나님이 불의하시다고 한 것이라는 말이다. 9절, "네가 하나님처럼 팔이 있느냐". 팔이란 하나님의 권능을 상징한다. 욥은 아직 너무 무지하여 하나님의 위엄과 능력을 모르고 함부로 말한 것이다.

16절부터는 하마를 가지고 말씀하신다. 18절의 '가릿대' 는 뼈를 말한다. 하마에게 칼을 주었다고 했는데, 칼이란 날카로운 이빨을 의미한다. 위엄과 존귀(10절)는 심판주의 능력과 성결의 표시이다. 하나님의 위엄과 존귀는 교만한 자들을 낮추시는 그분의 심판으로 나타난다. 그 분의 아름다움이 교만한 자를 꺾어 매장시키는 것도 그 중 하나이다. 교만은 패망의 선봉이다.

exposition

1-2절, 여호와께서 또 욥에게 말씀하여 가라사대 2 변박하는 자가 전능자와 다투겠느냐 하나님과 변론하는 자는 대답할지니라

이와 같이 자연계에 나타난 하나님의 지혜와 능력은 한이 없고 경이롭고 상상할 수 없는데 피조물이 하나님과 변론하며 따질 수 있느냐는 말씀이다. '네가 하나님과 따질 게 많다고 했는데 나와 다투겠느냐' 라고 하시는 것이다.

3-5절, 욥이 여호와께 대답하여 가로되 4 나는 미천하오니 무엇이라 주께 대답하리이까 손으로 내 입을 가릴 뿐이로소이다 5 내가 한두 번 말하였사온즉 다시는 더하지도 아니하겠고 대답지도 아니하겠나이다

욥이 할 말이 없다는 것이다. 이렇게 하나님이 말씀하시니 '나는 정말 보잘 것 없는 인간이다. 다시는 입을 벌리지 않겠다.' 고 했다.

6-8절, 여호와께서 폭풍 가운데서 욥에게 말씀하여 가라사대 7 너는 대장부처럼 허리를 묶고 내가 네게 묻는 것을 대답할지니라 8 네가 내 심판을 폐하려느냐 스스로 의롭다 하려 하여 나를 불의하다 하느냐

욥이 한 말에 대하여 하나님이 말씀하시는 것이다. 하나님의 심판과 징계가 불의하냐고 하시는 것이다.

9절, 네가 하나님처럼 팔이 있느냐 하나님처럼 우렁차게 울리는 소리를 내겠느냐

'팔' 은 능력을 뜻한다. 욥은 피조물인데 하나님의 권능과 위엄을 가질 수 없다는 것이다. 우주 가운데 우렁차게 소리를 내실 수 있는 분은 하나님뿐이시다. 계시록에서 우리는 그러한 음성을 자주 듣게 된다.

10절, 너는 위엄과 존귀로 스스로 꾸미며 영광과 화미를 스스로 입을지니라

위엄과 존귀와 영광과 화미, 이런 것은 하나님의 속성이다. 오직 하나님만이 갖고 계시는 것들이다. '네가 이런 속성들을 흉내 내보고 하나님과 비교해 보아라.' 고 하신다. 하나님만이 위엄과 존귀를 옷 입고 계신 분이다. 피조물은 이런 것을 흉내내지도 못한다. 인간은 하나님이 아니다. 하나님은 창조주이시고 사람은 피조물이다.

11-14절, 너의 넘치는 노를 쏟아서 교만한 자를 발견하여 낮추되 12 곧 모든 교만한 자를 발견하여 낮추며 악인을 그 처소에서 밟아서 13 그들을 함께 진토에 묻고 그 얼굴을 싸서 어둑한 곳에 둘지니라 14 그리하면 네 오른손이 너를 구원할 수 있다고 내가 인정하리라

하나님께서 하신 말씀인데, '네가 이 땅에서 모든 교만한 자를 발견해서 낮추고 악인을 그 처소에서 밟아서 그들과 함께 진토에 묻고 그 얼굴을 싸서 어둑한 곳에 두어라, 그러면 네 손이 너를 구원할 수 있다고 내가 인정하겠다.' 하시는 것이다. 즉 사람은 할 수 없다는 것이다. 모든 교만한 자들을 찾아내어서 심판을 하는 것은 하나님만이 하실 수 있다. 하나님이 전적으로 하시는 한 가지 일이 있는데, 그것은 교만한 자를 발견해내는 일이다. 그분은 그분의 노를 교만한 자에게 쏟으셔서 낱낱이 낮추시는 분이다. 좀 교만해도 괜찮다고 생각하지 말라! 하나님은 그들을 그 처소에서 밟아서 진토에 묻고 얼굴을 싸서 어둑한 곳에 두신다고 한다. 사람은 제아무리 노력을 해도 한 사람의 교만도 낮추지 못한다.

여기 하나님의 말씀에서 욥에게 아직 교만이라는 질병이 있다고 보시는 듯하다. 욥은 아직 창조주를 계신 그대로 알지 못한다. 그러니 작은 피조물로서 낮은 위치에 머물지 못하고 하나님을 향하여 함부로 말하고 또 말한 것이다.

15절, 이제 소같이 풀을 먹는 하마를 볼지어다 내가 너를 지은 것같이 그것도 지었느니라

이제 하마과로 가서 말씀하신다. '내가 너를 지은 것같이 저 하마도 내가 지었다.' 고 하신다.

16-19절, 그 힘은 허리에 있고 그 세력은 배의 힘줄에 있고 17 그 꼬리 치는 것은 백향목이 흔들리는 것 같고 그 넓적다리 힘줄은 서로 연락되었으며 18 그 뼈는 놋관 같고 그 가릿대는 철장 같으니 19 그것은 하나님의 창조물 중에 으뜸이라 그것을 지은 자가 칼을 주었고

칼은 날카로운 이를 말하는 것이다. 그것으로 풀이나 음식을 자유로이 잘라 먹는다. 앞의 뼈는 놋관 같다고 했고 뒤의 가릿대는 철장 같은 단단한 뼈를 가리킨다.

20절, 모든 들짐승의 노는 산은 그것을 위하여 식물을 내느니라

하나님은 하마를 위해서 들짐승들이 사는 산의 풀들을 자라게 해서 그의 음식이 되게 했다.

21절, 그것이 연 줄기 아래나 갈밭 가운데나 못 속에 엎드리니

하마는 물 속에 살면서 소처럼 풀을 먹는다.

22-23절, 연 그늘이 덮으며 시내 버들이 둘렀구나 23 하수가 창일한다 할지라도 그것이 놀라지 않고 요단강이 불어 그 입에 미칠지라도 자약하니

하마는 물이 넘쳐 흘러도 놀라지 않고 태연자약하다.

24절, 그것이 정신 차리고 있을 때에 누가 능히 잡을 수 있겠으며 갈고리로 그 코를 꿸 수 있겠느냐

하마가 잠들지 않고 눈을 뜨고 정신 차리고 있을 때 누가 그와 격투하여 잡겠으며, 누가 하마의 코를 갈고리로 꿰겠느냐는 것이다.

욥기 41 장

preview

하나님은 사람이 악어를 애완동물처럼 다룰 수 없다고 하신다. 문제는 사람의 교만이다. 송사리나 송어, 광어 등을 낚시하는 어부나 낚시꾼들은 낚시에 자신이 있다. 그래서 자신을 신뢰하게 된다. 그러나 악어를 낚시할 수 있는가? 하나님은 두려움 없는 악어도 지으셨는데, "나를 당할 자 누구냐"고 하신다. 10절은 "아무도 그것을 격동시킬 용맹이 없거든 능히 나를 당할 자 누구냐"고 하신다. 무서운 악어를 격동시키거나 잡을 수 없는 인간이 어찌 악어를 창조하신 하나님을 상대하여 변론하고 비난할 수 있느냐는 말이다.

"누가 먼저 내게 주고 나로 갚게 하겠느냐 온 천하에 있는 것이 다 내 것이니라". 이런 말씀은 조물주가 아니면 할 수 있는 말이 아니다. 그분은 천지의 주재이시므로 아무에게도 빚지지 아니하시고, 아무도 그분께 꾸어드리고 갚으심을 받는 그런 사람이 없다는 말이다. 본문의 주지하는 바는 이런 절대자와 감히 쟁론하고 변론하며 그분을 정죄할 수 없다는 말이다. 욥은 몇 번이나 변론하기를 원했다(9:34-35, 10:3, 13:3,

22, 23:3-7). 그분은 욥이 변론하자고 하실 때 옳고 그름을 논한 것이 아니라 그분의 전능성을 말씀해주셨다.

14절의 악어의 '얼굴의 문' 이란 악어는 얼굴이 길고 뾰죽한 턱과 입이 있는데 그 입을 열다가는 물릴 것이니 감히 열지 못한다는 것이다. 악어의 이빨은 위턱에 36개 아래턱에 20개가 있고 길고 뾰죽하여 보기만 하여도 무섭다.

exposition

1절, 네가 능히 낚시로 악어를 낚을 수 있겠느냐 노끈으로 그 혀를 맬 수 있겠느냐

이제 악어에 대한 것이다. '네가 낚시로 악어를 낚을 수 있느냐? 혹은 그 혀를 맬 수 있느냐?' 고 물으신다. 하나님이 악어도 지으셨다.

2-3절, 줄로 그 코를 꿸 수 있겠느냐 갈고리로 그 아가미를 꿸 수 있겠느냐 3 그것이 어찌 네게 연속 간구하겠느냐 유순한 말로 네게 이야기하겠느냐

송사리, 붕어 등은 잡아서 코를 꿰어 들고 올 수 있지만 악어는 그렇게 할 수 없다. 악어는 결코 유순하지 않다는 것이다.

4절, 어찌 너와 계약하고 영영히 네 종이 되겠느냐

악어는 영영 어떤 사람과도 계약하고 길들여지는 동물이 아니다. 그러니 사육사라 하더라도 늘 조심해야 한다.

5절, 네가 어찌 새를 놀리는 것같이 그것을 놀리겠으며 네 소녀들을 위하여 그것을 매어 두겠느냐

악어는 결코 애완용이 되지 않는다. 집에서 기르면서 아이들의 놀이감으로 사용할 수가 없다. 악어는 다루기 어려운 동물이다.

6절, 어찌 어부의 떼가 그것으로 상품을 삼아 상고들 가운데 나눌 수 있겠느냐

어부들이 물고기는 많이 낚아서 팔기도 하겠지만 악어는 무서워서 그렇게 하지 못한다.

7-8절, 네가 능히 창으로 그 가죽을 찌르거나 작살로 그 머리를 찌를 수 있겠느냐 8 손을 그것에게 좀 대어 보라 싸울 일이 생각나서 다시는 아니하리라

'악어한테 손을 한번 대어보아라. 덤비는 것을 쳐다보면 다시는 그렇게 하지 못할 것이다.' 라고 하신다.

9-10절, 잡으려는 소망은 헛것이라 그것을 보기만 하여도 낙담하지 않겠느냐 10 아무도 그것을 격동시킬 용맹이 없거든 능히 나를 당할 자가 누구냐

'악어한테도 감히 대항하지 못하는 인간이 악어를 창조하신 하나님을 대적할 수 있느냐' 하는 말씀이다.

11절, 누가 먼저 내게 주고 나로 갚게 하였느냐 온 천하에 있는 것이 다 내 것이니라

"누가 먼저 내게 주고 나로 갚게 하였느냐" 이런 말씀도 창조주가 아니면 할 수 없는 말씀이다. 하나님은 빚을 지지 않는다는 말씀이다. 하나님이 천지의 주재이신데 누구한테 빚을 지시겠는가? 사람들은 "내가 이만큼 했는데 저 한테 안 주세요?"라고 빚을 준 것처럼 말하는데, 하나님은 결코 빚진 분이 아니시라는 것이다. 천지가 다 하나님의 것이다. 누가 그분께 무어드리고서 갚아 달라고 할 수 있겠는가?

이 본문의 주제는 인간은 절대자와 감히 쟁론하거나 변론하지 못하고 또 그분을 정죄할 수 없는 존재라는 것이다. 이것은 부패하고 왜곡되어 교만해진 인간의 머리를 고치는 말씀이다. 사람의 생각은 다 고장났다. 그러므로 욥기는 여기 있는 여러분만이 아니라 모든 사람들이 다 들어야 할 말씀이다.

12절, 내가 악어의 지체와 큰 힘과 훌륭한 구조에 대하여 잠잠치 아니하리라

하나님은 악어에 대해 좀 더 말씀하고자 하신다.

13-15절, 누가 그 가죽을 벗기겠으며 그 아가미 사이로 들어가겠는고 14 누가 그 얼굴의 문을 열 수 있을까 그 두루 있는 이가 두렵구나 15 견고한 비늘은 그의 자랑이라 서로 연합이 봉한 것 같구나

누가 그 가죽을 벗길 수 있고 그 이 사이로 들어갈 수 있겠느냐는 것이다. 악어의 입은 길고 튼튼한데 그것을 누가 열 수 있겠느냐는 것이다. 또 악어의 비늘도 견고하기가 보통이 아니다.

16-17절, 이것, 저것이 한데 붙었으니 바람도 그 사이로 들어가지 못하겠고 17 서로 연하여 붙었으니 능히 나눌 수도 없구나

악어의 비늘을 말하는 것이다. 바람도 들어가지 못할 정도로 서로 연하여 붙었으니 나눌 수가 없다.

18절, 그것이 재채기를 한즉 광채가 발하고 그 눈은 새벽 눈꺼풀이 열림 같으며

시적으로 표현한 것이다. 악어는 재채기를 하는 습관이 있다고 한다. 악어가 재채기를 한번 했다 하면 입에서 물이 뿜어져 나오면서 광채가 나고 눈은 새벽 눈꺼풀이 열린 것처럼 빛난다.

19-20절, 그 입에서는 횃불이 나오고 불똥이 뛰어나며 20 그 콧구멍에서는 연기가 나오니 마치 솥이 끓는 것과 갈대의 타는 것 같구나

악어가 한 번 꿈틀대면 이러하다는 것이다. 횃불이 나온다는 것은 악어의 호흡하는 모습을 가리킨다. 콧구멍에서 연기가 나온다는 것은 악어가 물속에서 거칠게 호흡할 때 물거품이 올라오는 것을 말한다.

21절, 그 숨이 능히 숯불을 피우니 불꽃이 그 입에서 나오며

이것도 시적인 표현이다. 숨이 숯불을 피운다는 것은 악어가 호흡을 할 때 뿜어내는 수증기가 햇빛에 반짝이는 모습을 말한다.

22-24절, 힘이 그 목에 뭉키었고 두려움이 그 앞에서 뛰는구나 23 그 살의 조각들이 서로 연하고 그 몸에 견고하여 움직이지 아니하며 24 그 마음이 돌같이 단단하니 그 단단함이 맷돌 아랫짝 같구나

'힘이 그 목에 뭉키었고'는 다만 그 힘이 목에 있다(lodge)는 뜻이다. 그래서 고개를 한번 휘둘러치면 남아나는 것이 없다. 맷돌 아래짝 같다는 것은 성깔이 보통이 아니라는 것이다.

25-28절, 그것이 일어나면 용사라도 두려워하며 경겁하여 창황하며 26 칼로 칠지라도 쓸데 없고 창이나 살이나 작살도 소용이 없구나 27 그것이 철을 초개같이, 놋을 썩은 나무같이 여기니 28 살이라도 그것으로 도망하게 못하겠고 물매돌도 그것에게는 겨같이 여기우는구나

용사라도 악어가 설쳐대면 당황한다는 것이다. 칼이니 창, 작살도 소용이 없고 어떤 것을 가지고도 잡아지지 않고 죽어지지 않는다. 철도 풀같이 여긴다.

29-30절, 몽둥이도 검불같이 보고 창을 던짐을 우습게 여기며 30 그 배 아래는 날카로운 와륵 같으니 진흙 위에 타작 기계같이 자취를 내는구나

악어 배도 날카로운 기왓장 같고 그가 지나가면 타작기계 같은 자취를 낸다. 와륵이란 기와를 말한다. 악어는 등도 무섭게 생겼고 배도 무섭게 생겼다.

31절, 깊은 물로 솥의 물이 끓음 같게 하며 바다로 젖는 향기름 같게 하고

악어가 사는 곳은 물속인데 그곳에서 돌진하거나 서로 싸울 때 흰 거품을 내는데 마치 가마 속의 물이 끓는 것 같다는 것이다.

32절, 자기 뒤에 광채나는 길을 내니 사람의 보기에 바닷물이 백발 같구나

그 놈이 일단 물 위를 빨리 지나가게 되면 물거품이 일으켜져서 광채의 길처럼 보이고 노인의 백발같이 보인다. 악어가 지나가는 뒷모습을 묘사한 것이다.

33절, 땅 위에는 그것 같은 것이 없나니 두려움 없게 지음을 받았음이라

두려움 없는 동물로 지어졌다. 라이벌이 없기 때문이다.

34절, 모든 높은 것을 낮게 보고 모든 교만한 것의 왕이 되느니라

악어에게는 굉장하게 보이는 것이 없다. 또 모든 교만한 것의 왕이 된다고 했다. 그런데 하나님이 왜 이런 말씀을 하시겠는가? 악어도 무서워서 벌벌 떠는 사람이 악어를 지은 하나님을 두려워하지 않느냐는 것이다. 그 악어를 지은 분이 하나님이시라는 것이다.

여기서 한 가지 짚고 넘어가겠다. 사람은 육신을 갖고 있다. 사람의 육신은 하마나 악어만 못하다. 말같이 뛰는 것도 아니고 악어처럼 등짝이 강하지도 못하다. 이것이 인간이다. 그런데 인간은 교만하다. 인간이 이렇게 약하게 지어졌는데도 교만하다. 그래서 하나님이 자연과 짐승들, 여러 가지를 말해주고서 '네가 타조냐? 네가 뭐냐? 네가 그렇게 어리석으냐?' 라고 하시는 것이다.

욥기 42장

preview

하나님은 욥에게 고난의 이유를 밝히지 않으셨다. 심판의 공의성도 설명하지 않으셨다. 하나님은 사람을 설득하지 않으신다. 다만 욥에게 그분의 주권과 절대적 권능자이심을 선포하신 것이다. 그분은 자신이 자연계와 동물계의 대주재가 되신 분임을 말씀하셨다. 욥은 무엇 때문에 이런 재앙을 당했는지 듣지 못했으나 그분의 나타나심과 말씀하심에 의해 자연히 해결이 된 것이다. 욥은 말할 수 없는 시련을 당했고 그 이유를 몰라서 하나님께 호소하고 탄식하며 원망한 것도 있으나 하나님은 그에게 설명하지 않으셨다. 오늘날 어떤 사역자가 성도들을 그렇게 다룰 수 있을까? 불가능하다고 말해야 한다. 어떤 성도가 사역자에게 원망하면서 오해할 때 그냥 하나님의 전능성만을 말해주면 그가 수긍하겠는가? 그러나 하나님은 욥에게 다만 그분의 어떠하심만을 말해주었다.

우리가 이해하든지 못하든지 전능자께서는 못 이루시는 것이 없다. 욥은 새로운 차원에서 진리를 깨달았다. 욥은 세 친구 앞에서 장황하게 말했으나 이제 깨달으니 자신은 너무나 미천하고 작은 피조물에 지나지 않음을 알게 되었다. 그는 스스로 잘 알지도 못하는 것을 아는 척 말하였다. 과거에는 하나님에 관하여(about God) 들었지만 이제는 하나님 자신(God Himself)을 본다. 욥은 이전에 티끌과 재에 앉아 슬퍼하였으나 이제는 티끌과 재 가운데서 회개한다. 욥은 굴복했다. 굴복이 옳은 것이다. 굴복한 자는 말이 없다. 하나님은 사람(욥)을 하마나 악어같이 만들지 않으셨다. 약한 피조물로 만드셨다. 왜 그렇게 만드셨는가? 하나님은 사람이 하나님을 알고 자신을 알 수 있는 존재로 만드신 것이다. 약하지 않다면 사람은 하나님을 알지 못할 것이다. 약하고 약한 피조물인데 사람의 문제는 스스로를 잘 모른다는 데 있다. 즉 교만이 그 문제인 것이다. 사람이 그 자신을 지어진 그대로 안다면 문제될 것이 없다. 그 극심한 시련 가운데 그는 결국 자신이 어떤 사람인지를 알게 되었다. 우리는 욥기를 읽으면서 느끼는 것이 있다. 그렇게 혹독한 시련을 견디고서야 인간의 무지와 교만을 깨닫게 된단 말인가! 그렇게 철저히 낮아지고 무너지며 할 말도 다 해본 연후에야 욥은 하나님을 계신 그대로 알 수 있었던 것이다.

체험적 신앙이 귀한 것이다. 욥은 스스로 한하였다는 말을 했다. 이는 자신을 업신여긴 것을 말한다. 사람은 자신을 모르기 때문에 하나님을 모르고 범죄한다. 그러나 자기 자신을 티끌과 같이 여기면 하나님은 그를 높여주신다. 서양의 어떤 신자가 이렇게 말했다. '나는 셋째다.' 첫째는 하나님이고 둘째는 다른 사람이고 자신은 셋째라는 것이다. 아브라함도 자신을 티끌과 같다고 하였다(창 18:27). 사람이 자기의 죄감을 느낄 때에 자기를 낮추게 된다. 사람이 큰 죄를 범하지 않았어도 자기를 낮출 수 있는 사람은 복된 자이다.

욥의 친구들의 말은 신학적으로 옳은 면도 있었으나 욥에게 해당되지 않았다. 그런 말을 하는 것은 진리를 잘 사용하지 못하는 죄악이다. 또 형제를 괴롭힌 죄악이다. 오늘날도 진리를 안다 하면서 형제들을 그 아는 진리로 괴롭히는 자들은 죄를 범하는 것이다.

욥의 문제는 무엇인가? 그는 그들의 말에 순응하지 않고 자기의 수난의 이유를 몰라서 세 친구들 앞에서나 하나님을 향하여 통절하게 탄식했다는 것이다. 그가 하나님을 경외한 것은 사실이지만 자신만 못한 자들의 공격에 대하여, 자신을 무시하는 말들에 대하여 자신을 굴복시키기 어려웠다. 그는 자기를 하나님께 대항하는 자로, 위선을 하거나 몰래 죄악을 짓는 자로 치부하는 것을 내버려둘 수 없었다. 욥은 겸손하게 되기를 원했지만 자기보다 하나님을 잘 알지 못하는 사람들에게 자기가 무지한 자로 여겨지는 것을 참을 수 없었다. 이것이 하나님 앞에 무지한 것이다. 하나님이 욥에게 옳고 그름을 설명하신 것이 아니라 그분의 선능성과 절대 주권을 가지고 유익을 주셨다는 것이 과연 성경답다. 하나님의 말씀이 아니라면 그 누가 이런 답을 가지고 있을소냐? 하나님은 욥이 비록 극심한 환난을 당했지만 그분이 욥을 다루실 수 있는 분이며 올바르게 행하신 분임을 욥이 인정하기 바라셨다. "너는 나에게 선언하라"가 그 뜻이다. 욥은 대답했다. '과거에는 제가 하나님에 대해 귀로 듣기만 했더니 이제는 하나님을 눈으로 봅니다."

마지막으로 욥은 세 친구를 위해 기도했다. 수송아지 일곱과 수양 일곱은 큰 제사로 그 세 친구들의 과오가 컸다는 것을 의미한다. 주님은 '내 종 욥'이란 말을 반복하신다. 자기에게 큰 상처를 준 자들을 위해 기도하기란 쉽지 않다. 그러나 욥은 하나님을 만나고서 자신이 얼마나 작고 미천한 자인지를 알았기 때문에 친구들을 위해서 기도할 수 있었다.

욥은 시험받을 때 나이가 70세이었고 그 후 140년을 더 살았으니 210세를 산 것이다. 70인 역은 170년을 더 살았다고 기록한다. 그는 모든 것에 있어서 배의 축복을 받았다. 주님이 다 보상해 주신 것이다.

exposition

1절, 욥이 여호와께 대답하여 가로되

욥이 대답을 하는 것이다.

2-3절, 주께서는 무소불능하시오며 무슨 경영이든지 못 이루실 것이 없는 줄 아오니 3 무지한 말로 이치를 가리우는 자가 누구니이까 내가 스스로 깨달을 수 없는 일을 말하였고 스스로 알 수 없고 헤아리기 어려운 일을 말하였나이다

하나님은 전능하시고 무소불능하시다. '전능하신 하나님'은 욥기에서 주제와도 같다. 그러나 인간은 미천하고 극히 무지하다는 것을 깨닫는 것이다. 여기서 욥이 회개한다.

4-6절, 내가 말하겠사오니 주여 들으시고 내가 주께 묻겠사오니 주여 내게 알게 하옵소서 5 내가 주께 대하여 귀로 듣기만 하였삽더니 이제는 눈으로 주를 뵈옵나이다 6 그러므로 내가 스스로 한하고 티끌과 재 가운데서 회개하나이다

6절의 '내가 스스로 한하고'는 '자기를 제한한다. 자기를 아무 것도 아닌 것으로 여긴다'는 말이다. 처음에 재앙을 만났을 때는 티끌과 재 가운데서 '왜 내가 태어났던가?' 하고 말했던 욥이다. 그런데 여기서는 티끌과 재 가운데서 회개를 하는 것이다. 전에는 고난과 처참한 환경 속에서 탄식과 원망 섞인 말을 했었는데 이제는 같은 고난의 환경인데도 회개를 하는 것이다.

7절, 여호와께서 욥에게 이 말씀을 하신 후에 데만 사람 엘리바스에게 이르시되 내가 너와 네 두 친구에게 노하나니 이는 너희가 나를 가리켜 말한

것이 내 종 욥의 말같이 정당하지 못함이니라

하나님이 욥의 회개를 들으셨다. 그리고 욥의 세 친구는 하나님에 의해 부정을 당한다.

8절, **그런즉 너희는 수송아지 일곱과 수양 일곱을 취하여 내 종 욥에게 가서 너희를 위하여 번제를 드리라 내 종 욥이 너희를 위하여 기도할 것인즉 내가 그를 기쁘게 받으리니 너희의 우매한 대로 너희에게 갚지 아니하리라 이는 너희가 나를 가리켜 말한 것이 내 종 욥의 말같이 정당하지 못함이니라**

여기서 욥은 주님으로부터 인정을 받는다. 악함으로 여러 가지 무익한 말도 했지만 하나님은 긍휼히 여기시는 분이고 욥이 참담한 고난 가운데서 한 탄식의 말도 감싸주시고 인정해주신다. 친구들은 하나님을 언급하면서 욥에게 옳고 그름의 말을 많이 했지만, 하나님은 '너희가 나에 대해 한 말은 욥만큼 정당하지 않다.' 고 판결을 내리셨다. 그러므로 여기서 욥은 크게 격려를 받는다.

9절, **이에 데만 사람 엘리바스와 수아 사람 빌닷과 나아마 사람 소발이 가서 여호와께서 자기들에게 명하신 대로 행하니라 여호와께서 욥을 기쁘게 받으셨더라**

욥이 세 친구들을 위해서 희생제물을 가지고 번제를 드리며 기도해준 것이다. 욥은 고난을 당하는 것도 힘든데 영적 인식이 자기만 못한 사람들이 자기에게 죄가 있다고 자꾸만 비평하고 정죄할 때 참을 수가 없었다. 그래서 많은 말을 했었다. 사실 그런 상황은 침기가 어려운 것이다. 어쨌든 욥은 하나님 앞에서 자기가 아무것도 아닌 존재라는 것을 알게 되었고 낮추게 되었다. 그리고 자기가 하나님을 몰라서 너무나 많은 말로 이치를 어둡게 했노라고 회개했다. 그때 하나님이 욥을 인정해주셨고 욥은 세 친구를 위해 기도해주었다. 그들을 위해 기도하는 것도 쉬운 일이 아니다. 그런데 욥은 그들을 위해 기도해 주었다. 이것이 욥의 성숙이다.

10절, 욥이 그 벗들을 위하여 빌매 여호와께서 욥의 곤경을 돌이키시고 욥에게 그전 소유보다 갑절이나 주신지라

욥이 원수를 위하여 기도하는 것은 선한 것이다. 그것이 성숙한 사람이다. 그럴 때에 하나님께서 욥의 곤경을 돌이키시고 욥에게 그전 소유보다 갑절이나 주셨다.

11-12절, 이에 그의 모든 형제와 자매와 및 전에 알던 자들이 다 와서 그 집에서 그와 함께 식물을 먹고 여호와께서 그에게 내리신 모든 재앙에 대하여 그를 위하여 슬퍼하며 위로하고 각각 금 한 조각과 금고리 하나씩 주었더라 12 여호와께서 욥의 모년에 복을 주사 처음 복보다 더하게 하시니 그가 양 일만 사천과 약대 육천과 소 일천 겨리와 암나귀 일천을 두었고

하나님은 욥에게 처음에 가졌던 것보다 배를 더 주셨다. '모년'이란 말은 '끝에, the latter days'라는 뜻이다. 욥이 만년에 받은 복은 처음 복의 배가 되었다.

여러분은 '아직도 나는 고난만 받고 있다. 나도 욥처럼 살았는데 왜 아직 안 갚아 주시는가?'라고 생각할지 모른다. 그것은 아직 만년이 안 되었기 때문이다. 인생은 후반부에서 봐야 한다.

13절, 또 아들 일곱과 딸 셋을 낳았으며

자식 열 명을 다시 그대로 돌려주셨다.

14-15절, 그가 첫째 딸은 여미마라 이름하였고 둘째 딸은 긋시아라 이름하였고 세째 딸은 게렌합북이라 이름하였으며 15 전국 중에 욥의 딸들처럼 아리따운 여자가 없었더라 그 아비가 그들에게 그 오라비처럼 산업을 주었더라

아들 일곱 명의 이름은 언급하지 않고 딸 세 명의 이름만 언급되어 있다. 사실은 부모에게 아들도 좋지만 예쁜 딸을 두면 그것도 좋다.

16-17절, 그 후에 욥이 일백 사십년을 살며 아들과 손자 사대를 보았고 17 나이 늙고 기한이 차서 죽었더라

욥이 시험을 당한 때를 70세로 본다. 그리고 140년을 더 살았으니 210세를 살았다. 70인역에는 170년을 더 살아서 240세까지 살았다고 하는 사람도 있다. 욥이라는 사람이 노아 이전 열조시대, 족장시대의 한 인물이었다라고 보는 학자들이 많다. 그래서 욥기가 모세오경보다 더 일찍 씌여진 성경으로 학자들이 보고 있다.

욥기를 마치면서

욥기를 마치며 욥기에 나타난 사람들을 하나하나 영성 면에서 구분하여 고찰해보고자 한다. 그것은 욥기를 요약하면서 우리의 가야할 영적 노정에 도움이 될 수 있다.

첫째로 욥의 아내부터 보기로 하자. 그녀는 경건한 욥의 아내였고 가정에서 자녀들을 위한 예배 때마다 참석하였을 것이고 감사하였을 것이다. 그러나 너무나 참담한 상황에 이르자 남편인 욥에게 말했다. "당신이 그래도 자기의 순전을 굳게 지키느뇨 하나님을 욕하고 죽으라". 그녀는 하나님이 축복하실 때 감사하였고 불평이 없었다. 그러나 재앙이 이르자 즉시 하나님에 대한 원망과 불신이 생겨난 케이스이다. 나는 이것이 가장 성도 중에 낮은 기복신앙적 단계라고 말하고 싶다.

둘째는 엘리바스와 빌닷, 소발이라는 욥의 세 친구들이다. 그들은 자기들의 나름대로의 신비로운 체험이나 과거부터 전승된 교리와 지식에 따라 고난 중에 있는 욥을 권면하고 위로하며 때로는 교정해주고자 했다. 또 어떻게 하면 다시 축복된 상황으로 되돌릴 수 있는지에 대하여 나름대로의 교리를 설파했다. 그러나 그들의 문제는 너무나 자신들의 관점을 옳다고 확정한데 있었다. 그것은 주로 상선벌악, 옳고 그름의 한계였다. 그들은 자신들의 관점이 절대로 옳다는 생각을 굽히지 않았다. 오늘 날도 이러한 범주의 크리스천들이 많다. 그들은 나름 체험하고 빛을 보았으며 남이 알지 못하는 성경지식을 가지고 있다고 자부했다.

그리고 욥과 같은 어려움에 처한 사람들의 상황을 잘 이해하고 있으며, 왜 그런 일이 임하였으며 어떻게 해야 벗어날지에 대한 해답을 다 갖고 있었다. 그런 자들에게는 무엇이 문제겠는가? 그들의 생각이 아직 하나님께 철저히 복종되지 않았고, 또 그들의 안다는 관점과 교리를 확신하고 있는 문제이다. 그런 사람들은 하나님께서 그들의 생각 저편에 계실 것이라는 생각을 하지 못한다. 하나님은 그들이 알고 말하는 그 한계 안에 계시다고 확신하는 것이다. 자기들의 생각하는 관점은 완전히 성경적이며, 자신들의 많은 세월을 거쳐 대가를 지불하면서 체험한 바이며, 최고의 교사들로부터 잘 배운 것이라고 확신하기 때문이다.

그러한 욥의 세 친구 같은 사람들의 신앙이 오늘 날 많은 성도들이 빠져 있는 함정이다. 그들은 어떤 교회, 어떤 단체, 자신들과 다른 신앙, 혹 자신이 믿는 바와 좀 다른 가르침을 가르치는 것을 보면 대번 잘못된 것이라고 비판하며 정죄하려 든다(물론 이단적인 것은 예외로 하자. 그래도 예수 그리스도를 주로 시인하며 보편적인 신앙을 갖고 나아가는 교회를 두고 하는 말이다). 그런 자들은 자신들의 정통성과 정체성을 다른 사람의 틀린 것에서 찾으려 한다. 자신들이 그들과 같지 않기 때문에 옳다고 판단한다. 그리고 자신들의 눈으로 보는 틀린 실행이나 상태를 보고 잘못된 것이라고 확신하며 그러한 자들을 끌어내기 위해 안간힘을 쓴다. 물론 자신의 견해나 판단이 가장 옳다는 생각에서 비롯된 행동이다. 또 욥은 한 사람이지만 그런 친구들은 여럿이다. 욥의 세 친구들은 조금씩 다를지라도 욥에 대하여 공통적인 견해를 가졌다. 그것은 욥이 죄를 지었고 많은 일에서 잘못되었다는 것이고, 따라서 고난을 당한다는 말이며 회개해야 하나님께서 재앙을 거두시고 축복하실 것이라는 말이다.

다음은 엘리후이다. 그는 세 친구보다는 낫다. 비교적 공정하고 객관적이다. 세 친구들이 신약성경에서 바리새인이나 서기관들 같다면 엘리후는 가말리엘 같다고나 할까? "바리새인 가말리엘은 교법사로 모든 백성에게 존경을 받는 자라 공회 중에 일어나 명하여 사도들을 잠간 밖에 나가게 하고 말하되 이스라엘 사람들아 너희가 이 사람들에게 대하여 어떻게 하려는 것을 조심하라 이전에 드다가 일어나 스스로 자랑하매 사람이 약 사백이나 따르더니 그가 죽임을 당하매 좇던 사람이 다 흩어져 없어졌고 그 후 호적할 때에 갈릴리 유다가 일어나 백성을 꾀어 좇게 하다가 그도 망한즉 좇던 사람이 다 흩어졌느니라 이제 내가 너희에게 말하노니 이 사람들을 상관 말고 버려두라 이 사상과 이 소행이 사람에게로서 났으면 무너질 것이요 만일 하나님께로서 났으면 너희가 저희를 무너뜨릴 수 없겠고 도리어 하나님을 대적하는 자가 될까 하노라 하니" (행 5:34-39).

앞의 욥의 세 친구들이 욥의 관념을 틀렸다고 설득하여서, 자신들의 관념으로 돌리려고 한 반면 엘리후는 자기가 아는 하나님을 많이 말했다. 말하는 목적과 뜻이 자신의 관점으로 설득하려는 것보다는 하나님을 향하도록 하는데 목적을 두었다. 그는 세 친구들처럼 그의 시련이 죄와 관련이 있다고는 하였지만 그 목적이 징계와 교육을 위한 것이라고 함으로써 욥의 마음이 하나님을 만날 수 있는 상태를 준비케 하였다. 따라서 하나님은 그를 세 친구의 반열에 포함시키지 않으셨다.

여기서 우리는 욥을 살펴보자. 자신의 아내와 세 친구, 엘리후 보다 주님을 가장 많이 얻은 것은 욥 자신이다. 세 친구들과 엘리후는 욥에게 고난의 이유를 알게 하려고 애썼지만, 욥은 고난을 통하여 그 혹독한 고난의 이유를 안 것이 아니라 하나님을 만났고 체험적으로 인내를 배웠다. 하나님은 욥에게 고난의 이유를 밝히시지 않았다. 욥은 그저 끊임없는 고난 속에서 인내를 배우고 하나님을 만났고 그분 앞에 거꾸러졌다. 그는 자신이 미천한 피조물임을 알았고 재 가운데 엎드러져야할 자로 알았다. 그는 하나님을 눈으로 보았고 낮아지게 되었으며 아무 할 말이 없게 되었다.

야고보는 주의 이름으로 말한 선지자들로 고난과 오래 참음의 본을 삼으라고 하며 욥의 인내를 소개했다. 여기서 우리는 신약적 고난의 개념을 살펴보고 마치기 바란다. 신약에서 고난은 적극적인 용법으로 쓰였다. 사도행전 14장 22절은 하나님의 나라에 들어가려면 많은 환난을 겪어야 한다고 말했으며 로마서 5장 3절은 환난 중에도 즐거워한다고 말했다. 환난은 인내를 인내는 연단을 연단은 소망을 이루기 때문이라고 하였다. 8장 17절은 우리가 그리스도와 함께 영광을 받기 위하여 고난도 함께 받아야 할 것이라고 했다. 또한 현재의 고난과 장차 나타날 영광을 연결지어 말했다. 우리는 주를 위하여 죽임을 당케 되며 도살할 양같이 여김을 받았다고도 하였다(롬 8:36). 신약의 사도들 특히 사도 바울의 발걸음은 고난의 연속이었다. 주님은 그를 고난을 받도록 정하신 그릇이라고 하였다(행 9:16).

우리는 구약에서 성도들의 변화의 개념을 보지 못한다. 물론 야곱의 변화의 이야기가 있지만 율법 아래서 많은 유다의 왕들이 처음에는 좋다가 오히려 좋지 않게 변하는 것들을 많이 보았다. 그러나 감사하게도 신약에서 성도들의 변화의 사상을 배운다. 옛 사람을 벗고 새사람을 입는 문제이다. 고린도 후서에서 바울은 고난에 대하여 "그리스도의 고난이 넘쳤다"고 말한다. 고난은 그의 사역에 있어서 자본이 되었다. 고난이 넘친 만큼 위로가 넘쳤고 고난받는 자들을 위로할 수 있게 되었다고 했다. 고난을 통하여 자신의 겉사람이 후패되어가는 만큼 속 사람은 날로 새롭게 된다고 고백하였다. 또한 자신이 예수 죽인 것을 몸에 짊어지고 고난의 행군을 함으로써 그의 속에 살아계시며 보배이신 그리스도의 생명과 능력이 나타나게 하는 삶을 살았다고 고백한다.

우리는 주 예수님이 고난의 사람, 슬픔의 사람임을 안다(사 53:3). 그분을 따르는 성도들도 고난의 길, 십자가의 길을 가도록 부르심받은 것을 안다. 주님도 성도들에게 "한 날 괴로움은 그 날에 족하다"고 하셨다. 괴로움이 있다. 그러나 히브리서 기자는 믿음의 주요 온전케 하시는 이인 예수를 바라보라고 하였다. 그분은 앞에 있는 즐거움을 위하여 십자가를 참으사 부끄러움을 개의치 않으셨다고 하였다. 무엇이 그분의 앞에 있는 즐거움일까? 그분의 부활을 말한 것일까? 나는 그것이 당신과 우리와 같은 많은 성도들을 얻는 것이 아닐까 생각해본다. 수없는 사랑하는 성도들이 죽음과 지옥의 멸망할 길에서 주님 곁으로 오게 되는 것이다. 성도들의 아름다움과 사랑스러움은 어떻게 말로 다할 수 있으랴! 그들의 주님에 대한 사랑과 충성의 이야기들은 영원히 주님의 마음에 즐거움이 될 것이다.

고난과 징계를 당할 때 당시에는 즐거워 보이지 않으나 우리로 유익을 얻게 하며 하나님의 거룩하심에 참예케 하며 그 후에 그로 말미암아 연달한 자에게는 의의 평강한 열매를 맺게 된다(히 12:10-11). 즉 고난은 신약의 성도들인 우리의 변화를 돕는다. 우리는 힘든 고난의 과정을 통하지 않고는 우리 자신을 보지 못한다. 우리의 옛사람과 자아는 우리의 내면에 분리하기 힘든 혼합물처럼 들러붙어 있다. 고난의 열과 불을 통과할 때 우리의 내면에 영과 혼의 분리가 일어나며 옛 것과 새 것의 분별을 알 수 있게 한다. 어떤 것이 내 자신에 속한 것이며 어떤 부분이 새 생명에 속한 것인지를 알 수 있게 해준다. 결과적으로 불순물에서 금이나 은을 정련해내는 작업이 일어나게 되는 것이다. 고난은 한편으로 우리의 변화를 도우며 다른 이를 섬기고 우리로 하여금 참되게 자신을 발견해내며, 따라서 자신에 대한 신뢰를 잃어버리고 주님만 바라보고 의지하며 주님을 섬길 수 있는 새로운 자본을 축적해주는 우리 그리스도인 인생의 가장 귀한 조력자라는 것을 말하면서 본 강해를 마친다.

IMC

국제선교신학 · 신학연구원(IMC-International Mission College)은 성경 진리에 따라 범사를 행하며 진리를 참되게 가르치는 사람들을 양성하고, 복음 전파와 선교를 위하여 주님의 사명을 감당할 수 있는 예수 그리스도의 제자들을 훈련하며 양성하는 기관이다.

욥기 강해

초판 발행 | 2012년 1월 25일

저자 | 유동근

발행처 | IMC(국제선교신학 · 신학연구원 출판부)
등록번호 | 제 15-335 호

420-031| 경기도 부천시 원미구 상동 617-5 그린프라자 Ⅲ 2F
벧엘서원 영업부 : TEL. 032) 322-3095 FAX. 032) 324-3097
IMC, 벧엘서원 편집부 : TEL. 032) 326-3096
홈페이지 : www.bethelbook.com
E-mail : bethelbook@bethelbook.com

값 16,000 원

ISBN 978-89-92014-53- 3 94230
ISBN 978-89-92014-01- 4 94230 (세트)